"十三五"国家重点图书出版规划项目

21世纪海上丝绸之路与广东发展研究丛书（第2批）　主编：张燕生　王义桅

21 Shiji Haishang Sichou zhi Lu
yu Shenzhen Keji Chanye Chuangxin

21世纪海上丝绸之路与深圳科技产业创新

钟若愚　阮　萌◎著

·广州·

版权所有　翻印必究

图书在版编目（CIP）数据

21世纪海上丝绸之路与深圳科技产业创新/钟若愚，阮萌著.—广州：中山大学出版社，2020.8

（21世纪海上丝绸之路与广东发展研究丛书·第2批/张燕生，王义桅主编）

ISBN 978-7-306-06738-8

Ⅰ.①2… Ⅱ.①钟…②阮… Ⅲ.①海上运输—丝绸之路—中国—21世纪　②区域产业结构—研究—深圳　Ⅳ.①K203　②F269.276.53

中国版本图书馆CIP数据核字（2019）第230785号

出 版 人：	王天琪
策划编辑：	金继伟　徐　劲
责任编辑：	周　玢
封面设计：	林绵华
责任校对：	王　璞
责任技编：	缪永文
出版发行：	中山大学出版社
电　　话：	编辑部 020-84110771，84113349，84111997，84110779
	发行部 020-84111998，84111981，84111160
地　　址：	广州市新港西路135号
邮　　编：	510275　传　真：020-84036565
网　　址：	http://www.zsup.com.cn　E-mail：zdcbs@mail.sysu.edu.cn
审 图 号：	GS（2016）1766号
印 刷 者：	佛山市浩文彩色印刷有限公司
规　　格：	787mm×1092mm　1/16　17印张　251千字
版次印次：	2020年8月第1版　2020年8月第1次印刷
定　　价：	48.00元

如发现本书因印装质量影响阅读，请与出版社发行部联系调换

总序一

打开丛书，翻开一本本书稿，醒目的主题指引、鲜活的思想碰撞、深邃的智慧启迪、扑面而来的南国文采，深深吸引、打动和感染了我。"21世纪海上丝绸之路与广东发展研究丛书"是"十三五"国家重点图书出版规划项目、国家出版基金资助项目，第1批包括了《21世纪海上丝绸之路与广州发展》《21世纪海上丝绸之路与广州国际化大都市建设》《21世纪海上丝绸之路与广州离岸文化中心》《21世纪海上丝绸之路与广东自由贸易区》《21世纪海上丝绸之路与广东旅游发展》，第2批包括了《21世纪海上丝绸之路与广东国际贸易》《21世纪海上丝绸之路与广东海洋经济》《21世纪海上丝绸之路与广东会展发展》《21世纪海上丝绸之路与广东高等教育》《21世纪海上丝绸之路与广州国际航空枢纽》《21世纪海上丝绸之路与深圳科技产业创新》，涵盖了经济、社会、文化等不同主题。这是一套值得仔细阅读、慢慢品味和深入思考的好丛书，实在令人惊喜。

2018年是我国改革开放40周年。在人类社会的历史长河里，40年可谓弹指一挥间。然而，在中华民族数千年上下求索、连绵不息的文明史中，这40年则有着非同寻常的重大意义。在历史上，中华民族在大多数时期执行的都是开放包容的政策体系，由此创造了人类社会唯一没有中断的灿烂的中华文明。然而，作为历史片段的一项闭关锁国政策，再加上内部缺少变革活力和发展动力，最终造成了中华民族近代被动挨打的惨痛经历。习近平指出，人类社会发展的历史告诉我们，开放带来进步，封闭必然落后。中国开放的大门不会关闭，只会越开越大。这是中华民族从近代历史中汲取的惨痛教训,已凝练成中国人民永世难忘的集体记忆,成为推动中华儿女前赴后继勇于变革的强大动力。

习近平指出,古代丝绸之路打开了各国友好交往的新窗口,书写了人类发展进步的新篇章,"积淀了以和平合作、开放包容、互学互鉴、互利共赢为核心的丝路精神",这是人类文明的宝贵遗产。今天,我们要乘势而上、顺势而为,推动"一带一路"建设行稳致远,迈向更加美好的未来,将"一带一路"建成和平之路、繁荣之路、开放之路、创新之路、文明之路。①

历史之问:古代海上丝绸之路时期,广东海外贸易为什么长盛不衰?广东是中国2000多年来唯一一个海外贸易长盛不衰的地区。只是在宋元时期,泉州曾经超过广州成为中国最大的海外贸易地区。即便如此,那个时期以广州为核心的广东地区海外贸易也没有衰落。② 这套丛书的作者告诉我们,唐宋时期在广州居住的外国商人和侨民有十几万人,占广州居民的三成以上。广州在元朝已与众多国家和地区有贸易往来;在明朝成为我国朝贡贸易的第一大港;在清朝成为我国唯一的对外通商口岸,史称"一口通商";在19世纪中叶成为世界十大城市之一,是仅次于北京、伦敦、巴黎的世界性大城市。③

今日之问:广东作为21世纪海上丝绸之路最主要的始发地,未来仍能够引领国家海外贸易乘势而上、顺势而为、高质量发展吗?在新时代,广东站在了一个历史的新起点上,开始了现代化的新征程。无论是21世纪海上丝绸之路的建设,还是粤港澳大湾区世界级城市群的打造,

---

① 习近平:《携手推进"一带一路"建设——在"一带一路"国际合作高峰论坛开幕式上的演讲》,载《人民日报》2017年5月15日。
② 王先庆:《21世纪海上丝绸之路与广东自由贸易区》,中山大学出版社2018年版,第2页。
③ 姚宜:《21世纪海上丝绸之路与广州国际化大都市建设》,中山大学出版社2018年版,第26页。

推动高质量发展、建设现代化经济体系、解决不平衡不充分发展的矛盾都是新时代的新要求。习近平指出:"高质量发展,是能够很好满足人民日益增长的美好生活需要的发展,是体现新发展理念的发展,是创新成为第一动力、协调成为内生特点、绿色成为普遍形态、开放成为必由之路、共享成为根本目的的发展。"①

21世纪海上丝绸之路的相关经济体大多数是发展中国家。一方面,这些国家多是制度风险、政治风险、经济风险、市场风险和经营风险显著高发地区。越是艰险越向前,这是广东人的开放天性和独到本领。广东是我国第一侨乡,海外侨胞占全国的2/3,其中,在海上丝绸之路沿线东南亚国家的华侨占广东海外华侨人数的60%以上,因此,广东具有其他地区无可比拟的侨商优势。② 只要将广东人的特色与21世纪海上丝绸之路当地人的优势相结合,加上与在海上丝绸之路相关地区有百年以上从商经验的欧洲、北美、东北亚的企业、金融机构和社会组织开展全方位的国际合作,就能够取得双赢、多赢的结果。另一方面,21世纪海上丝绸之路相关经济体有着强烈的发展需要。广东可以聚焦于21世纪海上丝绸之路上的重点国家、重点地区、重点领域,开展双边、多边合作,尤其是推动第三方合作;基于共同合作意愿,推动交通、能源、电力、信息、通信基础设施建设、农业、先进制造业、服务业等领域的优势互补、互通互动、互利共赢的合作;通过构建21世纪海上丝绸之路建设的"项目群、产业链、经济区"等多种形式,打造利益共同体;通过最大限度发挥广东软实力优势,推动与21世纪海上丝绸之路相关经济体之间的人文交流、离岸文化、旅游休闲、社会民生、绿色发展等领域

---

① 中共中央宣传部:《习近平新时代中国特色社会主义思想学习纲要》,学习出版社、人民出版社2019年版,第112页。

② 秦学:《21世纪海上丝绸之路与广东旅游发展》,中山大学出版社2018年版,第10页。

的合作。

21世纪海上丝绸之路建设的定位是"我国今后相当长时期对外开放和对外合作的管总规划"[1]，"本质上是通过提高有效供给来催生新的需求，实现世界经济再平衡"[2]。广东在推动21世纪海上丝绸之路全方位国际合作方面有着独特优势和社会责任。我们期待，这套丛书能够从全球经济、社会、人文等不同角度，推动社会各界关心、关注、关怀21世纪海上丝绸之路建设的方方面面，最大限度满足人民日益增长的美好生活需要，推动高质量发展，建设现代化的经济体系。同时，祝愿广东人民、全国人民、"一带一路"沿线各国人民乃至全世界人民在合作中生活得更加美好。

张燕生

（张燕生，国家发展和改革委员会学术委员会委员，研究员、博士生导师，中国国际经济交流中心首席研究员）

---

[1] 中共中央文献研究室编：《习近平关于社会主义经济建设论述摘编》，中央文献出版社2017年版，第276页。

[2] 习近平：《让"一带一路"建设造福沿线各国人民》，见习近平著《论坚持推动构建人类命运共同体》，中央文献出版社2018年版，第357页。

总序二

"一带一路"建设是我国未来一段时期最重要的发展战略之一，对于世界有着深远的影响。围绕如何推进"一带一路"建设，很多专家学者高屋建瓴，从国家层面提出了合理化建议。各省份也在积极探讨如何融入和对接"一带一路"，以期准确抓住经济社会发展新的战略机遇。在"21世纪海上丝绸之路"建设中，广东省无疑具有举足轻重、不可替代的作用。系统地研究"21世纪海上丝绸之路与广东发展"，对作为我国改革开放前沿地、"海上丝绸之路"起点之一的广东省的未来发展具有极其重要的指导作用，对我国推进"一带一路"建设也将起到应有的促进作用。"21世纪海上丝绸之路与广东发展研究丛书"就是在这种背景下的及时之作。

广东作为改革开放的前沿地，在过去的40年里取得了辉煌的成就，为全国提供了重要的经验借鉴，也正在为"一带一路"沿线国家提供经济发展的样本。在建设"一带一路"的新历史时期，积极参与到国家的战略建设中，既是广东的机遇，也是广东的责任。广东地区的一批专家学者围绕国家的战略方向，结合广东地区发展的实际，从经济、文化、城市发展等角度，深入探讨"一带一路"建设带来的历史机遇，分析广东具有的优势，提出了一系列新观点、新思路和富有建设性的对策建议，在此基础上，汇集成为"21世纪海上丝绸之路与广东发展研究丛书"，既有深远的学术价值，也有深刻的现实意义。

这套丛书的最大优点是把握住了国家战略与地方发展的互动。在我国当前的体制下，国家战略导向既是地方发展的重要机遇，也是各地许多已有研究成果的出发点。同时，各地在贯彻落实国家战略的过程中，形成各具特色的"走出去"模式,成为推进国家战略的有力支撑。广东由于其特殊地理位置和历史传统,在"一带一路"建设中,尤其是在21世纪海上丝绸之路的建设中,再次发挥着引领作用,甚至可以说在一定程度上影响着国家战略的实施效果。这套丛书对这种互动关系进行了深入阐发,具有较高的学术价值和指导意义。

作为"专题式系统研究之学术著作",这套丛书及时填补了"'一带一路'与区域发展"研究领域之空白,具有较高的史料价值。

这套丛书的鲜明特色是把握住了广东地方发展的实际与推进"一带一路"建设的优势。从国家层面来看,"一带一路"建设必须综合协调有序推进,但是从地方实践出发,必须扬长避短并形成区域优势。这套丛书的研究内容与广东地方实际结合得非常紧密,这也是广东最能发挥特长并在全国范围内形成示范的领域。相信这套丛书的出版,能助推广东再次成为改革开放的先锋,为全国各地贯彻落实"一带一路"倡议提供借鉴。

(王义桅,中国人民大学国际关系学院外交学教授、博士生导师,国际关系学博士)

第一章 导论 / 1

第一节 前所未有的全球经济发展战略…………………………… 3
一、21世纪海上丝绸之路的提出 ………………………………… 3
二、21世纪海上丝绸之路的历史和现实魅力 …………………… 5
三、21世纪海上丝绸之路的时代意义 …………………………… 11

第二节 21世纪海上丝绸之路的新特点 …………………………… 13
一、科技创新能力提升将成为新的国际合作重点 ……………… 14
二、科技创新与21世纪海上丝绸之路重要内涵的再认知……… 17
三、21世纪海上丝绸之路倡议拓展经济发展空间 ……………… 21

第三节 深圳科技产业创新 …………………………………………… 23
一、深圳如何走出自己的创新之路 ……………………………… 25
二、从全球创新指数（GII）看深圳创新特点…………………… 31
三、湾区经济下区域科技创新资源的集聚发展 ………………… 35

第二章 科技产业创新是21世纪海上丝绸之路实施的重要内容 / 39

第一节 科技产业价值链中的国际分工和科技协作 ……………… 41
一、科技产业价值链的内涵 ……………………………………… 41
二、科技产业价值链中的国际分工 ……………………………… 43
三、科技产业价值链中的科技协作 ……………………………… 48

第二节 21世纪海上丝绸之路与科技产业创新协同 ……………… 50
一、21世纪海上丝绸之路是承载科技产业创新的重要平台 …… 50
二、21世纪海上丝绸之路下的科技产业创新协同共识………… 53

三、21世纪海上丝绸之路下的科技产业创新协同现状 ……… 55
　　　四、中国在21世纪海上丝绸之路科技产业创新中的重要
　　　　　地位 …………………………………………………………… 58
　第三节　深圳成为21世纪海上丝绸之路的创新枢纽…………… 60
　　　一、深圳的历史概况 …………………………………………… 60
　　　二、深圳作为21世纪海上丝绸之路创新枢纽的优势条件…… 61
　　　三、深圳产业结构的特殊性及其跨越式发展的特征 ………… 65

第三章　深圳科技产业创新发展的实践／69

　第一节　深圳产业创新发展的历程 ………………………………… 71
　　　一、科技产业起步阶段 ………………………………………… 71
　　　二、高新技术产业快速发展阶段 ……………………………… 74
　　　三、战略性新兴产业培育发展阶段 …………………………… 80
　第二节　深圳科技产业创新的现实状况 …………………………… 83
　　　一、新兴产业发展迅速，成为经济发展主引擎 ……………… 83
　　　二、创新成果密集涌现，关键领域取得重大突破 …………… 90
　　　三、创新企业梯次层级分明，后备力量加速壮大 …………… 90
　　　四、融合创新成为亮点，不断催生新兴业态 ………………… 91
　第三节　深圳参与21世纪海上丝绸之路科技产业协同创新的
　　　　　基础 …………………………………………………………… 91
　　　一、地缘优势得天独厚 ………………………………………… 92
　　　二、创新效率较高，科技与产业创新发展的基础扎实 ……… 93
　　　三、产业创新配套发达，逐步成为全球硬件的创新圣地 …… 96
　　　四、稳步推进深港创新圈建设，逐步积累协同创新实践
　　　　　经验 …………………………………………………………… 97
　　　五、创新环境优越，政府响应速度快、引导能力强 ………… 98
　第四节　深圳科技产业创新发展的问题 …………………………… 102
　　　一、源头创新显著不足 ………………………………………… 102

二、人才结构问题突出……………………………………………… 105
　　三、创新质量短板明显……………………………………………… 106
　　四、创新生态急需完善……………………………………………… 108

第四章　深圳建设国际科技产业创新中心／111
　第一节　建设引领性国际科技创新中心………………………………… 113
　　一、建设全球科技创新策源地……………………………………… 113
　　二、打造国家自主创新示范区……………………………………… 119
　　三、构筑国际科技创新人才港……………………………………… 123
　第二节　建设更具竞争力的国际产业创新中心………………………… 124
　　一、大力发展高新技术产业………………………………………… 124
　　二、培育发展战略新兴产业………………………………………… 128
　　三、壮大知识密集型服务业………………………………………… 132
　　四、利用科技改造传统产业………………………………………… 134
　第三节　营造更具活力的综合创新生态………………………………… 136
　　一、集聚创新资源…………………………………………………… 136
　　二、促进开放合作…………………………………………………… 138
　　三、强化配套支撑…………………………………………………… 140
　　四、营造创新文化…………………………………………………… 142
　　五、完善制度保障…………………………………………………… 143

第五章　深圳推进科技产业创新的国际化发展／147
　第一节　创新国际化的发展趋势………………………………………… 149
　　一、知识化与全球化孕育了一批国际创新中心…………………… 149
　　二、科技产业创新中心将成为世界科技强国的战略支撑………… 151
　第二节　构建全球创新网络核心枢纽…………………………………… 156
　　一、如何认识全球创新网络………………………………………… 156
　　二、打造在全球有影响力的产业科技创新中心…………………… 160

第三节　参与21世纪海上丝绸之路，推动科技产业协同创新 … 164
　　一、协同创新是产业科技创新中心的重要支撑……………… 164
　　二、深圳需进一步推进产业协同创新………………………… 167

第六章　科技产业创新链中的企业走出去 / 173

第一节　科技创新发展中的企业主体作用…………………… 175
　　一、企业是创新体系的一个重要主体………………………… 175
　　二、深圳建立了以企业为主体的创新体系…………………… 176
　　三、深圳创新体系面临的挑战………………………………… 179

第二节　全球创新链中企业的角色和作用…………………… 180
　　一、全球创新链的各环节及其功能…………………………… 181
　　二、企业参与全球创新链的合作方式………………………… 182
　　三、深圳积极营造企业全球创新链环境……………………… 185

第三节　企业参与21世纪海上丝绸之路的主要模式和重点
　　　　　方向…………………………………………………… 187
　　一、企业走出去的主要模式…………………………………… 188
　　二、参与21世纪海上丝绸之路的重点方向 ………………… 189

第七章　科技创新与"深圳模式" / 195

第一节　科技创新发展模式比较……………………………… 197
　　一、科技创新发展的理论探讨………………………………… 197
　　二、美国、日本、德国和中国科技创新发展的模式………… 201

第二节　深圳科技创新发展的路径与模式…………………… 210
　　一、工业化背景下"科技＋产业＋金融"发展的路径 …… 211
　　二、全球化背景下"开放＋分工＋协同"发展的路径 …… 214

第三节　21世纪海上丝绸之路的科技协同创新机制 ……… 218
　　一、深圳科技创新与21世纪海上丝绸之路………………… 218
　　二、21世纪海上丝绸之路科技协同创新的总体模式 ……… 219

三、21世纪海上丝绸之路科技协同创新的具体举措 ……… 221

第八章 深圳参与21世纪海上丝绸之路建设展望 / 225

第一节 粤港澳湾区中的科技创新之核 …………………… 227
  一、湾区经济的主要特征与发展演变 ………………… 227
  二、粤港澳大湾区与科技创新 ………………………… 230
  三、建设粤港澳大湾区国际科技创新中心 …………… 233

第二节 以深圳为主引擎，提升大湾区整体创新水平 …… 235
  一、充分发挥深圳的主引擎作用 ……………………… 235
  二、构建科技创新协同发展机制 ……………………… 238
  三、提升粤港澳大湾区创新能级 ……………………… 239

第三节 立足大湾区，推进海上丝绸之路科技合作 ……… 242
  一、共建科技合作基础平台 …………………………… 242
  二、拓展科技创新合作领域 …………………………… 244
  三、深化人才科技交流合作 …………………………… 245

第四节 立足大湾区，参与和布局全球创新圈 …………… 246
  一、建设全球创新网络枢纽城市 ……………………… 247
  二、主动融入全球创新网络 …………………………… 248

参考文献 / 249

后记 / 256

第一章

导论

21世纪海上丝绸之路倡议拓展经济发展空间。共建21世纪海上丝绸之路，不仅有助于中国与海上丝绸之路沿线国家在港口航运、海洋能源、经济贸易、科技创新、生态环境、人文交流等领域开展全方位合作，而且对促进区域繁荣、推动全球经济发展具有重要意义，同时将大大拓展中国经济发展战略空间，为中国经济持续稳定发展提供有力支撑。

21世纪海上丝绸之路是扩大开放的新起点，将为科技创新发展注入动力、拓展经济发展空间。在"一带一路"建设中，科技创新是支撑服务互联互通、生态文明建设、人才合作与交流的有效手段，也是深化与相关国家和地区开放合作的桥梁纽带。科技创新过程的外化和协同是全球化下的趋势与特征，科技创新分工与协作在全球化的新起点下得以实现，是突破集体困境的有效手段。

21世纪海上丝绸之路为参与和推动全球科技创新发展提供了新的路径，将有力促进科技创新过程的融合、外溢，真正在技术创新和产业创新方面推动全球科技创新发展。形成始于文化交往、基础设施互联互通和经贸畅通的全球化新路径，也是拓展全球科技创新合作的新途径，伴随着创新要素汇聚和分工网络演化，必将形成"开放＋分工＋协作"的全球创新合作的新机制。

第一节　前所未有的全球经济发展战略

海洋是各国经贸文化交流的天然纽带，共建"21世纪海上丝绸之路"，是全球政治、贸易格局不断变化的形势下，中国连接世界的新型商贸之路、科技之路、民心相通之路和区域繁荣之路。21世纪海上丝绸之路宣示了亚欧乃至更大区域曾经的辉煌，同时也揭示了创造辉煌的规律。来自丝路贸易的历史与现实特征，是其历久弥新的魅力所在。

一、21世纪海上丝绸之路的提出

"21世纪海上丝绸之路"的提出与内涵拓展是个不断完善的过程。早在2013年9月，习近平总书记访问哈萨克斯坦并在阿斯塔纳纳扎尔巴耶夫大学发表演讲时，就首次提出了"丝绸之路经济带"的概念。他阐明了丝绸之路经济带的基本特质：团结互信、平等互利、包容互鉴、合作共赢。接着在吉尔吉斯斯坦比什凯克举行的上海合作组织元首理事会第十三次会议上，他进一步提出，上海合作组织6个成员国和5个观察国都位于古丝绸之路沿线，有责任把丝路精神传承下去，发扬光大。并具体提出丝路合作的内容：一是交通与物流的大流通，二是贸易投资便利化，三是加强金融领域合作，四是成立能源俱乐部，五是建立粮食安全合作机制。

2013年10月3日，习近平总书记访问印度尼西亚，在印度尼西亚国会演讲中提出，中国愿在平等互利的基础上，扩大对东盟国家开放，使自身发展更好地惠及东盟国家。中国愿提高中国－东盟自由贸易区水平，争取使2020年双方贸易额达到1万亿美元。中国致力于加强同东盟国家的互联互通建设，中国倡议筹建亚洲基础设施投资银行，愿支持本地区发展中国家包括东盟国家开展基础设施互联互通建设。东南亚地区自古以来就是"海上丝绸之路"的重要枢纽,中国愿同东盟国家加强海上合作,使用好中国政府设立的中国-东盟海上合作基金,发展好海洋合作伙伴关系,共同建设21世纪"海上丝绸之路"。中国愿通过扩大同东盟国家各领域的务实合作,互通有无、优势互补,同东盟国家共享机遇、共迎挑战,实现共同发展、共同繁荣。由此,"21世纪海上丝绸之路"正式提出。

2014年5月15日,在中国人民对外友好协会成立60周年纪念活动中,习近平总书记要求中国国内各界"以更加开放的胸襟、更加包容的心态、更加宽广的视角"推动丝绸之路经济带和21世纪海上丝绸之路建设。2014年5月21日,中国国家主席习近平在亚洲相互协作与信任措施会议(以下简称"亚信会议")第四次峰会上,提出中国坚持与邻为善、以邻为伴,坚持睦邻、安邻、富邻,突出体现亲、诚、惠、容的理念,努力使自身发展更好地惠及亚洲国家,同各国一道,加快推进丝绸之路经济带和21世纪海上丝绸之路建设。由此,21世纪海上丝绸之路开始和丝绸之路经济带并行成为"一带一路"倡议的有机组成部分。

21世纪海上丝绸之路的提出引发了国内外学术界强烈的反响。在国内,2014年,浙江师范大学、中国武警学院、浙江学刊杂志社联合举办了"海上丝绸之路"与中国海洋发展学术座谈会。肖琳提出"海陆统筹共进"的思路,构建"一带一路"。毛汉英在中国周边地缘政治与地缘经济格局和对策的基础上考察了21世纪"海上丝绸之路"设想。龙金光等认为,丝路复兴是全球经济增长新引擎。李正豪认为,陆海丝绸之路是未来30年大棋局。赵干城分析了"向西开放"策略的内生动力与国际环境,还分析了亚太地区"再平衡"新格局与发展前景。徐加爱等分析了打造"新丝绸之路"的策略支点。王军、李锋提出,通过六大策略支点打造21世纪"海上丝绸之路"。占豪分析了两条丝绸之路的策略考量,具有较强的说服力。蔡鹏鸿发表了《为构筑海上丝绸之路搭建平台:前景与挑战》。陈万灵、何传添分析了海上丝绸之路的各方博弈及其经贸定位。郑海麟提出了建构"海上丝绸之路"的历史经验与策略思考。赵华胜认为,中美在"新丝绸之路"上有一定合作可能和空间。杜晓军分析了中国统筹陆海铺开周边外交新棋局。杨保筠认为，21世纪"海上丝绸之路"并非要恢复"华夷秩序"。陈武提出了发展好海洋合作伙伴关系，深入学习贯彻习近平总书记关于共建21世纪"海上丝绸之路"的倡议构想，较全面地提出了广西的思路。"丝绸之路经济带与中原经济区"课题组发表了《轴心文明交流对话与合作共赢的时代桥梁》等文章。徐素琴分析了广东与海上丝绸之路经贸交往。吕余生分析了深化中国－东盟合作，合力建设21世纪"海上丝绸之路"的若干思路。

在国际上，于2014年5月举办的"亚信会议"、上合组织成员元首理事会、阿拉伯国家合作论坛、第22次APEC（亚太经济合作组织）会议期间举行的"互联互通"对话会以及习近平总书记2014年密集的国事出访中，"一带一路"构想都得到了直接的、积极的呼应。

二、21世纪海上丝绸之路的历史和现实魅力

中国提出的建立"21世纪海上丝绸之路"的设想不仅有深厚的历史渊源，也具有坚实的现实基础，对促进中国的改革开放以及海上丝绸之路所经地区及相关各国的经济发展、文化交流和政治稳定，都有着极为重要的意义和作用。

从历史上看，"丝绸之路"这一概念最早由19世纪普鲁士地理学家李希霍芬使用，在此之后，得到了世界各国学者的广泛认同和高度关注。"海上丝绸之路"一词是舶来品，1913年，法国汉学家沙宛首先提出了"海上丝绸之路"的概念，他在其所著的《西突厥史料》中提出："丝路有陆、海两道，北道出康居，南道为通印度诸港之海道。"1967年，日本学者三杉隆敏在其《探寻海上丝绸之路——东西陶瓷交流史》中正式使用了"海上丝绸之路"这一名称。此后，这个概念被学术界普遍接受。

日本学界较早着手的是与海上丝路有关的人物研究。蒲寿庚事迹之考察，由藤田丰八肇始，其后，桑原骘藏著有《蒲寿庚事迹》。日本学者三

杉隆敏在其具有海外游记风格的著作《探寻海上丝绸之路——东西陶瓷交流史》中，第一次提出"海上丝绸之路"的概念。三杉隆敏的第二部著作《海上丝绸之路——中国瓷器的海上运输与青花编年研究》，具有更多的学术色彩。此后，三杉隆敏陆续出版的相关读物还有以下数种：①《海上丝绸之路——绢·香料·陶瓷器》（与藤本胜次、山田宪太郎合著）。3位执笔者运用东西方文献，探讨了丝绸、香料和陶瓷器在中西间的流通方式与路径。②《海上丝绸之路事典》（与榊原昭二合著）。作为一部专门辞典，该书分门别类对海上丝绸之路涉及的历史事件、人物、港口、地图、船只、交易品种、关联史料、博物馆等进行了介绍与解说。③后来出版的《调查海上丝绸之路辞典》，可视为前书进一步补充、丰富相关内容的增订版。④《海上丝绸之路——大航海时代的陶瓷冒险》一书指出，海上丝绸之路是在航海技术发达以后才得以出现的，从时间上看，晚于陆上丝绸之路。

20世纪80年代以后，日本掀起一股关注"海上丝绸之路"的热潮。主要表现在以下四个方面：

第一，对"海上丝绸之路"的关注由学术界进而扩展至社会全体。从1979年开始，日本放送协会（NHK）与中国中央电视台等进行合作，摄制了"丝绸之路"专题系列节目。作为该系列节目的第三部，12集的《NHK海上丝绸之路》陆续上映后，在日本迅速掀起一股"海上丝绸之路"热潮。与此系列专题片的制作、公映相同步，日本放送协会还与一些文化机构合作，组织了一系列以"海上丝绸之路"为主题的展示会、音乐会、研讨会等。作为这些活动的物化成果，出版有《NHK海上丝绸之路》等书籍。在节目制作与相关活动过程中，江上波夫、樋口隆康、平山郁夫、辛岛升等一批专家、学者积极参与，使得探讨内容具有相当的专业化深度。

第二，除了中国古典文献以外，日本学者还积极发掘、整理和利用古代阿拉伯人、欧洲人留下的相关记录。如出自1世纪希腊人之手的《厄立特里亚海航行记》、成书于9—10世纪阿巴斯王朝时期的《道里邦国志》、阿拉伯历史学家塔巴里留下的《历代先知与帝王年代记》、阿布·扎依德等人撰写的《古代中国与印度》、马苏第的《黄金牧场和宝石山》、波斯诗人萨阿迪的《蔷薇园》、伊本·白图泰的《伊本·白图泰游记》等相继被翻译为日文版本,其中的许多文字记载是研究丝绸之路的重要材料依据。如《黄金牧场和宝石山》,记述了从巴士拉乘船前往中国的航行过程。从中可以看出,马来半岛是海上丝绸之路的重要中转站。

第三,在一些文化机构和企业财团的支持下,东京大学、早稻田大学等高校及科研机构的学者组织专题考察队,对海上丝路沿线古遗址进行实地调查和发掘,其成果引人瞩目。如早稻田大学曾组织埃及考古调查队,在对埃及开罗以南的古都福斯塔特遗址进行发掘,发现大约12000片9—19世纪的中国陶瓷残片,包括唐代的三彩瓷、越州窑瓷、邢州白瓷、长沙窑瓷,宋代的龙泉窑青瓷、景德镇青白瓷、福建和广东产青瓷、德化窑白瓷、定窑白瓷,元代的青瓷、白瓷和青花瓷,还有少量的越南瓷器。学者们认为,这些瓷器显然是经由印度洋—也门—红海这条航线输入的。另外,瓷器制作甚为精美,在当时应该价格不菲,由此也可窥见古代开罗、福斯塔特一带居民生活之富庶。类似的考察活动在马来西亚、印度尼西亚、柬埔寨、越南、缅甸、印度、伊朗以及东非等地均有所开展。

第四,一方面,学术界致力于普及性文库本读物的编撰,如长泽和俊著有《海上丝绸之路史》《遥远的丝绸之路——从北京到伊斯坦布尔》,辛岛升著有《海上丝绸之路——从中国泉州到伊斯坦布尔》,弓场纪知著有《青花之道——中国陶瓷器告诉我们的东西交流》。另一方面,继续深化专业学术研究,并使之呈现出一些新的走势,即更加关注东南亚海上国家尤其是印度洋海域在东西交往过程中所发挥的作用与扮演的角色,如家岛彦一的《海洋创造文明——印度洋海域世界的历史》《伊斯兰网络的展开》《海域的历史:连接印度洋与地中海的交流史》,弘末雅士的《东南亚的港市世界——地域社会的形成与世界秩序》,矢延洋泰的《海上十字路的交流志》;更加关注使用考古出土的锚石、船板、瓷器和金属货币等新材料,进行深入研究,如国立历史民俗博物馆编的《东亚中世海道——

海商·港·沉没船》，四日市康博主编的《透物见史——蒙古宋元时代亚洲与日本的海上交流》；更加注重人的往来以及生态环境、文明、文化间的差异，如尾本惠市等编写的《海洋亚洲》（6卷本），松浦章的《中国的海商与海贼》《海域世界的环境与文化》，上田信的《海洋与帝国——明清时代》。

美国、加拿大、英国、法国、德国、意大利、瑞典等国均有大量的学者研究这一课题，通过国际学术文献库查找，近30年来的论文超过500篇，著作超过40本。

1987年，联合国教育、科学及文化组织（以下简称"联合国教科文组织"）决定对丝绸之路进行国际性的全面研究，旨在推动东西方全方位的对话和交流，维护世界和平。关于项目命名当时曾引起过讨论和争论。有些国家的学者提出，丝绸之路贸易不仅有丝绸，而且有大量的香料和瓷器，所以应该称为"瓷器之路"或"香料之路"。但更多国家的学者认为，古代东西方国家经此路往来的不仅有商品贸易，还有宗教文化和科学技术交流，假若将研究项目定名为"瓷器之路项目"或"香料之路项目"，则限制了项目自身的含义。经过讨论和争论，最后一致认为，"丝绸之路"是以中国的丝绸贸易开始的，影响颇大，而且能够涵盖东西方国家之间物质、文化交流的丰富内涵，所以最后采用了1987—1997年"'丝绸之路'：对话之路综合项目"这一名称。

联合国教科文组织在这个项目下，曾组织了丝绸之路沙漠路考察（1990年）、海上丝绸之路考察（1990年）、草原丝绸之路考察（1991年）。海上丝绸之路考察活动分为四个阶段：第一阶段，由30多个国家的50多位专家、学者和新闻记者组成考察队，乘坐由阿曼、苏丹提供的"和平方舟"号考察船，于1990年10月23日从意大利的威尼斯出发，经过希腊、土耳其、埃及、阿曼，穿越欧、亚、非三大洲；第二阶段，1990年11月25日从阿曼首都马斯喀特出发，经过巴基斯坦、印度、斯里兰卡三国；第三阶段，1990年12月24日从印度马德拉斯东行，经过泰国、马来西亚、印度尼西亚三国；第四阶段，1991年1月23日从泰国曼谷出发，驶往中国广州和泉州、韩国釜山、日本博多和大阪。在考察活动中，考察队员曾在沿途的博物馆和考古遗址内，发现了许多中国瓷器和货币，也召开过10余次国际学术讨论会。考察队在1991年2月9日到达广州，停留3天，与广东学者在东方宾馆举行了"广州与海上丝绸之路"学术座谈会，后来出版了《广州与海上丝绸之路》论文集和《南海丝绸之路文物图集》。考察队经过泉州时，于1991年2月17—20日在华侨大学召开了"中国与海上丝绸之路"国际学术研讨会，除了考察队里的各国专家、学者，会议组织者还直接邀请了来自美国、加拿大、英国、法国、德国、意大利、瑞典等国的学者，共有27个国家的100名代表与会，提交了50篇论文。论文收集在《中国与海上丝绸之路》论文集（1991年）和《中国与海上丝绸之路》论文集续集（1994年）。联合国教科文组织的海上丝绸之路考察活动，极大地推动了国际、国内学术界在该领域的研究。

在国内，早在中国提出"21世纪海上丝绸之路"倡议之前，2003年，赵春晨在《关于"海上丝绸之路"概念及其历史下限的思考》中就对"海上丝绸之路"这一概念进行了厘清，对其历史下限进行了探讨。赵春晨认为，"海上丝绸之路"这一概念至少应具备以下四点：一是海上；二是贸易商品，即丝绸；三是贸易者，海上丝绸的贸易者只能与中国相关；四是贸易的性质，不仅是指中外之间海上航行和贸易往来，而且还是指在古代长期存在的特定性质的中外间的贸易和交往关系。正是基于上述四点认识，作者认为，"海上丝绸之路"概念的含义应当界定为："它是以丝绸贸易为象征的、在中国古代曾长期存在的、中外之间的海上交通线及与之相伴随的经济贸易关系。"这种对基本概念的探究，有助于我们深入理解和研究海上丝绸之路。

2004年，李英魁发表了《试论宁波"海上丝绸之路"兴起的历史上限》，认为海上丝绸之路是"泛指东西方通过海洋进行贸易活动的通道。一般说来主要是泛指亚欧两洲进行贸易的海洋通道"。其性质是"人类社会进入文明社会后国家与国家（包括国家的某一地区对另一国家某地区）

商业贸易和政治、文化交流的海上通道，而发生于文明社会前的贸易与'东西方文明对话'无关，不属'海上丝绸之路'范畴"。同年，刘汉东在《海上丝绸之路与中西文化交流的关系》中认为，"海上丝绸之路主要是指通过南海、马六甲海峡进而抵达印度洋、波斯湾、红海等地的海上交通贸易航线，岭南地区特别是广州成为出发的中心地区"。在这里，作者可能出于自己论述的需要，把海上丝绸之路局限于南海的海上丝绸之路。

邓炳权在《"海上丝绸之路"上的几处中国南方港口（摘登）》中对海上丝绸之路的概念和起点进行了讨论。作者认为，海上丝绸之路，即古代沟通中外的远洋航线。作为远洋航线，它是远程的而不只是近邻的，国际的而不是国内的，经常性的而不是偶发性的。它最初由丝绸等贸易而起，但不限于丝绸；中晚唐起陶瓷上升至出口货物之首位，便有人称之为陶瓷之路；清代茶叶上升至首位，也有人称之为丝茶之路：实质上都是一回事。但丝绸出口贯穿始终，称丝绸之路可以涵盖全体，且更形象，更具浪漫色彩，业已被广泛接受。也不限于交通贸易，它实际上促进了东西方经济文化交流，是友谊之路、文明传播之路。作为一个美称，它是和平的而不是暴力的，平等友好的而不是欺压掠夺的。因此，海上军事活动应不在此范围，只能算是海上活动。

2006年，杨宏烈在《广州泛十三行商埠文化遗址开发研究》中借用《广州日报》"前沿大讲坛"的提法，认为"'丝绸之路'是个雅称，特指古代东西方物质文明与精神文明之间的交通、贸易、文化交流的途径及其形成的有形或无形的历史文化时空网络。……'丝绸之路'先以中国丝绸由陆上出使西域贸易成功开始，后以中国瓷器海上贸易远销重洋为主要途径；它是一个有泛指、有意义的词汇，一个富有历史浪漫主义美感和想象力的词汇"。

综上所述，21世纪海上丝绸之路的研究热潮绝不是自中国提出"21世纪海上丝绸之路"倡议形成的，而是具有悠久的历史渊源。同时，这一主题在近些年的再度兴起，也反映出这一主题迷人的现实魅力。

三、21世纪海上丝绸之路的时代意义

从国际上看，包含21世纪海上丝绸之路在内的中国"一带一路"倡议，是中国改革开放40年来首次明确提出的成功的具有全面影响的全球性经济发展倡议。说"首次"，并非意味着自中华人民共和国成立以来没有提出过全球性发展倡议主张。恰恰相反，毛泽东时期的"三个世界"论断和邓小平的"东西是和平问题，南北是发展问题"等著名论断，都彰显出中国运筹全局和触及问题本质的特征。但由于当时中国与世界所处的历史阶段不同，前30年中国处于全球冷战的阴影之中，后30多年基本处于百废待兴的改革开放初期，故当时的倡议既没有今天的经济实力和世界影响作为后盾，也难以形成塑造世界格局的强大张力。唯有这一次，中国第一次站在新的历史发展阶段，第一次向世界提出塑造世界格局的"中国方案"。说"成功"，并非意味着中国的"一带一路"倡议已经经过了长时期的考验，已经走向成熟。恰恰相反，这是中国立足于新的全球发展实践，在历史与现实交汇的实践土壤里诞生的构想与思想，具有实践的可操作性和人类社会发展的导向性。不仅对发展中国家有意义，而且对发达国家经济体同样有意义。说"具有全面影响的全球性经济发展倡议"，则是因为该倡议抓住了世界各国人民追求共同发展的希望。透过21世纪海上丝绸之路，中国改革发展的"中国梦"与世界的发展梦紧密相连，进而形成了影响世界和谐发展的核心因素。

研究海上丝绸之路，可以为我们带来更深层次的思考。中国的海上丝绸之路，是中国对外开放交往之路，是经济发展之路。今天，海洋权益日益受到各国的重视，1994年11月16日开始生效的《联合国海洋法公约》，使人们更加意识到制海权的重要性，中国在东海、南海面临的海洋争端日益升级，为此，加强中国领海权的研究及其历史文化的研究就显得更为重要，而历史文化的研究与海上丝绸之路研究是有关联的。一方面，海上丝绸之路研究是借用已被普遍认同的、连接东西方的海上通道的名义

作为研究题目，它涉及人类通过海洋进行的种种活动，包括航海交通、经济贸易、国家关系、科学技术、文化、宗教、移民等方面，其领域十分广泛，内涵极为丰富，是一门跨学科的综合性的研究。另一方面，在海上丝绸之路的发展史上，中国人、希腊人、罗马人、埃及人、印度人、波斯人、阿拉伯人等在经营海上交通和东西方贸易上都产生过重要的作用，海上丝绸之路不仅仅是中国的，更是世界的。围绕它产生的贸易曾经极大地丰富了世界各国人们的物质生活，人们互通有无，加强了彼此间的沟通和了解。相互间频繁的科技交流、文化交流促进了人类文明的进步，通过挖掘海上丝绸之路文化遗产的价值，能向大众展示人类创造文明、共同发展的智慧。这种智慧是人类共同的结晶，在历史上曾经发挥了重要的作用。今天，我们重新关注它、重视它，希望它为东西方的和平发展营造良好的国际环境。对话和开放是当今世界的主流，海上丝绸之路是这种对话和开放的象征。

共建21世纪海上丝绸之路是我国新阶段对外开放的大事业。回首历史，古代海上丝绸之路曾为繁荣亚非欧国家经济、推动东西方沟通交流做出过重要贡献。站在新的历史起点，习近平主席提出共建21世纪海上丝绸之路的倡议构想，高瞻远瞩、气势恢宏，顺应时代潮流、合乎实际需要，对于促进我国和相关国家合作共赢、实现繁荣共进具有重大意义。

第一，深化改革开放的重要途径。目前，我国改革已进入攻坚期和深水区。全球范围内市场、技术、资源等方面的竞争日益激烈，一些发达国家试图通过制定新的国际区域经贸安排继续主导世界经济发展。共建海上丝绸之路，是新形势下应对挑战、用开放倒逼改革的重要途径。打造具有巨大发展潜力的海上经济大通道，有利于统筹国内国际两个市场、两种资源，为我国经济转型升级打开一扇新的窗口；有利于为我国沿海地区产业升级提供资源支撑，为中南、西南地区科学发展提供市场驱动；有利于建立"以我为主"的国际贸易和投资网络，提升我国开放型经济发展水平。

第二，拓展经济发展空间的深远谋划。当前，我国已是世界第二大经济体，在新起点上科学谋划经济发展，对促进经济持续健康发展十分重要。共建21世纪海上丝绸之路，不仅有助于我国与海上丝绸之路沿线国家在港口航运、海洋能源、经济贸易、科技创新、生态环境、人文交流等领域开展全方位合作，而且对促进区域繁荣、推动全球经济发展具有重要意义，同时将大大拓展我国经济发展空间，为我国经济持续稳定发展提供有力支撑。

第三，构建和平稳定周边环境的举措。共建21世纪海上丝绸之路的倡议构想，是在新形势下继续高举和平、发展、合作、共赢的旗帜，坚定不移地致力于维护世界和平、促进共同发展的选择。它将成为我国与东盟之间开拓新的合作领域、深化互利合作的契合点，有利于搁置争议、增进共识、合作共赢，推动构建和平稳定、繁荣共进的周边环境。

第四，促进沿线国家共同繁荣的历史选择。海上丝绸之路自秦汉兴起以来，就是联通东西方的重要交通走廊、推动商业贸易繁荣发展的黄金路线。目前，我国和东盟已建成世界上最大的发展中国家自由贸易区，我国连续4年成为东盟第一大贸易伙伴，东盟是我国第三大贸易伙伴。通过共建海上丝绸之路，大力推动自贸区升级建设，促进政策沟通、设施联通、贸易畅通、资金融通、民心相通，这已成为沿线各国人民的共同意愿。

第二节　21世纪海上丝绸之路的新特点

在"一带一路"建设中，科技创新是支撑服务互联互通、生态文明建设、人才合作与交流的有效手段，也是深化与相关国家和地区开放合作的桥梁纽带。国家发展和改革委员会（以下简称"国家发改委"）、外交部、商务部在《推动共建丝绸之路经济带和21世纪海上丝绸之路的愿景与行动》中指出，优化产业链分工布局，提升区域产业配套能力和综合竞争力，探索投资合作新模式，鼓励合作建设产业园区，促进产业集群发展以及加强科技合作，共同提升科技创新能力是沿线各国的合作重点。①

一、科技创新能力提升将成为新的国际合作重点

自主创新是开放环境下的创新，深化国际科技交流合作，要全方位加强国际科技创新合作，积极主动融入全球科技创新网络，也要主动布局和积极利用国际创新资源，努力构建合作共赢的伙伴关系。

1. 以全球视野推动科技创新，全方位加强国际科技创新合作

"一带一路"建设是新时代中国特色社会主义的伟大开放实践。我国以"一带一路"建设为统领，步入了深度开放、积极参与、主动引领的新开放时代。全球140多个国家和80多个国际组织积极支持和参与"一带一路"建设，我国与"一带一路"沿线国家的经贸合作不断扩大与深化，取得了丰硕成果。经贸合作扎实推进，2014—2016年中国对沿线国家投资累计超过500亿美元，同沿线国家的贸易总额超过3万亿美元。"一带一路"金融合作网络初具规模，一大批互联互通项目规划实施，各领域人文合作深入开展。在推进贸易畅通的过程中，货物贸易和服务贸易、对外投资和对外援助等方面取得了显著成效，并且不断提高贸易便利化水平，深化扩展自贸区，完善各领域合作机制，推动多层次平台建设，扎扎实实落实贸易畅通。

党的十九大报告着眼于统筹国内国际两个大局，明确了今后一个时期促进"一带一路"国际合作的重点任务，② 在基础设施、金融合作、贸易畅通等方面取得显著成效的同时，拓展和深化国际科技合作将是未来促进"一带一路"国际合作的重要内容。

---

① 参见国家发展和改革委员会、外交部、商务部《推动共建丝绸之路经济带和21世纪海上丝绸之路的愿景与行动》，载《人民日报》2015年3月29日，第4版。

② 参见高虎城《积极促进一带一路国际合作》，载《人民日报》2018年1月19日，第7版。

国际科技合作是不同国家或地区的企业或科技研发机构进行技术联合，实现科技创新资源共享与交流，缩短技术开发期的一种方式。[①] 与国际经贸合作相比，国际科技合作通过以技术为载体、契约为基础的交易方式，合作方将各自互补或具有比较优势的技术结合，扩大科技创新的应用范围，实现科技创新的投资回报，实现双赢或多赢的目的。

经济全球化促进了企业资源互补和技术革新，企业通过国际技术合作实现优势互补，尤其是知识和技术等资源的互补。据联合国教科文组织的定义，国际科技合作就是科技知识的共享，即两个或两个以上国家的公民在彼此接受的协议下，进行知识的交换。国际科技合作的目的是获取政治、经济、科技等方面的利益，国际科技合作往往是经济合作的先导和发展对外贸易的桥梁。

国际科技合作的形式主要有国际合作研究、国际共同开发、国际科技交流和国际技术转让等，其中国际合作研究、国际科技交流已成为最主要的国际科技合作形式。国际合作研究可分为基础性研究、应用性研究和开发性研究，国际科技交流则包括人才交流、国际学术交流、国际科技咨询、科技人员培训等。在企业层面，通过开展国际科技合作可获得互补性的知识、技术、经验，提升技术创新能力、规避市场风险、增强国际市场竞争力。

国际合作的发展水平是一国全球化和科技创新能力的表征，随着经济全球化和区域经济一体化进程的深化，国际技术合作的广度和深度不断增强。这种科技全球化有助于弥补"战略缺口"（strategic gap），并为发展中国家带来巨大挑战和发展机遇，能否抓住机遇、加强国际技术合作、参与科技全球化进程，是一个国家赢得科技全球化所带来利益的关键。

2. 协同创新将极大地拓展合作空间和合作领域

21世纪海上丝绸之路的深入实施，必将拓展协同创新的合作空间、

[①] 参见陈健雄、徐翔《国际技术合作的动因及其理论解释》，载《国际经济合作》2009年第12期，第19～23页。

合作领域和模式。区域协同建设国际创新中心将是国际科技合作的新趋势。"协同创新"将突破原有范畴,实现合作空间、合作领域的极大拓展。

第一,知识创新、技术创新、产业创新的界限越来越模糊。科学技术在不同尺度上不断向纵深演进,物质科学不断向宏观、微观和极端条件拓展;生命科学走向精确化、可再造和可调控;信息、生物、新能源、智能制造领域不断突破和相互融合;新兴学科加快发展,学科交叉融合更加深入,颠覆性技术不断涌现。科学技术的这些发展态势和特征,导致基础研究、应用研究、技术开发和产业化边界日趋模糊,技术创新与商业模式、金融资本深度融合,带动众多学科和技术群体跃进,持续催生新的经济增长点和创业空间,科技、产业创新变革突破的能量正在不断积蓄。①

第二,创新资源向少数城市集聚。创新资源向全球少数城市集聚的原因,一是协同创新和创新网络化让科技、产业创新成为开放式创新,创新资源的流动性不断增强;二是科技、产业创新取得成功的关键要素是人才,是顶尖的科学家、工程师和企业家,他们都是极为稀缺的创新资源;三是科技、产业创新严重依赖城市创新生态系统的良性运转;四是科技、产业创新要有相应的产业链和制造业基础。

第三,"协同创新"将突破原有范畴,实现合作空间、合作领域的极大拓展。"协同创新"主要指将创新资源和要素有效汇聚,通过突破创新主体间的壁垒,充分释放创新活力,从而实现创新的深度合作和成功。其特征是多主体(大学、科研机构、企业、政府、金融机构、科技中介、国际同行)协同攻关、多学科交叉研究、多目标重叠并存、多功能(人力资源培养开发、科学发现、技术进步、产品开发、产业开拓)集成化创新。

---

① 参见何国勇《深圳建设国际科技、产业创新中心研究——硅谷的经验与启示》,载《城市观察》2018年第2期,第109页。

二、科技创新与 21 世纪海上丝绸之路重要内涵的再认知

21 世纪海上丝绸之路不仅是商业之路、文化之路，也是一条科技创新之路。本质上这一重要倡议的目的是通过创造经济驱动力和获取外部能源资源从而为中国经济的二次增长开创新时代，也是合作国家突破科技创新和经济合作发展"集体困境"的有效手段。

（一）创新过程的外化与产业技术创新国际化

1. 创新过程的外化

熊彼特于 1912 年在其名著《经济发展理论》中阐述了"创新"的概念，创新是企业家将生产要素和生产条件重新组合并引入生产体系使其技术体系发生变革以获得"企业家利润"或"潜在超额利润"的过程。[①]弗里曼（1982）认为："技术创新是技术的、工艺的和商业化的全过程，其导致新产品的市场实现与技术工艺与装备的商业应用。"维基百科对创新的界定则是：创新可以简单地被定义为一种"新观念、新设备或新方法"；创新也常常被视为应用更好的解决方案以满足新的需求、未阐明的需求，或者现有的市场需求。[②]

R. Rothwell 总结了工业创新过程中的主导模式演进，20 世纪 90 年代是网络模式，强调知识积累和外部联系。[③] Chesbrough（2003）提出了开放式创新（open innovation）模式，强调创新过程要进一步外化，以充分

---

① 参见［美］约瑟夫·熊彼特《经济发展理论——对于利润、资本、信贷、利息和经济周期的考察》，何畏、易家详等译，商务印书馆 1997 年版。

② Innovation can be defined simply as a "new idea, device or method". However, innovation is often also viewed as the application of better solutions that meet new requirements, unarticulated needs, or existing market needs.

③ Rothwell R. Successful Industrial Innovation: Critical Factors for the 1990s. R&D Management, 1992, 22 (3): 221 – 240.

利用知识产生的结果。①

2. 产业技术创新国际化

技术创新国际化是指以全球性获取创新资源，创新人才国际化、创新组织网络化为特征，企业通过跨国并购、建立国外 R&D（研究与开发）机构以及建立国际技术联盟等形式，将技术创新活动扩展到国外的技术创新范式。② 企业在广泛的知识交易网络中，可以更广泛地借助外部知识和信息源来构建自己的技术知识结构。研发是技术创新中最为主要的环节，创新活动则是集科学、技术、组织、政策、资金等多方面的综合体。有不少文献阐述了技术创新与产业发展之间的互促关系，例如，原发性技术创新通过对产业活动空间的拓展，推动旧结构的优化升级和新产业的诞生。③

Peilan Fan（2010）以华为和中兴为研究对象，讨论了中国通信产业在全球化背景下利用科技资源进行技术追赶，最终在移动通信领域获得创新性新兴技术的过程。④ Alberto Di Minin 和 Mattia Bianchi（2011）基于美国的专利数据，分析了通信行业巨头诺基亚、摩托罗拉等从 1990 年以来将关键研发项目尤其是与电信标准相关的专利限制于本国的趋势，研究揭示了企业研发网络中不平衡的创新成果独占性程度基于企业总部编织的专利安全网，在国际化力量的支持下庇护本国研发网络，为企业创新性活动提供了更理想的配置。⑤

---

① Chesbrough H. Open Innovation: Researching a New Paradigm. Oxforduniversity Press, 2008.

② 参见陈劲、朱朝晖《我国企业技术创新国际化的资源配置模式研究》，载《科研管理》2003 年第 5 期，第 76～83 页。

③ 参见韩江波、蔡兵《技术创新与产业发展的互促机理》，载《产业与科技论坛》2009 年第 9 期，第 41～44 页。

④ Fan P. Innovation, Globalization, and Catch-up of Latecomers: Cases of Chinese Telecom Firms. Environment and Planning-Part A, 2011, 43 (4): 830 – 837.

⑤ Giblin M. Managing the Global-Local Dimensions of Clusters and the Role of "Lead" Organizations: the Contrasting Cases of the Software and Medical Technology Clusters in the West of Ireland. European planning studies, 2011, 19 (1): 23 – 42.

（二）科技创新与21世纪海上丝绸之路

党的十九大报告着眼于统筹国内国际两个大局，明确了今后一个时期内促进"一带一路"国际合作的重点任务。科技创新是未来21世纪海上丝绸之路进一步建设实施中的主要国际合作内容，在商业、文化交流和基础设施建设的基础上，全球化的深入发展将推动科技产业创新要素的资源共享和全球配置。

1. 科技产业创新要素整合

（1）在全球化深入发展下实现科技创新要素的资源共享和全球配置。

全球化深入发展，使国家之间的联系越来越密切，各种联系网络相互交错，国家彼此之间相互依存关系更加紧密；国际分工也日益分化，一国的发展往往离不开国际化提供的各种条件。正是全球化的深入发展，为世界合作提供了更多的机遇，为深入实施21世纪海上丝绸之路提供了强大的推动力。

新形势下，加强创新能力开放合作，要推动"一带一路"沿线国家创新资源共享、创新优势互补，共同实现创新引领和驱动发展。[①] 加强技术创新开放合作，要把握新一轮产业革命等带来的机遇，加强在数字经济、人工智能、纳米技术、量子计算机等前沿领域合作，推动大数据、云计算、智慧城市建设。

（2）技术全球化推动技术合作、提高发展质量。

利用技术全球化，推动技术合作，提高中国和沿线国家的发展质量。中国可以通过产业转移，带动沿线国家的积极参与，形成全面建设海上丝绸之路的新格局。同时，中国可以利用全球化对全球贸易的推动力，推动沿线国家贸易合作，实现贸易互补。中国存在产能过剩问题，而沿线国家由于发展的需要，急需各种发展物资，中国可通过贸易全球化，推动中国

---

① 参见高虎城《积极促进一带一路国际合作》，载《人民日报》2018年1月19日，第7版。

产品走出去，深化中国全面开放新格局。促进科技同产业、科技同金融深度融合，培育新产业、新业态、新模式，推动创新资源转移和科技成果产业化应用。

2．引领外向型经济向全方位开放发展转变

（1）全球化与推动21世纪海上丝绸之路倡议的实施。

"一带一路"倡议成绩斐然，为全球化注入了新的活力和生机。国际通道加快建设，设施联通不断加强。目前，以中巴、中蒙俄、新亚欧大陆桥等经济走廊作为引领，以铁路、公路、管道、港口等重大工程为支撑的复合型基础设施网络已逐步形成。在经贸投资合作方面，贸易投资便利化进一步加强，我国与沿线国家的贸易和投资合作均呈现不断扩大的趋势，形成了互利共赢的良好局面。2018年上半年，我国与沿线国家货物贸易进出口额达6050.2亿美元，对沿线国家非金融类直接投资达74亿美元。目前，我国与沿线国家已建设80多个境外经贸合作区，为当地创造了24.4万个就业岗位。

21世纪海上丝绸之路建设，正是在结合世界其他国家共同利益的前提下，实现自身利益的同时，也给沿线国家带来福利，使沿线国家利益得到保障。在当前国际形势错综复杂、贸易冲突日益激烈的全球化竞争中，为更好地适应全球化，积极推动21世纪海上丝绸之路倡议的实施，使沿线国家在利用全球化带来的机遇的同时，更好地应对全球化带来的风险，促进沿线国家合作发展。

当前国际环境充满不确定性，外贸形势总体严峻。全球化则处于一个分工日益精细的时代，中国制造在世界上被广泛使用，我们既要借助"一带一路"在全球化浪潮中保持传统制造业活力，满足新的市场需求，同时也要帮助其他国家实现发展。要在世界市场竞争、国际分工和全球价值链中继续保有优势，就要继续推行有效的产能合作、产业转移和产业升级策略，支持企业依托21世纪海上丝绸之路进一步"走出去"。中国与海上丝绸之路沿线地区在工业发展的过程中，产业结构和经济结构形成了各自的比较优势，在互联互通中具有很强的互补性，通过加强合作，可以实现共同发展。全球化的持续以互利共赢为基础,海上丝绸之路是全方位合作,更有利于资源优化配置,实现自身与沿线地区的可持续发展。

(2)从外向型经济迈向全方位开放发展。

全球化是双刃剑。一方面,加入 WTO(世界贸易组织),为中国"走出去"、增强国际竞争力提供了平台,实现了快速发展;另一方面,全球化的新形势要求我们不能仅仅依靠以往的贸易规则和贸易策略,中国应成为世界发展的重要驱动力、走出自己的全球化路径。顺应时代要求,提出 21 世纪海上丝绸之路倡议,是中国自己的全球发展计划;区域的创新发展,要在服务国家规划的大背景下,真正实现从外向型经济到全方位的开放型经济的转变。

全方位推进开放型经济体系建设,有利于依据产业成长进程和规律,率先加快产业结构升级,拓展经济发展的产业空间,加速推动产业向国际产业价值链和国内产业价值链高端转移,在保持经济持续快速增长的同时,减轻和缓解经济发展对环境和资源的压力。因而,积极寻求和探索加快开放型经济体系建设的新路径,实现从外向型经济向全方位的开放型经济的转变,是经济持续发展和产业转型的客观要求。

与一个完善的、"内外联动、互利共赢、安全高效"的开放型经济体系相比,中国现有的对外开放格局水平不够高,竞争力不够强,距离完善的开放型经济体系仍有一定的差距,而且扩大开放推动科技创新更上一个台阶、引领国际科技创新方面还有不足。参与 21 世纪海上丝绸之路共建,推动和引领科技创新,既是深化中国全面开放新格局的要求,也是构建开放型经济体系、提升发展质量的当务之急。

三、21 世纪海上丝绸之路倡议拓展经济发展空间

中国是世界第二大经济体,在新起点上科学谋划经济发展,对促进经济持续健康发展十分重要。共建 21 世纪海上丝绸之路,不仅有助于中国与海上丝绸之路沿线国家在港口航运、海洋能源、经济贸易、科技创新、

生态环境、人文交流等领域开展全方位合作，而且对促进区域繁荣、推动全球经济发展具有重要意义，同时将大大拓展中国经济发展空间，为中国经济持续稳定发展提供有力支撑。

1. 国际合作机制日益完善，共赢拓展合作空间

中国提出共建21世纪海上丝绸之路倡议，得到了各方积极响应。2014年7月4日，习近平主席在首尔大学的演讲中指出："在国际关系中践行正确义利观。'国不以利为利，以义为利也。'在国际合作中，我们要注重利，更要注重义。……政治上，要遵守国际法和国际关系基本准则，秉持公道正义，坚持平等相待。经济上，要立足全局、放眼长远，坚持互利共赢、共同发展，既要让自己过得好，也要让别人过得好。……我们在处理国际关系时必须摒弃过时的零和思维，不能只追求你少我多、损人利己，更不能搞你输我赢、一家通吃。只有义利兼顾才能义利兼得，只有义利平衡才能义利共赢。"作为新的倡议，它的提出不仅要开创一种新的合作发展模式，还要通过合作共同发展，推动合作共赢的新局面。

在21世纪海上丝绸之路倡议提出和实施以前，中国已经在这条海上丝绸之路上与沿岸国家开展了各种合作，已经有许多合作机制开始运行，相互促进和推动实施。与21世纪海上丝绸之路倡议联系密切的"孟中印缅经济走廊"和"中巴经济走廊"建设，使海上丝绸之路不再仅仅依托海洋，而使它能够得到陆地线路上的强大支持。

"一带一路"倡议自提出以来，坚持实行"开放区域主义"。相较于各类经济协定的封闭性，"一带一路"倡议更加强调平等、合作、包容和共赢。中国与沿线国家相互配合、共同发展，将中国的发展引入其他国家，使沿线地区搭乘中国发展的"顺风车"，带动沿线经济发展，也加速"走出去"的实施和发展。

建设21世纪海上丝绸之路，以前留下的宝贵经验和制度构建都值得我们借鉴。随着国际合作机制的建立和日益完善，把中国的巨大市场开放给沿线国家，在共同的合作机制下，彼此出口自己的优势产品，也将增强相关国家抵御外部经济风险的能力。

2. 参与和推动全球科技创新发展

全面创新是涉及生产力、生产关系的全要素、全系统、全方位变革，各类创新中最重要、最关键、最核心的是科技创新，最困难、最具挑战的也是科技创新，科技创新对生产力和生产关系都具有决定性影响。

21世纪海上丝绸之路为参与和推动全球科技创新发展提供了新的路径。"一带一路"倡议的提出和实施，不仅从文化交流、基础设施互联互通和经贸畅通等方面开辟了沿线地区合作共建、共享共赢的空间，而且随着高技术产业和企业的"走出去"，在更大空间和更多领域实现国际科技合作，将有力促进科技创新过程的融合、外溢，真正在技术创新和产业创新方面推动全球科技创新发展。形成一条始于文化交往、基础设施互联互通和经贸畅通的全球化新路径，也是拓展全球科技创新合作的新途径，伴随着创新要素汇聚和分工网络演化，必将形成"开放+分工+协作"的全球创新合作的新机制。

创新资源和要素的有效汇聚，使得人才、资本、信息、技术等创新要素具有较强活力，各种形式的产业技术创新联盟、技术和知识产权交易平台和创新融资平台有利于创新要素的高效流动和有效配置，发达的分工网络组织有利于科技成果资本化和产业化。

第三节　深圳科技产业创新

中国经济特区的设立和快速发展，创造了很多个改革开放的第一次，集中展现了中国特色社会主义建设的伟大成就，深圳无疑是经济特区中最令人瞩目的一个。对深圳的快速发展和创新成长，有很多学者专家做过总结和分析，有从产业发展规律来探讨科技创新问题，有从移民文化角度来说明城市创新，也有从体制机制的借鉴与突破来解释，不一而足。这里将先从比较有意思的两个现象中提出供思考的问题。

第一,在过去深圳高技术产业成长的历程中,有一个"4个90%"的现象。2006年3月,科技部部长徐冠华曾经提出,深圳的高科技投入以企业为主体,创造了产学研相结合的成功经验。"深圳有4个90%,也就是深圳90%的研发人员在企业、90%的科研投入来源于企业、90%的专利产生于企业、90%的研发机构建设在企业。"① 创新投入集中在企业,这与国内创新资源集中的一些大城市很不一样,北京、上海、南京等地拥有众多的知名高校、科研机构、国家级省级重点实验室等资源,而深圳在很长时间内不具备这样的条件。这"4个90%"后来被总结为深圳创新模式的一种,也逐渐成为深圳创新不同于国内其他城市的代名词。

第二,全球创新指数报告(Global Innovation Index,GII)连续2年把深圳-香港纳入全球前25位的创新城市集群。在康奈尔大学、世界知识产权组织(WIPO)发布的2017年全球创新指数报告②中,深圳-香港位居全球前25位(Top 25)创新城市集群的第二,仅次于东京-横滨;令人关注的一点是,代表创新集群能力的PCT(专利合作条约)专利指标中列出了这些城市通过跨越空间的合作取得的专利情况,深圳-香港的最大合作伙伴是北京,其中11.7%的PCT专利是跟北京合作完成的。通过跨区域的合作来破解本地创新资源不足的约束,反映了深圳企业过去在高科技产业快速成长过程中通过借鉴和跨区域的合作协同实现科技创新与产业化成长的选择。

深圳如何走出自己的创新之路?通过对这些现象的再认识和进一步分析,也许有助于我们增进对深圳创新的快速成长、深圳创新的特点的理解和解释。

---

① 姜媛:《科技部长盛赞深圳自主创新》,载《深圳商报》2006年3月11日。
② Cornell University, INSEAD, WIPO. Global Innovation Index 2017: Innovation Feeding the World, 2017. https://www.wipo.int/publications/en/details.jsp?id=4193&plang=EN.

一、深圳如何走出自己的创新之路

工业发展基础薄弱,在"三来一补"企业的基础上形成了深圳的制造业,深圳的高技术产业成长和产业创新发展呈现出明显的阶段性特征。

建市之初的深圳工业发展基础薄弱,当时全市仅有工业企业224家,主要生产化肥、小农具、日用小商品等,以及加工农副产品。仅有一家电子工厂——市辖宝安县无线电厂,生产小功率变压器、农用电动机等简单电子产品,年产值约70万元。1980年建特区后,大力引进境外资金、设备与技术,兴办"三资"企业和"三来一补"企业,同时与国内其他地区联合兴办企业,逐步打下工业基础,高新技术产业亦开始萌芽。

苏东斌、钟若愚在《中国经济特区导论》中指出:"深圳高技术产业的创新发展实质上充分利用了比较优势,以劳动密集型、以制造业为主体的高技术制造业先行。这是市场选择的结果,既与'三来一补'的发展基础有关,也适应国际产业转移的需求、抓住了产业转移的机遇,从而在当时的发展阶段就是极具竞争力的创新。"

在大量"三来一补"劳动密集型企业的基础上,深圳高技术的制造业开始随之发展。深圳博物馆编写的《深圳特区史》记载:自1992年起,深圳高新技术产业以年成长率60%的速度获得迅猛发展。1991年,深圳市高新技术产业产值22.86亿元,占工业总产值的比重上升到35.4%。到1997年,深圳市有16项科技成果居世界领先地位,64项在国内居领先地位,40项居国内先进地位。

1. 深圳高技术产业形成了以市场为导向、以企业为主体、政府推动的特点

第一,企业是深圳创新的主体。起步于加工贸易的制造业基础,以市场为导向,以中小企业和成长性企业为主体的深圳高新技术企业在20世纪90年代缓慢起步。深圳的企业活力非常充足,因为更接近于市场,从而企业的持续发展与创新能更好地结合在一起。

到了1995年之后，深圳制造业逐渐走向模仿性创新的生产制造。1995年上半年经济增速大滑坡，产业加剧外迁，"山寨"现象出现。历史上，除了英国之外，德美日韩都曾经历过这样的发展阶段；因为没有核心研发竞争力，仅凭借模仿而形成具有大规模生产能力的品牌生产。

深圳在20世纪90年代中后期开始出现的大规模的生产制造，伴随着模仿性创新的产生；在这个过程中，企业形成了大规模的生产制造能力，并进而发展自己的高新技术研发和制造业。不过，"山寨"现象所反映的是发展中国家或地区在发展高新技术产业时一条可能是最经济的路径；但走这种路径不能长久，真正实现对发达国家高新技术产业的赶超最终还是必须要走技术内生支撑的品牌化、高端化发展路线。

第二，市场驱动、政府推动起到了重要作用。在深圳高新技术产业的发展史上，可以明显地看到政府所起到的重要作用。无论是产业导向的制定、科技园区的建立，还是中国国际高新技术成果交易会（以下简称"高交会"）的举办，都显示了深圳政府发展高新技术产业的决心。深圳不具有北京、上海、南京等地为数众多的大中专院校和科研机构，深圳本土也缺少高素质的劳动力，但其充分发挥市场规律的作用，政府通过制定扶持和优惠政策，吸引了来自全国各地的优质生产要素，加上深圳的移民文化影响和企业家精神，造就了今天深圳高新技术产业发展的辉煌成就。

2. 深圳具有重量级的科研成果转化能力

《人民日报海外版》的一篇文章对深圳"双创"为何领跑全国，给出了一种解释：如果比较科研成果的转化能力，深圳是一个重量级选手。[①]

文章认为，新型科研机构才是生力军：近年来，深圳除了华为、中兴、腾讯等实力雄厚的大型名企外，大疆、光启、柔宇等具有潜力的科技型中小企业如雨后春笋，大量涌现，成为深圳自主创新的生力军和探索"双创"新解法的急先锋。到2016年，深圳拥有各类科技研发机构1200

[①] 参见吴德群、文萱《深圳"双创"缘何领跑全国》，载《人民日报海外版》2016年9月7日，第7版。

家，各类专业技术人员128万人，国家级高新技术企业5500多家，R&D投入占深圳GDP（地区生产总值）比重超过4%。无级别、无经费、无编制的新型研发机构，是深圳转换经济增长动力、破解科研与市场对接"两张皮"、聚合能量走向全球的重要催化剂。

2010年，深圳"孔雀计划"首批认定人才、光启创始人刘若鹏，从美国回国后在深圳成立"民办非企业"性质的光启高等理工研究院。与此同时，华大基因研究院、中国科学院深圳先进技术研究院、深圳清华大学研究院等与光启相似的新型研发机构正在深圳大展宏图。广东省科技厅信息显示，深圳共有30家新型研发机构获得省级资质。深圳市社会组织管理局的数据显示，截至2016年6月底，深圳共有从事科学研究的民办非企业单位360个，相比2015年6月底的295个，增长超过20%。

目前，深圳新型研发机构正在走向全球、孵化未来。例如，2015年，英国自然出版集团首次发布科研合作分值以及全球科研合作情况，华大基因推出的具有完全自主知识产权、具有国际先进水平的高通量基因测序系统超越IBM、罗氏、葛兰素史克等世界一流企业，位列全球产业机构合作排名之首；从"云端号"到马丁飞行包，再到智能光子、超级数据链等，光启全球创新共同体凝聚着世界各地的创新者们，共同把"未来"带到现在，将"科幻场景"与"人类梦想"变为现实。

科研+产业+金融的模式，并不是深圳科技创新成长之路所独有，其他很多城市也都提出了科技+金融等各种创新发展路径，为何效果不同？除了上述《人民日报海外版》文章的解释之外，还有一个重要的因素。除了新兴科技机构的存在以及活跃的金融资本助推，深圳的科技创新成果得以有效转化，还受益于深圳存在着大量为科技创新提供各种专业化服务的科技服务、信息服务、知识产权服务以及商务服务的企业和社会化机构。围绕科研成果转化的大量现代服务机构的存在，为政府引导下科技创新产业的成长给出了贴近市场和需求的注解，正是这些现代服务机构引导了甚至引领了贴近需求的科研成果供给侧有效改革。此外，大量新型的科技服务孵化机构在深圳活跃，对科技创新企业的支持不可忽视。例如，南山科技情报事务所是一个研究产业、服务产业、创新产业发展的平台型组织，通过整合政、产、学、研、资、介及境内外高端资源，为政府和企业提供独立、专业、综合的决策咨询和产业服务，致力于成为具有鲜明特色的产业智库和产业服务的集成提供商，其愿景是成为中国的兰德。活跃在深圳科技园的一家新型孵化机构——伞友咖啡创业服务平台是深圳市第一家聚焦生命健康产业、为初创企业提供天使投资和创业导师服务的创业服务平台。①伞友咖啡创业服务平台是科技部认定的国家级众创空间，是深圳生命健康产业圈子里有影响的专业化创业服务平台，有"北京车库、深圳伞友"之称。伞友咖啡聚焦生命健康产业，将天使投资与创业导师服务结合，为生命健康领域的创业者提供一揽子服务（Umbrella 服务模式），形成一个专业化的生态孵化系统。目前的一个特色活动是"健康湾区创新论坛"。

经过 30 多年的努力，深圳逐渐形成了以企业为主体、以市场为导向、产学研相结合的创新体系，在科技基础"先天不足"的情况下，完成了从"科技沙漠"到"创新绿洲"的转变，并逐步向营造更具活力的综合创新生态方向发展。

深圳抓住作为我国第一个经济特区、首批国家创新型城市、自由贸易试验区、国家自主创新示范区等优势，充分发挥经济特区先行先试的特色推进制度创新，依托创建国家创新型城市建设加快科技创新，借力前海蛇口自由贸易试验区提升开放创新水平，通过经济特区、创新型城市、自由贸易试验区和自主创新示范区叠加效应，逐步形成了深圳国家自主创新示范区全方位创新体系。

3. 创新要素汇聚和分工网络演化推动了新产业新业态蓬勃发展

创新资源和要素的有效汇聚，使得人才、资本、信息、技术等创新要素具有较强活力，各种形式的产业技术创新联盟、技术和知识产权交易平台和创新融资平台有利于创新要素的高效流动和有效配置，发达的分工网

---

① 参见《伞友咖啡创业服务平台》，载《科技日报》2014 年 12 月 1 日。

络组织有利于科技成果资本化和产业化。赵登峰教授在一份研究报告中提出，创新要素汇聚和分工网络演化推动了新产业新业态蓬勃发展。

一个可参考的案例是：美国生物产业集中在波士顿、旧金山湾区和圣地亚哥三个地区，而条件很好的新泽西州、纽约、休斯敦和西雅图却失去了发展机会，其中重要原因是研究机构、医院、公司和风险投资机构并未形成紧密的合作网络。

波士顿以大学和研究机构为核心，风险资本和教授创立了大量专门的生物科技公司，这些公司继续和大学实验室保持着紧密的关系，随着时间的推移，风险投资基金和生物科技公司也渐渐成了网络中的核心成员。旧金山湾区是以风险投资人为核心，成为连接科学界和商业界的桥梁，风险投资公司不仅在商业上全力支持新的生物科技公司，还创造条件让科学家保留学术界的工作模式，教授们甚至可以和竞争者自由地交流最新的科学发现并相互合作。圣地亚哥是以生物技术公司为核心，通过与研究机构的结合吸引了大批风险投资人，人才和信息在网络内部自由地流动。

放眼全球，深圳可能是仅有的集金融中心、科创中心和制造中心于一身的城市经济体。深圳的生物、互联网、新能源、新材料、新一代信息技术和智能装备等行业创新公司活跃，各种公募私募基金和国内外风险投资基金事业发达，人才、信息和思想的竞争和交流充分，大学和研究机构也乐意将新知识拿到深圳来实现商业化，创新公司、风险投资机构和不断从国内外引进的大学和研究机构，这三大机构之间的网络分工和组织演进很可能演绎着深圳创新产业的未来。

4. 深圳的创新精神孕育着创新发展的蓬勃活力

回顾深圳成长的历程，人民网的一篇报道刻画了深圳迈向创新型城市的历程和蓝图。①

深圳自主创新经历了两个重要"拐点"。第一个"拐点"出现在特区

---

① 参见《深圳向创新型城市迈进》，转引自苏东斌、钟若愚《中国经济特区导论》，商务印书馆2010年版，第136～137页。

产业结构发生重大调整的20世纪90年代初期。1993年，市委、市政府认识到依靠贸易和来料加工这种模式难以承接产业转移和升级，提出抓住国际电子信息技术产业兴起的机遇、大力发展高新技术产业的战略。1995年，市委、市政府做出《关于推动科学技术进步的决定》，提出"科教兴市"，把高新技术产业作为第一支柱产业，使深圳成为"孔雀东南飞"现象的主要受益者。第二个"拐点"出现在引进外资面临困境的21世纪初。2001年，深圳做出《关于加快发展高新技术产业的决定》，把政策资源向自主创新活动倾斜，充分发挥改革开放先行一步形成的体制机制优势，吸引更多创新资源进入深圳。2004年，市委、市政府做出《关于完善区域创新体系推动高新技术产业持续快速发展的决定》，首次系统提出了建设区域创新体系的基本要求和目标。

在推动科技创新的实践中，深圳市委、市政府高屋建瓴、循序渐进地完成了区域自主创新体系布局，先后规划建设了11.5平方千米的高新技术产业园区、150平方千米的高新技术产业带、240多家创新企业孵化器，解决了产业集群的发展空间问题，创建了中国科学院深圳先进技术研究院、虚拟大学园、大学城等一批大学科研创新系统，成功举办了8届具有国际影响力的高交会、首届中国（深圳）国际科学生活博览会（以下简称"科博会"），弥补了基础研究缺乏、技术源不足的"短板"。如今，通过建设区域科技创新体系，深圳逐步构建起了自主创新和高新技术产业发展的"绿洲"，成功实现了经济发展的三大转变：一是工业发展从依靠"三来一补"向以高新技术产业为主导的转变；二是高新技术产业发展从依赖外资向以自主创新为主导的转变，从此有了发展的主动权；三是经济增长方式从资源消耗型向质量效益型转变。

为了突破土地、资源、环境、人口"四个难以为继"的硬约束，深圳认准建设区域科技创新体系是转变发展模式的唯一选择，于2006年年初发布了《中共深圳市委　深圳市人民政府关于实施自主创新战略建设国家创新型城市的决定》，提出选择自主创新作为未来城市发展的主导战略，塑造自主创新的城市之魂，建设国家创新型城市。

崇尚创新，国家才有光明前景，社会才有蓬勃活力。深圳具备较好的创新法治保障，相对公平、开放和透明的市场环境，比较健全的激励创新的体制机制，深圳"敢闯"、敢为人先、勇于冒尖，创新已经成为深圳的一种价值导向和生活方式，人人崇尚创新、人人希望创新、人人皆可创新的社会氛围在深圳蔚然成风。

二、从全球创新指数（GII）看深圳创新特点

目前，关于全球创新指数（GII）报告的报道和说明有很多。这是2007年以来，世界知识产权组织、康奈尔大学等研究机构发布的年度性的创新指数报告。最初主要是为了反映国家间的创新比较，最近两年则新增了专门对于城市创新发展的特别研究和数据。

1. 核心大城市正在引领全球创新

2017年6月，康奈尔大学和世界知识产权组织课题组发布了《2017全球创新指数报告》，首次对"知识产权统计数据库"（2011—2015）进行大数据分析，尝试对热点地区"创新集群"进行排名。

报告指出一个有意思的现象：核心大城市引领创新，在空间上呈现出跨区域合作创新的特点。超过半数的国际专利申请发明人集中在全球30个热点区域。中国深圳–香港、北京、上海榜上有名。参见表1–1，深圳–香港地区以"数字通信"为主要创新领域在全球的城市"创新集群"中排名第二，该地区"数据通信专利数"占地区总专利数的41%；排名第一的是东京–横滨地区，专利数主要集中于"电子机械""仪器"和"能源"领域；排名第三的是圣荷西–旧金山地区（硅谷地区），创新主要集中在"计算机"（占总专利18.3%）领域。

表 1-1　2011—2015 年全球 Top 25 创新集群 PCT 专利申请量

Rank	Cluster name	Territory（ies）	Number of PCT filings
1	Tokyo-Yokohama	Japan	94079
2	Shenzhen-Hong Kong（China）	China/Hong Kong（China）	41218
3	San Jose-San Francisco, CA	United States of America	34324
4	Seoul	Korea, Rep.	34187
5	Osaka-Kobe-Kyoto	Japan	23512
6	San Diego, CA	United States of America	16908
7	Beijing	China	15185
8	Boston-Cambridge, MA	United States of America	13819
9	Nagoya	Japan	13515
10	Paris	France	13461
11	New York, NY	United States of America	12215
12	Frankfurt-Mannheim	Germany	11813
13	Houston, TX	United States of America	9825
14	Stuttgart	Germany	9528
15	Seattle, WA	United States of America	8396
16	Cologne-Dusseldorf	Germany	7957
17	Chicago, IL	United States of America	7789
18	Eindhoven	Netherlands/Belgium	7222
19	Shanghai	China	6639
20	Munich	Germany	6578
21	London	United Kingdom	6548
22	Tel Aviv	Israel	5659
23	Daejeon	Korea, Rep.	5507
24	Stockholm	Sweden	5211
25	Los Angeles, CA	United States of America	5027

注：表格的数据引自《2017 全球创新指数报告》。

根据 GII，深圳毫无疑问已经成为非常具有规模的科技创新中心，在这个指标上，深圳超越了全球数个知名的创新地区。深圳上榜离不开华为、中兴、腾讯等大型知名科技企业的贡献。

2. 空间特征：创新与产业的跨区域协同合作

传统上 GII 侧重于评价国家层次的创新表现，但容易掩盖创新在国家内部表现出的区域差异。实际上，区域的创新活动至关重要，因为创新的投入与产出往往发生在地区层面，而大城市或城市群往往集中了这些创新资源。通过城市"创新集群"视角可以更好地理解影响创新的因素。

3. 深圳高科技发展从协同合作中获益

代表创新集群能力的专利指标中列出了这些城市通过跨越空间的合作取得专利的情况。数据显示，其中深圳－香港排在第二，最大的合作伙伴是北京，有 11.7% 的专利是跟北京合作完成的。

从 GII 的数据表来看，深圳是一个善于合作创新的城市。首先，深港之间有着紧密的科技合作；其次，在自身创新资源不足的情况下，深圳企业还善于走出去与其他城市合作，把来自北京、上海、南京、西安等地的高校和实验室科研成果吸引到深圳来实现市场转化，从而打破地域局限，最终造就了全球领先的创新城市群。

从深圳本土高等学校资源长期不多的事实来看，也说明深圳企业对高科技研究成果的需求得不到满足，因而必须主动走出去，通过各种渠道来缓解和解决创新资源不足的问题。为此，在过去不到 40 年的发展历程中，深圳的政府和企业采用了一些方式来破解这个难题，出现了"深圳无名校、名校在深圳"的故事。大量的高校院所在深圳设置分支机构；有些高校院所在这个过程中就扎根在深圳，成了深圳自己的品牌。比如哈尔滨工业大学深圳研究生院，现在已经正式成为独立招生的哈尔滨工业大学深圳分校；中山大学深圳校区获得了深圳的大力支持，深圳在土地资源极为稀缺的情况下，拿出将近 5000 亩地给中山大学设立深圳校区；还有从中国科学院系统到深圳来创立的华大基因研究院和华大基因健康科技公司。

以华大基因为例，华大基因最初名为"北京华大基因研究中心"，2007 年选择来到深圳发展，如今已拥有占全球一半以上的基因测序产出能力；华大基因研究院也已成为打通科研成果和市场界限的新型研发机构。华大基因在推动基因组学等生物技术大规模应用上处于国际领跑位置，深圳国家基因库还是我国首个获批筹建的国家级综合性基因库，也是世界第四个国家级基因库。① 作为"科技、产业的创新中心"，深圳当仁不让。

此外，国内学者的一个研究也为我们的猜测和分析提供了一部分支撑。刘婧玥、殷存毅比较了北京、上海、深圳三个城市跨境合作创新方面的差异性，发现这三大城市合作创新形成机制的差异与城市的企业情况、所有制结构密切相关。② 上海参与合作创新的主体是民营企业，跨域合作创新的市场特征更为明显；深圳市参与合作创新的主体是外资企业；北京市跨域合作创新的形成以国有企业为主体，主要依赖"隶属关系"和"过往合作经验"，创新网络较为封闭和稳定。

从以上分析可见，大城市正在引领着全球创新，跨区域的合作发挥了重要作用。深圳是充分通过企业合作解决内部创新基础薄弱、研发资源不足的问题；深圳香港间要素的流动便利性，以及与北京等其他城市的协同合作，打破了空间和地理上的制约，使得研发要素得以走出原有的实验室，在深圳-香港实现市场转化。在这个过程中，正因为深圳原有的研发基础和基础研究资源匮乏，通过以企业为主体的科技创新合作，深圳成长为全球化和跨区域合作的受益者，深圳-香港地区也成长为全球创新的引领性城市集群。

---

① 2011年1月，国家发展和改革委员会批复，依托深圳华大生命科学研究院（原深圳华大基因研究院）组建深圳国家基因库。同年10月，深圳国家基因库建设方案获得国家发展和改革委员会、财政部、工业和信息化部、卫生健康委员会（原卫生部）四部委批复。深圳国家基因库是服务于国家战略的国家级公益性创新科研及产业基础设施建设项目，是我国首个获批筹建的国家级综合性基因库。

② 参见刘婧玥、殷存毅《三大城市跨域合作创新形成机制差异分析》，载《科技进步与对策》2018年第23期，第34～42页。

三、湾区经济下区域科技创新资源的集聚发展

要素集聚是国际三大湾区得以成功的主要原因,其中最重要的两大要素是科技创新资源和金融创新资源。结合中心外围模型(CP 模型)和内生增长理论,可以解释科技创新要素集聚和金融要素集聚对湾区经济发展的推动作用。其中 CP 模型可以解释城市的形成和发展,工业发展的先发优势和运输成本、规模报酬是影响城市经济发展的主要因素。[①]

(一)国际湾区发展的 CP 模型与分析

湾区拥有得天独厚的地理优势,在工业化发展过程中能率先接触并引进先进生产技术,拥有工业化的先发优势;同时,交通便利、运输成本低,能促进湾区集聚经济发展。工业化发展到成熟阶段后,规模报酬成为湾区产业集聚发展的决定因素。内生增长理论的分析表明,创新是实现规模报酬递增从而使国际湾区得以持续发展的主要动力。

CP 模型在两地区、两产品的框架下,分析产业如何在其中一个地区集聚,实现该地区经济发展。$C_M = \left[\sum_{i=1}^{N} c_i^{(\sigma-1)/\sigma} \right]^{\sigma/(\sigma-1)}$,其中 C_M 为工业产品消费,σ 表示产品之间的替代弹性,在零利润均衡中 $\sigma/(\sigma-1)$ 表示劳动的边际产量与平均产量之比,也就是规模报酬。σ 越大,规模报酬越小。工业产品运输成本符合冰山成本假定。即一个单位价值的工业产品从一个地区运到另一个地区时价值只剩下 $\tau < 1$ 部分(τ 指"冰山贸易成本")。

μ 表示工业人口占总人口的比例。V_{i1} 表示企业 i 第一期将生产集中在地区 1 时的总销售收入,V_{i2} 表示企业 i 在第二期将生产分散到地区 2 后可

[①] 参见钟若愚、肖立军《湾区经济发展的机理与深圳经济特区——基于 CP 模型和内生增长理论的初步分析》,载《第六届深圳学术年会——2014 中国经济特区论坛经济特区比较与借鉴国际学术研讨会论文集》,2014 年。

能的总销售收入。令 $v = \dfrac{V_{i2}}{V_{i1}}$ 表示产业分散倾向，v 越大，产业越有可能分散在两个地区。反之，则形成产业在一个地区集聚的状态从而促进该地区经济发展。由此可知，规模报酬越大产业分散力越小，此时产业集聚在1区实现经济发展。

结论 1：$\dfrac{\partial v}{\partial \mu} = v\sigma(\ln\tau) + \dfrac{1}{2}\tau^{\sigma\mu}[\tau^{\sigma-1} - \tau^{-(\sigma-1)}] < 0$

工业人口占总人口的比例越大即工业化程度越高，产业分散力越小，产业越可能集中在1区，从而使1区经济得到进一步的发展。

结论 2：$\dfrac{\partial v}{\partial \mu} = \dfrac{\mu v\sigma}{\tau} + \dfrac{\tau^{\sigma\mu}(\sigma-1)[(1+\mu)\tau^{\sigma-1} - (1-\mu)\tau^{-(\sigma-1)}]}{2\tau}$

当 $\tau = 1$ 时 $v = 1$，即不存在运输成本时，企业在两个地区生产没有差别，产业不会在一个地区集聚。当 τ 接近 0 时，v 接近 $(1-\mu)\tau^{1-\sigma(1-\mu)}$，除非 σ 足够小或者 μ 非常大，$v > 1$ 成立。当 τ 接近 1 时，$\dfrac{\partial v}{\partial \tau} > 0$。因此 v 与 τ 之间的基本关系如图 1-1：

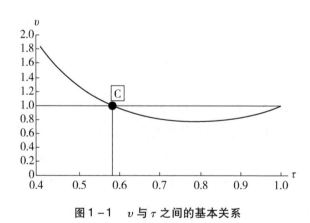

图 1-1　v 与 τ 之间的基本关系

如图 1-1，C 点处 $v = 1$，是产业集聚的转折点。当运输成本降低时，即 τ 增大时 $v < 1$，此时形成产业集聚经济。

结论 3：$\dfrac{\partial v}{\partial \sigma} = \ln(\tau)\left(\dfrac{\tau}{\sigma}\right)\left(\dfrac{\partial v}{\partial \tau}\right)$，在产业集聚的转折点 C 处 $\dfrac{\partial v}{\partial \tau} < 0$，

推出

$$\frac{\partial v}{\partial \sigma} = \ln(\tau)\left(\frac{\tau}{\sigma}\right)\left(\frac{\partial v}{\partial \tau}\right) > 0$$

规模报酬较大（σ 较小）时，产业分散力 v 小，产业实现地区集聚。内生增长理论则将报酬递增归于研发创新，创新的要素既包括科技创新要素也包括金融要素，因此，科技创新要素和金融要素的高度集聚将大大促进区域经济发展。

从国际三大湾区的经济发展来看，湾区拥有得天独厚的地缘优势，交通发达，运输成本较低，使湾区具有产业发展的先发优势。在三大湾区发展的早期，湾区作为地区交流枢纽，能首先接触并引进先进技术和生产方式，率先实现工业化发展阶段。湾区发展到工业化成熟阶段后，湾区经济发展转型为由创新引领高科技发展。结合内生经济增长理论可知，人力资本、R&D 投入和风险资本与产业分散倾向成反比，即这三个要素是地区产业集聚的重要作用力，是推动区域经济创新发展的关键因素。

（二）湾区创新资源集聚发展的条件

世界上 100 多个湾区中以这 3 个知名湾区最具国际影响力。究其原因，其一，由于大多数湾区工业发展不足，在其工业化关键时期不能形成有影响的产业集聚；其二，一些湾区虽然有一定的工业化，但产业转型与产业创新产生未能实现。本节对 CP 模型的拓展最终把这几个区域快速发展、集聚和辐射全球的经典案例，主要解释为其中人力资本因素的核心贡献和作用；创新引致的产业规模报酬递增将极大促进湾区产业高度集聚，进而反作用于湾区自身创新能力的持续提升。

这三大湾区在其内生增长路径中形成了各自特征鲜明的创新要素集聚：纽约湾区以创新金融集聚著称，东京湾区则是"制造科技+金融中心"，旧金山湾区是全球创新科技策源地和创投风投集聚中心。

科技创新、金融集聚同样是今天深圳经济发展的显著优势。在旧金山湾区发展中，科技创新、创资和风投集聚的显著特征，与深圳当前经济创新发展的主要特征极为类似。深圳是否可以复制或超越旧金山湾区的发展路径，值得进一步思索。

深圳如何在新的全球化条件下实现全球化的分工和协作，以及如何推动科技创新与资源要素的全球配置，也值得继续探索。在国家战略的背景下推动科技产业的协同创新，是创新型地区或区域得以实现创新发展的有效路径。

深圳过去经历了快速工业化形成的创新成长道路，高技术产业的快速成长，得益于国际产业转移和快速工业化带来的制造业成长；在全球化的新形势下，在21世纪海上丝绸之路倡议实施的机遇当中，深圳积极参与和引领全球科技创新，将进一步提升自主创新能力并逐渐形成全球性的科技创新能力。

第二章

科技产业创新是21世纪海上丝绸之路实施的重要内容

科技产业价值链是科技产业化与价值链理论的交叉与融合。科技产业价值链的形成不仅包含着产业价值链体系的深化裂变，而且包含着全球科技创新的分工与融合。在经济全球化的大势作用下，任何国家、地方都不可能成为科技创新价值链分工的孤岛。

21世纪海上丝绸之路是承载科技产业创新的重要平台，凝聚着沿线各国聚力发展、创新发展、跨越发展的共识。中国在促进21世纪海上丝绸之路的科技产业创新合作领域发挥着重大作用。

深圳成为21世纪海上丝绸之路的创新枢纽，不仅取决于深圳与21世纪海上丝绸之路的历史联系与地理区位，而且决定于深圳优越的发展条件和鲜明的创新特质。在无数投资人的眼中，深圳是最像硅谷的城市。从深圳对21世纪海上丝绸之路的科技创新影响力上看，这个城市的开放包容，这个城市的禀赋条件，这个城市的产业配套，完全可以使深圳从"最像硅谷"变为"下个硅谷"，最终使"中国深圳"更加闻名于世。

第二章　科技产业创新是21世纪海上丝绸之路实施的重要内容

第一节　科技产业价值链中的国际分工和科技协作

21世纪是知识经济和科技创新的时代，随着传统要素投入对经济增长的边际驱动作用日趋减弱，科技创新已经成为一个国家或一个地区经济增长或参与国际竞争的关键要素。[①] 但与近代以来科技革命伊始的科技创新模式不同，现代科技创新的模式已经逐步向链条化、网络化、产业化方向发展，如何在现代科技产业分工网络中谋求关键位置已经成为各国或各地区竞争发展关注的焦点。

一、科技产业价值链的内涵

什么是科技产业价值链？具体内涵可以理解为科技产业化和价值链理论的交融。经济学对技术的关注可谓源远流长，但科技产业化的出现时期并不遥远。早在18世纪，古典经济学创始人亚当·斯密就注意到技术创新对经济增长的重要意义，马克思也将技术创新置于资本品的核心地位，马歇尔将知识描述为经济进步的发动机。但是，真正将创新深刻解构的却是创新经济学的创始人熊彼特。从熊彼特开始，科技创新从最初单纯的科技或市场需求决定论发展到今天复杂的网络化理论。在此过程中，科技创新连同配套环节构成了一个相互支撑的衔接体系，衔接体系与需求对接，进而形成了科技产业化的基本过程。

从科技产业化的环节来看，从科技衍生出产业至少要经过七个环节，分别是：科技创新源、原创构想、技术设计、实验原型、技术孵化、技术

[①] 参见林云《内生性技术创新动力与效率研究》，中国社会科学出版社2010年版，第1～2页。

商业化、科技成果产业化，由这七个关键节点可以串联出企业、科研机构、大学、投资机构（包括公共和私人投资）、政府、中介机构、推广机构等若干创新主体，由这些环节和创新主体节点构建的合作网络就可以称为科技产业化过程。

价值链的概念可以追溯至迈克尔·波特的竞争理论。20 世纪 80 年代，哈佛商学院教授迈克尔·波特在《竞争优势》中首次提出价值链的概念。他将企业活动分解为基本活动和支持性活动，由这些互相关联的能够满足顾客需求的活动组成了创造价值的动态过程，即最原始的价值链定义。随着 20 世纪 80 年代以后产业内分工的纵深化发展，产业内价值创造活动开始向更多关联的企业传导，[①] 将价值链从企业内部放大至关联企业乃至整个产业，即当前应用最多的价值链分工体系。

21 世纪初，格里芬从全球价值链开始分析产品设计、生产、销售、物流等基本环节，进而形成了较为完整的全球价值链体系。2002 年，联合国工业发展组织将全球价值链界定为"为实现商品或服务价值而连接生产、销售、回收处理等过程的全球性跨企业网络组织，涉及从原料采集和运输、半成品和成品的生产和分销直至最终消费和回收处理的整个过程"[②]。

综合上述内容，我们可以将科技产业价值链定义为"从科技创新源、原创构想、技术设计、实验原型、技术孵化、技术商业化到科技成果产业化创造价值的过程"。按照格里芬的划分，产业价值链按驱动力可以划分为生产者驱动型价值链和采购者驱动型价值链。与这两类价值链相比，科技产业价值链的生产者驱动型价值链特征更为明显，而且构成了生产者驱动型价值链的内核。在电子、信息等行业也具有一部分采购者驱动型价值链的特征。在辅助支撑关系方面，科技产业价值链更加注重人才、产业链配套环境等软环境的制约。（见表 2-1）

---

① 参见王艺蓉《湖南动漫产业创意价值链组织模式研究》，湖南科技大学 2017 年硕士学位论文，第 19～22 页。

② 季成、徐福缘：《服务外包产业链》，上海交通大学出版社 2011 年版，第 19 页。

表2-1 生产者驱动和采购者驱动的全球价值链比较

项目	生产者驱动型价值链	采购者驱动型价值链
动力来源	产业资本	商业资本
核心能力	研发、生产能力	设计、市场营销
进入障碍	规模经济	范围经济
产业分类	耐用消费品、中间品和资本品等	非耐用消费品
典型产业部门	计算机、航空器等	服装、鞋类、玩具等
链主企业	跨国企业	地方企业
主要产业联系	以投资为主线	以贸易为主线
主要产业结构	垂直一体化	水平一体化
辅助支撑关系	重硬环境，轻软环境	重软环境，轻硬环境
典型案例	英特尔、华为等	沃尔玛、耐克等

资料来源：季成、徐福缘，《服务外包产业链》，上海交通大学出版社2011年版。

二、科技产业价值链中的国际分工

科技产业价值链在发展演化过程中为什么会形成分工？这本质上是自亚当·斯密出版经济学的开山之作《国富论》以来经济学领域讨论的经典问题。分工会增进效率，分工会扩大市场。近年来，随着电子通信和物流交通等科技的进步，全球产业分工经历了从产业间分工到产业内分工再到产品内分工的产业演化进程，国际贸易也相应经历了由制成品贸易到半制成品贸易再到中间品贸易的变迁发展。[①] 围绕科技产业价值链，近年来国际上的分工演进格局呈以下三方面趋势。

1. 美日欧引领全球科技产业创新的格局稳定

根据中国科学技术发展战略研究院发布的《国家创新指数报告（2016—2017）》显示，2016年，根据各国国家创新指数测算的情况，全球科技创新总体可以划分为三个梯队：第一梯队为综合指数排名前15位

---

① 参见韩永辉《全球价值链衍化与价值链导向的政策选择——兼论两岸产业的应对策略》，载《台湾研究》2017年第3期，第61~67页。

的国家,这部分国家以欧美发达经济体为主;第二梯队为第16至30位的国家,这部分以少数发达国家和少数新兴经济体为主,中国即位居这一梯队;第三梯队为第30位以后的国家,以发展中国家为主。纵观多年来的发展,第一梯队包含的国家尤其稳定,第二梯队竞争较为激烈。

具体来看,国家创新能力第一集团包括:美洲1席,为美国;亚洲4席,为日本、韩国、新加坡和以色列;欧洲占据10席,为瑞士、丹麦、瑞典、德国、荷兰、英国、芬兰、法国、奥地利和挪威。美国凭借其雄厚的创新资源和显著的创新绩效,在国家创新指数排名中连续多年占据首位。亚洲国家中,日本和韩国依托其突出的企业创新表现和知识创造能力,分居第2位和第4位;以色列虽然知识创造排名下降,但依然凭借高强度的创新资源投入和强大的企业创新能力,以及创新绩效和创新环境的改善,排名第13位;新加坡创新绩效、创新环境表现优异,分别排名第6位和第1位,综合排名第9位。欧洲地区仍然是全球创新能力最强的区域之一,瑞士的企业创新综合指数排名仍保持在第3位;北欧国家丹麦、瑞典继续保持创新强势,分列第5位和第6位;此外,荷兰排名第8位,德国、英国分别排名第7位和第10位。

2. 以中国为代表的新兴国家快速崛起

2016年,中国综合创新能力国际排名超越比利时,居第17位,已处于国际中上游的位置,是唯一进入前20位的发展中国家。按人均GDP测算,中国人均GDP虽不及1万美元,但创新指数得分已接近人均GDP在5万美元左右的欧洲国家(见图2-1)。也就是说,中国创新能力大幅超越处于同一经济发展水平的国家。

国家创新指数得分与国家经济发展阶段密切相关。从图2-1可以看到,各国创新指数排名与人均GDP存在较为显著的正相关关系,即人均GDP越高的国家,其创新指数得分也相对较高。多数国家落在图2-1中两条虚线所夹的长条地带内,这是国家正常发展的通道。只有少数几个国家出现在这个通道的上方,包括美国、日本、韩国和中国。这些国家有一个相似的特点,即政府高度重视科学技术和创新战略在国家发展中的作

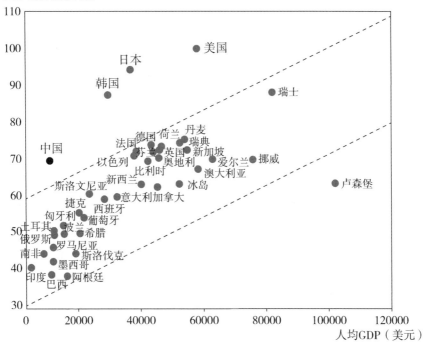

图2-1 各国人均GDP与国家创新指数

资料来源：中国科学技术发展战略研究院，《国家创新指数报告（2016—2017）》，第14页。

用。美国实行确保在全球科技领域全面领先的战略，日本则更加重视技术立国和知识产权立国的发展战略，韩国实行扶持大企业集团在特定领域重点突破和培养其国际竞争力的战略。与之相反的是卢森堡，虽然人均GDP排名居世界前列，但是其经济增长方式更多地依靠钢铁、化工等资源产业，以及金融和广播传媒等服务业，导致其创新指数得分国际排位落后于其人均GDP，因此位于通道的下方。除了中国以外，印度、俄罗斯、巴西等国也在科技产业价值链中占据重要地位，但这些年仍主要占据价值链较低端环节，在科技创新主导领域表现较为稳定。

3. 科技产业创新价值链分工继续深化

从时间维度上看，20世纪80年代特别是90年代以来，随着全球经济进入知识经济时代,全球运输和通信成本大幅度下降,规模经济的作用下降,进而造成自 19 世纪末 20 世纪初形成的产业垂直一体化格局不断松动。20 世纪 80 年代以来,全球产业价值链国际分工的趋势表现为以下三个方面的特征:一是从分工格局上看,发达国家与发展中国家传统的产业间分工格局逐渐被打破,取而代之的是产业内或产品内分工,即由发达国家进口原材料出口工业制成品、发展中国家出口原材料进口工业制成品的垂直产业分工格局,转变为发达国家和发展中国家以零部件和中间投入品为中心展开的"水平分工"。① 二是从产业组织的空间分布来看,价值链的地理分布呈现出"大区域离散小地域集聚"的特征。② 原本由一个国家完成的商品生产过程逐步分散到多个国家,并且每一个国家在某种商品的特定阶段进行专业化生产,从国内的专业化逐步转变为国家之间的专业化。三是从产业组织形态上看,伴随外包、战略联盟、虚拟企业等柔性生产网络体系的建立,产业组织垂直解体和网络化的趋势日益明显,"小企业、大网络"的产业格局逐步形成。

在科技产业领域,除了上述全球产业链分工演进的一般特征之外,在产业组织的具体环节领域形成了一些更加深化的特征。具体体现为:

第一,在研发环节投资强度加大,研发在科技产业链环节中的支配地位越来越强。以中国为例,近年来,中国研发经费的年增长率达到 10%以上。2008 年,该经费仅为 4616 亿元人民币,占国内生产总值的比例为 1.54%;③ 到了 2014 年,该经费超过 1 万亿元人民币;到了 2018 年,该经费增长到 19657 亿元,接近 2 万亿元人民币,占国内生产总值的比重提高到 2.18%,无论占研发投入总额还是占国内生产总值的比重都有大幅

---

① 参见王子先、郑艳玲、闫振坤《2012 年深圳供应链管理行业发展报告》,经济管理出版社 2012 年版,第 3~4 页。

② 参见张辉《全球价值链理论与我国产业发展研究》,载《中国工业经济》2004 年第 5 期,第 32~38 页。

③ 参见刘明广《区域创新系统的效率评价与演化研究》,中山大学出版社 2014 年版,第 1~2 页。

度的提高（见图2-2）。与此同时，在一些关键技术领域，中国有效专利布局显著增多，向产业链高端环节攀升的态势尤其明显。在全球其他地区尤其是欧美发达地区，大国或跨国公司对技术研发投入更加关注，大国在科技创新环节中的角逐更加激烈。根据2018年毕马威发布的《2018全球科技创新报告》显示，2018年，大约34%的科技领导者认为美国引领技术创新，26%的人认为中国是最大的创新国，印度、英国和日本的支持比例分别为13%、6%和6%。

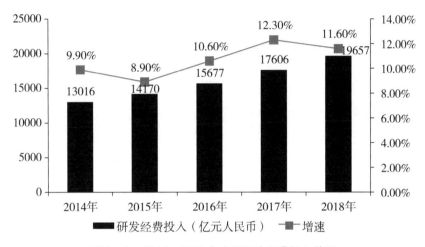

图2-2 2014—2018年中国研发经费投入情况

第二，围绕科技产业化，全球生产组织方式的创新与演化不断加快。传统的企业组织与管理结构是"金字塔式"的，这种生产组织方式在应对全球化时代迅速变化的企业生存环境方面已经显得力不从心，而网络技术的普及和模块化生产方式的应用，无疑极大地改善了企业面临的组织管理环境。在此背景下，企业组织结构的垂直层级逐步减少，扁平化的趋势增强，科技产业覆盖的空间组织结构呈不断扩大的态势。① 在企业生产组织方式不断创新演化的背景下，一些在科技产业创新链上的链主企业逐步

---

① 参见王洛林《全球化：服务外包与中国的政策选择》，经济管理出版社2010年版，第6～7页。

由业务多元化向归核化转变。全球化时代，决定企业市场竞争力水平高低的因素已经不再是企业占据的资源总量，而是企业所独具的核心竞争能力与资源配置方式。在科技产业化的过程中，知识流程外包、众包等都成为科技产业的新型组织分工模式。

第三，发展中国家通过网络嵌入等多种方式，逐步加入全球科技产业化的分工体系之中。如20世纪90年代初，印度政府设立班加罗尔的"电子城"高科技园区，通过网络嵌入的模式嵌入全球科技产业化的价值链中。经过短短18年的发展，班加罗尔已经发展成为印度软件之都，成为全球第五大信息科技中心、世界十大硅谷之一和全球最大最成功的服务外包产业园区。[①] 但与一般的价值增值链类似，科技产业价值链增值的分布也是不均匀的，某些核心环节可能创造了更多的价值，而某些非核心环节创造的价值可能很少。[②] 在科技产业化的价值链分布中，占据研发优势的发达国家和地区总体在科技产业化的价值链中占据优势地位，而大部分发展中国家占据不利地位。在科技全球化趋势不断加强的大背景下，任何国家和地区都将主动或被动地嵌入全球科技产业创新的价值链之中。

三、科技产业价值链中的科技协作

分工是协作的前提和基础。根据链主对价值链的控制程度，参照汉弗里和斯赫密兹（2002）的分类方法，[③] 我们可以将全球的科技产业价值链分为网络型、准层级型、层级型和市场型四种治理结构。具体如表2－2所示。

---

① 参见王力、刘春生、黄育华《中国服务外包发展报告（2010—2011）——中国服务外包竞争力评价》，社会科学文献出版社2011年版，第227页。
② 参见纪云涛《基于"三链一力"的产业选择和升级研究》，复旦大学2006年博士学位论文。
③ Humphrey J, Chmitz H. Developing Country Firms in the World Economy: Governance and Upgrading in Global Value Chains. INEF Report, University of Duisbrg, 2002: 25–27.

第二章　科技产业创新是21世纪海上丝绸之路实施的重要内容

表2-2　全球科技产业价值链的治理模式

治理模式	描　　述
网络型	在不同领域或不同环节有优势的企业通过对等分工合作，各方共同定义产品。科技产业价值链的网络型治理意味着各方维持平等合作关系，相互分享各自的核心能力
准层级型	一家企业通过采购、财务控制等多种形式对其他企业进行高度控制，常常规定产品的各种特征以及要遵循的流程
层级型	主导企业对科技产业价值链上的某些运行环节采取直接的股权控制，如跨国公司的研发总部与分支机构之间的关系就属于这一类
市场型	在科技产业价值链中维持一种松散的合作关系，不存在任何隶属、控制等关系

资料来源：季成、徐福缘，《服务外包产业链》，上海交通大学出版社2011年版，第22页。

在科技产业价值链中，科技协作常发生在网络型和市场型的价值链治理模式中。以医药行业为例，近年来，随着医药产品研发环节越来越多，为节省产品上市时间和降低成本，医药行业内部以及与相关配套的行业的合作日趋紧密。目前，医药行业的价值链分解越来越细化，从早期药物发现、药理毒性测试、Ⅰ-Ⅲ期临床研究、剂型研究、配方开发、工艺改造、原料药和中间产品生产、药效分析测试、产品物理成型与包装设计、商业资讯与药效追踪、相关政策法规咨询等，均已呈现出网络化分工的基本格局。① 这种分工协作的格局通常以大制造企业为中心，以协作合作为纽带，在全球价值链不同环节上聚合各类CRO（合同研究组织）、中间品和制剂生产商、营销策划公司和咨询公司、律师事务所等专业服务机构。同时，这种价值链之间的合作不是静态的，而是可以变化的，而且随着药品本身的技术含量不断提高，产业链的科技协作层次也在不断提高，核心企业与外协企业的关系也在不断升级。应该说，上述科技产业价值链的分

---

① 参见王洛林《全球化：服务外包与中国的政策选择》，经济管理出版社2010年版，第54~57页。

工和协作格局在融入更多不发达地区参与科技产业化分工的同时,也强化了核心企业或核心地区的核心竞争力。

第二节　21世纪海上丝绸之路与科技产业创新协同

"丝绸之路"这个浪漫名称的来源,是 1877 年由德国探险家和地理学家巴龙·费迪南·冯·李希霍芬命名的。1967 年,日本学者三杉隆敏在其专著《探索海上丝绸之路》中使用海上丝绸之路之后,陆上丝绸之路开始和海上丝绸之路共同使用并被越来越多的学者接受。① 2013 年,习近平主席在访问印度尼西亚时正式提出建设"21 世纪海上丝绸之路"的倡议构想。由此历经千年变迁,"21 世纪海上丝绸之路"被赋予了更多的内涵。

一、21世纪海上丝绸之路是承载科技产业创新的重要平台

21 世纪海上丝绸之路将串起连通东盟、南亚、西亚、北非、欧洲等各大经济板块的市场链,发展面向南海、太平洋和印度洋的战略合作经济带,以亚欧非经济贸易一体化为发展的长期目标。2015 年以来,经国务院授权,国家发改委、外交部、商务部以及国家海洋局等部门分别发布了《推动共建丝绸之路经济带和 21 世纪海上丝绸之路的愿景与行动》和《"一带一路"建设海上合作设想》两个文件。其中,科技产业创新成为中国提出 21 世纪海上丝绸之路合作倡议的重要组成部分(见表 2-3)。

---

① 参见朱翠萍《"21 世纪海上丝绸之路"的内涵与风险》,载《印度洋经济体研究》2015 年第 4 期,第 4~10 页。

表 2-3　21 世纪海上丝绸之路官方文件的科技产业创新导向

文件	科技产业创新导向
《推动共建丝绸之路经济带和 21 世纪海上丝绸之路的愿景与行动》	1. 加强科技合作，共建联合实验室（研究中心）、国际技术转移中心、海上合作中心，促进科技人员交流，合作开展重大科技攻关，共同提升科技创新能力
	2. 共同推进跨境光缆等通信干线网络建设，提高国际通信互联互通水平，畅通信息丝绸之路。加快推进双边跨境光缆等建设，规划建设洲际海底光缆项目，完善空中（卫星）信息通道，扩大信息交流与合作
	3. 推动新兴产业合作，按照优势互补、互利共赢的原则，促进沿线国家加强在新一代信息技术、生物、新能源、新材料等新兴产业领域的深入合作，推动建立创业投资合作机制
	4. 优化产业链分工布局，推动上下游产业链和关联产业协同发展，鼓励建立研发、生产和营销体系，提升区域产业配套能力和综合竞争力
《"一带一路"建设海上合作设想》	1. 深化海洋科学研究与技术合作。与沿线各国共同发起海洋科技合作伙伴计划，联合开展 21 世纪海上丝绸之路重点海域和通道科学调查与研究、季风-海洋相互作用观测研究以及异常预测与影响评估等重大项目。深化在海洋调查、观测装备、可再生能源、海水淡化、海洋生物制药、海洋食品技术、海上无人机、无人船等领域的合作，加强海洋技术标准体系对接与技术转让合作，支持科研机构和企业共建海外技术示范和推广基地
	2. 共建海洋科技合作平台。与沿线国共建海洋研究基础设施和科技资源互联共享平台，合作建设海洋科技合作园。推进亚太经合组织海洋可持续发展中心、东亚海洋合作平台、中国－东盟海洋合作中心、中国－东盟海洋学院、中国－东亚海环境管理伙伴关系计划海岸带可持续管理合作中心、中马海洋联合研究中心、中印尼海洋与气候中心、中泰气候与海洋生态系统联合实验室、中巴联合海洋研究中心、中以海水淡化联合研究中心等建设，共同提高海洋科技创新能力
	3. 共建共享智慧海洋应用平台。共同推动国家间海洋数据和信息产品共享，建立海洋数据中心之间的合作机制和网络，共同开展海洋数据再分析研究与应用，建设 21 世纪海上丝绸之路海洋和海洋气候数据中心。共同研发海洋大数据和云平台技术，建设服务经济社会发展的海洋公共信息共享服务平台

续表 2-3

文件	科技产业创新导向
《"一带一路"建设海上合作设想》	4. 开展海洋教育与文化交流。继续实施中国政府海洋奖学金计划，扩大沿线国来华人员的研修与培训规模。推动实施海洋知识与文化交流融通计划，支持中国沿海城市与沿线国城市结为友好城市，加强与沿线国海洋公益组织和科普机构的交流与合作
	5. 建立蓝色经济合作机制。设立全球蓝色经济伙伴论坛，推广蓝色经济新理念和新实践，推动产业对接与产能合作。共同制定并推广蓝色经济统计分类国际标准，建立数据共享平台，开展21世纪海上丝绸之路沿线国蓝色经济评估，编制发布蓝色经济发展报告，分享成功经验。打造海洋金融公共产品，支持蓝色经济发展

事实上，除了上述对科技产业创新最直接的支撑作用以外，21世纪海上丝绸之路还在合作交流、人才流动、资金流动等领域为科技创新提供了有力的支撑。

第一，提供科技创新合作的交流平台。如依据《推动共建丝绸之路经济带和21世纪海上丝绸之路的愿景与行动》倡议，沿线各国可以就经济发展战略和对策进行充分交流对接，共同制定推进区域合作的规划和措施，协商解决合作中的问题，共同为务实合作及大型项目实施提供政策支持。在《"一带一路"建设海上合作设想》中进一步提出，与沿线国建立多层次、多渠道的沟通磋商与对话机制，推动签署政府间、部门间海洋合作文件，共同制定合作计划、实施方案和路线图，共同推动重大项目实施。这些都为各国科技创新合作提供了良好的框架。

第二，提供人才要素流动的畅通渠道。人才要素是加快科技产业创新的重要支撑。根据《推动共建丝绸之路经济带和21世纪海上丝绸之路的愿景与行动》倡议，中国提出要扩大相互间留学生的规模，开展合作办学，中国每年向沿线国家提供1万个政府奖学金名额。在《"一带一路"建设海上合作设想》中，中国进一步提出，继续实施中国政府海洋奖学金计划，扩大沿线国来华人员的研修与培训规模。文件均将人才交流作为

21世纪海上丝绸之路科技创新合作的重要领域。

第三，提供资本投资的畅通渠道。在科技产业化的过程中，资本起着至关重要的作用，21世纪海上丝绸之路的倡议中尤其重视资本畅通流动的重要性。根据《推动共建丝绸之路经济带和21世纪海上丝绸之路的愿景与行动》倡议，中国提出，要加快投资便利化进程，消除投资壁垒。加强双边投资保护协定、避免双重征税协定磋商，保护投资者的合法权益。在《"一带一路"建设海上合作设想》中，要统筹国内资源，设立中国－东盟海上合作基金和中国－印尼海上合作基金，实施《南海及其周边海洋国际合作框架计划》。亚洲基础设施投资银行、丝路基金对重大海上合作项目提供了资金支持。

人才、资本、信息等要素的集聚为科技产业化提供了良好的支撑条件，叠加21世纪海上丝绸之路的科技产业发展方向引导，近年来，21世纪海上丝绸之路已经成为汇集科技资源和孵化高科技产业的重要平台。同时，21世纪海上丝绸之路的深度合作也为沿线国家开展合作开辟了一个巨大的市场，相关有力要素都为未来科技产业创新提供了巨大的空间。

二、21世纪海上丝绸之路下的科技产业创新协同共识

21世纪海上丝绸之路倡议提出后，不仅丝路沿线国家和地区达成了广泛共识，同时国内也掀起了参与21世纪海上丝绸之路建设的热潮。

在国内，21世纪海上丝绸之路相关省市加快了相关领域的规划建设。如广东省在国家提出建设21世纪海上丝绸之路后，率先上报《广东省参与建设"一带一路"的实施方案》，突出21世纪海上丝绸之路建设、突出粤港澳合作、突出经贸合作，提出将广东打造成为"一带一路"的枢纽、经贸合作中心和重要引擎。[①] 福建省于2015年11月发布《福建省

---

① 参见《广东省参与建设"一带一路"的实施方案》。

21世纪海上丝绸之路核心区建设方案》，提出设立"海丝"银行和产业投资基金，通过建立面向台港澳和东盟企业的股权交易平台、推动建设中国－东盟海产品期货交易市场等方面入手，构筑"海丝"核心区金融创新试验平台。① 海南省则提出依托博鳌亚洲论坛，打造国家外事活动基地。

在相关省市的规划建设中，加强科技产业创新合作获得了较为广泛的共识。如福建省在2018年颁布的《福建省开展21世纪海上丝绸之路核心区创新驱动发展试验实施方案》中明确提出，加强"一带一路"科技创新合作，深度融入全球创新体系，集聚国际国内两种资源，建立常态化的交流机制，不断探索对外开放和合作共赢的新经验。广东省则在《广东省参与"一带一路"建设重点工作方案（2015—2017年）》中统一安排，布置形成40项任务，并梳理形成《广东省参与"一带一路"建设实施方案优先推进项目清单》，一共有68个项目，总投资达550多亿美元，内容涵盖了基础设施建设、能源资源、科技产业创新等众多领域。海南省则利用建设自由贸易港的契机，加强同"一带一路"沿线国家和地区开展多层次、多领域的务实合作，形成多个服务科技产业创新的合作平台。②

在国际上，21世纪海上丝绸之路也得到了沿线国家的广泛响应。如在建设21世纪海上丝绸之路倡议提出后，斯里兰卡总统马欣达·拉贾帕克萨表示，21世纪海上丝绸之路构想，对斯里兰卡经济发展具有重要意义，斯方将同中方密切配合并积极参与相关建设，为这条海上区域经济合作走廊增光添彩。老挝总理通邢表示，丝绸之路的复兴无疑会给本地区带来更大发展，给本地区人民带来繁荣和幸福。老挝全力支持"一带一路"倡议，将与各国一道，深入参与区域合作。新加坡驻华大使罗家良指出，

---

① 参见《福建省21世纪海上丝绸之路核心区建设方案》。
② 参见 IUD 中国政务舆情监测中心《一带一路，各省探路》，载《领导决策信息》2016年第9期，第22～25页。

第二章　科技产业创新是 21 世纪海上丝绸之路实施的重要内容

中国－东盟的对话伙伴关系是最具实质性的伙伴关系之一，东盟的发展与中国 21 世纪海上丝绸之路提议相辅相成，我们能够共同应对挑战、化解分歧，也希望充分利用中国－东盟的商贸机遇。① 其他丝绸之路沿线国家也对 21 世纪海上丝绸之路的合作进展充满期待。在国际政要和相关国家的合作期望中，尽管科技产业合作作为 21 世纪海上丝绸之路全方位合作的重要组成部分未被突出提出，但毫无疑问，中国与广大丝路沿线国家在科技产业创新领域具有广阔的合作前景。

三、21 世纪海上丝绸之路下的科技产业创新协同现状

尽管建设 21 世纪海上丝绸之路倡议提出时间不久，但 21 世纪海上丝绸之路沿线国家的内部合作却向来具有坚实的基础。以东盟国家为例，东盟的国际贸易包括东盟内部贸易和对外贸易。内部贸易即东盟各成员国之间的贸易，对外贸易即东盟对世界各国（地区）的进出口贸易。2017 年，东盟成员国内部贸易统计具体情况见表 2 - 4。其中，东盟内部的老挝内部贸易出口甚至占本国出口总额比重的 50.8%，而印度尼西亚、马来西亚、缅甸、新加坡、泰国等国的出口也对东盟内部市场形成较大的依存度。

---

① 参见《盘点国外政要看"海上丝绸之路"积极响应点赞》，见 http://www.chinanews.com/gi/2015/02-10/7050841.shtml。

表2-4 2017年东盟成员国内部贸易统计

国家/地区	内部贸易-出口		内部贸易-进口		内部贸易总额	
	金额(亿美元)	占本国出口总额比重(%)	金额(亿美元)	占本国进口总额比重(%)	金额(亿美元)	占本国进出口总额比重(%)
文莱	14.6	30.8	13.3	43.1	28.0	35.6
柬埔寨	11.2	10.0	55.2	38.7	66.5	26.0
印度尼西亚	393.2	23.3	393.6	25.1	786.9	24.2
老挝	18.3	50.8	34.1	71.2	52.4	62.5
马来西亚	635.1	29.2	499.9	25.6	1135.0	27.5
缅甸	38.3	27.7	76.1	39.6	114.5	34.6
菲律宾	106.2	15.6	284.5	26.4	390.7	22.2
新加坡	1080.9	28.2	709.5	22.3	1790.4	25.5
泰国	586.6	25.2	447.7	20.1	1044.4	22.7
越南	215.1	10.1	280.5	13.3	495.6	11.7
东盟总计	3109.7	23.5	2794.5	22.3	5904.2	22.9

资料来源：商务部。

中国和东盟同属21世纪海上丝绸之路的成员国，在各领域的合作中也有悠久的历史。2017年，中国与东盟国家贸易额达5147.7亿美元，同比增长13.8%，首次突破5000亿美元，中国对东盟直接投资141.1亿美元，占中国对外直接投资比例达8.9%。中国对外直接投资流量前20位的目的国（地区）中，东盟占5个，其中新加坡、马来西亚、老挝、印度尼西亚和泰国均已超过10亿美元。（见表2-5）截至2018年5月底，中国-东盟双向投资额累计达2000亿美元。双方人员往来接近5000万人次，互派留学生19万人次，每周有2700余架次航班穿行于中国与东盟国家之间。每年一次的中国-东盟博览会已成为双方多领域、多层次的交流盛会。东盟凭借其优越的地理位置、相对安全稳定的政治经济环境、较为开放的市场条件和颇具潜力的市场容量，成了我国开展"一带一路"倡议合作的重点和优先地区。

表2-5 2013—2017年中国对东盟直接投资统计

（单位：亿美元）

国家	2013年		2014年		2015年		2016年		2017年	
	流量	存量	流量	存量	流量	存量	流量	存量	流量	存量
马来西亚	6.2	16.7	5.2	17.9	4.9	22.3	18.3	36.3	17.2	49.1
菲律宾	0.5	6.9	2.2	7.6	-0.3	7.1	0.3	7.2	1.1	8.2
泰国	7.6	24.7	8.4	30.8	4.1	34.4	14.2	45.3	10.6	53.6
印度尼西亚	15.6	46.6	12.7	67.9	14.5	81.3	14.6	95.5	16.8	105.4
新加坡	20.3	147.5	28.1	206.4	104.5	319.8	31.7	334.5	63.2	445.7
文莱	0.1	0.7	0	0.7	0.1	0.7	1.4	2.0	0.7	2.2
越南	4.8	21.7	3.3	28.7	5.6	33.7	12.8	49.8	7.6	49.7
老挝	7.8	27.7	10.3	44.9	5.2	48.4	3.3	55.0	12.2	66.5
缅甸	4.8	35.7	3.4	39.3	3.3	42.6	2.9	46.2	4.3	55.2
柬埔寨	5.0	28.5	4.4	32.2	4.2	36.8	6.3	43.7	7.4	54.5
东盟总计	72.7	356.7	78	476.4	146.1	627.1	102.8	715.5	141.1	890.1

资料来源：商务部。

在中国与东盟的贸易和投资往来关系中，在科技产业创新的诸多环节，中国与东盟国家形成了价值链的上下游合作关系。2017年，中国既是东盟最大的进口贸易合作伙伴，也是东盟最大的出口贸易合作伙伴，东盟出口中国的商品贸易总额占当年东盟出口总额的14.1%，东盟进口中国的商品贸易总额占当年东盟进口总额的20.3%。在进出口贸易中，东盟从中国进口和向中国出口电机、电气设备及其零件，录音机及放声机，电视图像、声音的录制和重放设备及其零件、附件，在科技产业化的具体商品门类中，中国和东盟深度融合，已经形成你中有我、我中有你、相互依存的发展格局。

在21世纪海上丝绸之路的沿线国家中，中国和印度在科技产业创新领域的协作同样如此。近年来，中印经贸合作快速发展，贸易额不断刷新纪录。据中国海关统计，双边贸易从2000年的29亿美元增长至2017年的844.1亿美元，17年间增长了29倍。其中，中国出口680.6亿美元，同比增长16.5%；中国进口163.4亿美元，同比增长38.9%。目前，中国是印度第一大贸易伙伴，印度是中国在南亚最大的贸易伙伴。① 中国对印度出口商品的主要类别包括：电机、电气、音像设备及其零附件、锅炉、机械器具及零件、有机化学品、肥料、贵金属及其制品、钢铁、钢铁制品、塑料及其制品等。中国从印度进口商品的主要类别包括：金属及其制品、矿产品、珠宝、化工产品、纺织品及原料、塑料橡胶、植物产品等。在投资领域，中印也结成了良好的协作关系。据中国商务部统计，2017年当年，中国对印度直接投资流量2.9亿美元。截至2017年年末，中国对印度直接投资存量47.5亿美元。目前，中国的华为技术有限公司、比亚迪股份有限公司、特变电工股份有限公司、上海日立电器有限公司、中兴通讯股份有限公司、三一重工股份有限公司、广西柳工机械股份有限公司、青岛海尔股份有限公司等企业在印度投资较大。主要投资领域包括电信、电力设备、家用电器、钢铁、机械设备、工程机械等领域。

四、中国在21世纪海上丝绸之路科技产业创新中的重要地位

中国在21世纪海上丝绸之路的科技产业创新领域举足轻重。自《国家中长期科学和技术发展规划纲要（2006—2020年）》颁布实施以来，中国科技创新能力显著增强。2017年，中国R&D经费总额已占据世界第二位，R&D人员总量长期居世界第1位。知识创造能力稳步提升。国际科技论文数量居世界第2位；国内发明专利申请量保持世界第1位；国内发明专利授权量已超越日本，位居世界第1位。科技对经济发展的贡献日益

---

① 参见商务部国际贸易经济合作研究院、中国驻东盟使团经济商务参赞处、商务部对外投资和经济合作司《对外投资合作国别（地区）指南——印度（2018年版）》，第38～41页。

显著。科技进步贡献率稳步提升,已达到55.3%;R&D 经费投入强度达到2.06%,与创新型国家的差距进一步缩小。

尽管21世纪海上丝绸之路沿线国家目前的科技产业创新合作刚刚起步,但中国与21世纪海上丝绸之路沿线国家的科技产业创新合作发展趋势喜人。2018年,我国企业在"一带一路"沿线对56个国家非金融类直接投资156.4亿美元,同比增长8.9%,占同期总额的13%。其中,新加坡、老挝、越南、印度尼西亚、巴基斯坦、马来西亚、柬埔寨、泰国和阿联酋等丝路沿线国家成为中国对外非金融类直接投资的重点国家。从2013年至2018年,我国企业对"一带一路"沿线国家直接投资超过900亿美元,年均增长5.2%。在科技产业合作领域,中国与丝路沿线国家的合作主要呈现如下几方面的趋势:

第一,"数字丝路"建设加快。截至2018年,中国已经与9个国家签订了电子商务合作文件,同时积极推进贸易自由化、便利化,搭建更多贸易促进平台。电子商务的合作为商业模式的创新创造了有利的条件,同时也为丝路沿线的贸易往来提供了便利。2018年,中国促进中欧班列全年开行6363列,运送货物54万标箱,全年与"一带一路"沿线国家的贸易额达到1.3万亿美元,增长16.3%,高于外贸整体增速3.7个百分点。

第二,以境外合作区为载体,科技产业合作显著加快。自建设21世纪海上丝绸之路倡议提出以来,先后建成了泰国泰中罗勇工业园、巴基斯坦海尔-鲁巴经济区、埃及苏伊士经贸合作区……10多年来,中国境外经贸合作区从无到有,由少到多,已经成为中国产能输出和产业转移的重要载体。资料显示,中国商务部于2005年提出建立境外经贸合作区,出台多项政策鼓励中国企业开发投资境外经贸合作区。在政府鼓励下,中国境外经贸合作区步入政府扶持下的快速增长期。

第三,自贸区网络加快构建,科技创新合作的环境加速改善。自建设21世纪海上丝绸之路倡议提出以来,中国与格鲁吉亚自贸协定已经生效,与毛里求斯已经完成自贸协定谈判,与新加坡签署了自贸协定升级议定书,与欧亚经济联盟也签署了经贸合作协定,区域全面经济伙伴关系协定(RCEP)谈判也取得了积极的进展,可以说立足周边、辐射"一带一路"、面向全球的高标准自贸区的网络正在形成。在国内,海南自由贸易港区、深圳前海等一大批自由贸易区设立,与海外自由贸易区紧密衔接,为科技产业创新创造了良好的条件。

第四,合作机制逐步确立。自建设21世纪海上丝绸之路倡议提出以来,中国在双边经贸联委会和混委会框架下,与泰国、肯尼亚专门设立了贸易畅通工作组,与科威特、约旦建立了投资合作工作组,与7个国家建立了服务贸易合作机制,这些机制的建立为21世纪海上丝绸之路的科技产业合作提供了坚实的制度保障。在以中国为核心国家的牵引下,21世纪海上丝绸之路的科技产业创新协同呈加快发展的态势。

第三节　深圳成为21世纪海上丝绸之路的创新枢纽

21世纪海上丝绸之路以发展中国家为主,科技创新的能力普遍较为薄弱,但也不乏全球科技创新的明星城市,其中,深圳就是这样一个典型城市。深圳具有自身特殊的地理、经贸、文化和制度优势,在建设21世纪海上丝绸之路的进程中,具有不可替代的重要地位和作用。在这项战略的未来发展中,一个地区或一座城市能否在其中起到重要作用,首先,要看"路"在哪里,"路"通向何方;其次,要看自身条件;最后,要看潜力空间有多大。本节将对深圳充当21世纪海上丝绸之路的创新枢纽的条件和潜力做一个初步的分析。

一、深圳的历史概况

深圳地处中国华南地区、广东南部、珠江口东岸,东临大亚湾和大鹏湾，西濒珠江口和伶仃洋，南隔深圳河，与香港相连，是连接香港和中国内地的纽带和桥梁，也是国家定位的粤港澳大湾区四大中心城市之一、国际性综合交通枢纽、国际科技产业创新中心、中国三大全国性金融中心之一，并且正在全力建设全球海洋中心城市。

"深圳"地名始见史籍于明永乐八年（1410），于清朝初年建墟。当地方言俗称田野间的水沟为"圳"或"涌"。深圳正因其水泽密布，村落边有一条深水沟而得名。深圳的经济特区发展史虽只有30多年，却有着6700多年的人类活动史（新石器时代中期就有土著居民在深圳土地上繁衍生息），1700多年的郡县史，600多年的南头城史、大鹏城史，以及300多年的客家人移民史。

在深圳的成长史上，其发展总是以"海"为生，与"海"结缘。由于临海，深圳自古以来盛产海盐。早在汉代，深圳的盐业生产就被纳入国家管理。宋、元时期，盐业生产达到了高峰，官收盐利成为政府的一个重要财政来源，以至于当时有人称"天下之赋盐利居半"，盐业在深圳历史上具有十分重要的地位。除此以外，由于临近海岸，深圳也成为边防重镇。明初广东沿海倭患成灾，太祖朱元璋遂下令开筑"大鹏千户守御所城"。明洪武二十七年（1394），广州左卫千户张斌在大鹏半岛埋下第一块砖头，不多久，一座固若金汤的大鹏城出现在大鹏岭下。当时，大鹏城内有上千名驻军在开发海疆、屯田卫国。还开辟了东西两个演武城，俗称东西教场。"沿海所城，大鹏为最"，在康熙年间靳文谟编撰的《新安县志》如此记载。作为明清两代岭南海防军事的要塞，深圳大鹏城占地约11万平方米。它抵御倭寇，抗击葡萄牙殖民者，也备战了两次鸦片战争。

二、深圳作为21世纪海上丝绸之路创新枢纽的优势条件

"海上丝绸之路"从来都具有显著的地域因素。只有紧靠大海，四通八达，才有望成为"海上丝绸之路"的一个节点。深圳作为21世纪海上

丝绸之路的创新枢纽，其优势条件可以从多个角度进行分析：

第一，深圳拥有作为 21 世纪海上丝绸之路创新枢纽的交通网络条件。2017 年年底，各航空公司在深圳机场相继开通了深圳至金边、河内、墨尔本、布里斯班、莫斯科、美娜多、兰卡威、琅勃拉邦、万象、清莱、米兰、甲米、芭堤雅、富国岛、凯恩斯、古晋等 16 个国际通航城市的客运航线。截至 2017 年年底，深圳机场国际客运通航城市有 36 个，其中洲际客运通航城市达到 10 个，而且全部实现了深圳直飞。在深圳开通国际航线的航空公司包括南航、深航、海航、东航、厦航等 16 家航空企业。其中，主要的基地航空公司南航、海航、国航（深航）积极配合深圳机场航空枢纽建设，加大国际航线拓展。目前，主基地航空公司在深圳机场已开通的国际客运航线超过 30 条。根据深圳机场国际航空枢纽战略规划，"十三五"期间，深圳机场将完成现有航站楼国际区域适应性改造，并启动第三跑道、卫星厅、B2 新货站和南货运区代理人仓库等新的基础设施建设，力争到 2020 年深圳机场国际旅客吞吐量达到 550 万人次，在总旅客量中占比不低于 10%。可以预期的是，至 2020 年，深圳将成为蓝色经济通道沿线国家中转的重要枢纽城市。从海港网络上看，2017 年，深圳紧抓班轮公司联盟化机遇，成功吸引了三大联盟航线落户深圳，去年全年共开通集装箱国际班轮航线 226 条，以欧美航线为主，其中三大联盟航线超过 100 条。同时，深圳积极优化集疏运体系，着力推进"组合港－绿色港口链工作"，引导货主采用水路和铁路等更为环保的运输方式。全年共开通覆盖 52 个珠三角支线码头的 60 条驳船航线，开通 14 条海铁联运班列线路，建立 11 个内陆无水港；完成集装箱驳船吞吐量 463.4 万标箱，同比增长 9.2%。同时，深圳港国际交往更加密切，2017 年成功举办第十一届泛太平洋海运亚洲大会、第三届 21 世纪海上丝绸之路合作论坛及第六届深圳国际港口链战略论坛。不断加强与国际航运界的交流与合作，目前，深圳港国际友好港数量已达到 23 个。除此以外，绿色港口建设继续取得显著成果。深圳强制所有靠港船舶使用低硫油，大力推广岸电使用，全港共有 22 个大型深水泊位可提供岸电服务，岸电建设和使用居全国沿

第二章 科技产业创新是21世纪海上丝绸之路实施的重要内容

海港口首位,全港减排各类污染物4000多吨。深圳在港口网络建设的诸多做法与当前国家蓝色经济通道建设的诸多合作内容高度契合。

第二,深圳与21世纪海上丝绸之路沿线国家的贸易与投资合作突飞猛进。数据显示,2018年第1季度,深圳市对丝绸之路经济带和21世纪海上丝绸之路沿线国家(以下简称"沿线国家")进出口1410.6亿元人民币,比去年同期(下同)增长28.4%。其中,出口773.1亿元,增长8.3%;进口677.5亿元,增长60.9%。在投资领域,深圳与蓝色经济通道沿线国家的合作也有广阔的潜力。以东盟为例,东盟各国历来是深圳的重要投资来源地。作为中国第一个特区,深圳的发展给东盟国家带来了多重商机,新加坡、马来西亚等国均是较早进入深圳直接投资的国家。根据《深圳统计年鉴》的数据,新加坡、马来西亚和泰国对深圳的投资较多。仅在2010—2012年,新加坡在深圳签订协议的投资项目就达到77个,协议投资额(协议利用外资额)达3.33亿美元,实际投资额(实际利用外资额)达2.69亿美元,是近年来深圳的一个重要的外资来源国。马来西亚在深圳签订协议投资项目达116个,实际投资额1812万美元;泰国在深圳签订协议投资项目8个,实际投资额252万美元。除此以外,深圳向东盟的直接投资发展迅猛,越来越多的深圳企业走出国门。目前,在华为、中兴等领军企业的带领下,深圳众多企业凭借自主创新优势,以高质量的产品和服务,多渠道进军东盟大市场。一些深圳企业在东盟国家设立办事处、分公司或者建立工厂,在与国际产业巨头竞争的过程中,赢得当地市场。深圳企业呈现"雁阵式"模式,拓展东盟。一方面,华为、中兴等国际知名大牌公司作为"头雁"领军,在东盟建立办事处和海外支部;另一方面,还有大量深圳中小型民营企业以"伴飞"形式跟随,在东盟投资建厂。

第三,深圳与21世纪海上丝绸之路沿线国家具有深厚的文化交流合作基础。深圳与21世纪海上丝绸之路沿线国家具有良好的文化合作基础。21世纪海上丝绸之路不仅是商贸往来的重要渠道,也是文化交流融合的重要渠道。历史上,通过海上丝绸之路,中华文化传播至沿岸国家,其中包括儒家思想、律令制度、汉字、服饰、建筑、工艺等。至今,在东南亚不少国家还有着与中国相似的风俗、节令,有着相近的价值认同和道德观念。大量的华侨华人生活在东南亚各国,文化上的共通性和认同感,使岭南文化在沿线各国得到了很好的传播。深圳与21世纪海上丝绸之路沿线国家和地区多个城市结成了友好城市和友好交流城市。自1986年起至2017年年底,深圳先后与13个外国城市缔结为国际友好城市。其中,包括印度尼西亚的茂物市、巴淡市、万隆市,尼泊尔的加德满都市,日本的筑波市、大阪市,韩国的光阳市、釜山市、仁川市,澳大利亚的布里斯班市,埃及的卢尔索市,以色列的海法市。这些城市,大部分在所在国具有较高的地位,与深圳逐步形成了密切的人员交往和经济交流,为进一步拓展深圳与沿线这些国家的友好合作打下了良好基础。

第四,深圳已建成与21世纪海上丝绸之路沿线国家良好的产业联系。从国际产业环境看,21世纪海上丝绸之路沿线国家和地区绝大多数处在国际产业分工的中低端。20世纪80年代以来,国际分工由产业间向产业内和产品内分工发展,由传统的"二重分工"(工业国与农业国)格局演变为"三重分工"(发达国家、新兴工业化国家或地区和其他发展中国家或地区)格局。美国等发达国家依然起着主导作用,靠技术、知识产权、管理等,在产业链分工中处于高附加值环节,包括我国、东盟等在内的新兴工业化国家和地区,属于为全球提供工业制成品的"世界工厂",在低、中附加值的劳动密集型最终消费品的组装生产上有较强的比较优势,但在高附加值和高技术含量的生产环节上存在不足;中亚、非洲多数国家还没有完全融入世界的产业内和产品内分工体系,主要为发达国家与新兴工业化国家(地区)提供能源、原材料等初级产品。深圳在我国的产业分工体系中处于高端环节,其中电子信息产业、部分战略性新兴产业已具有较强的国际竞争力。近年来,深圳加大对21世纪海上丝绸之路国家的投资力度。一是以华为、中兴为代表的一批新兴企业,成为城市参与全球竞争的主力军,积极参与海上丝绸之路的建设,赢得商机。目前来看,华为公司拓展较为成功的是印度、中东诸国,创维、中兴、海能达等市场拓展也较快。二是利用现有优势,与东南亚国家和地区合作开发海洋产业,并主动到沿线国家开发海洋产业。深圳在海洋产业领域有显著优势,特别是中海油公司在深圳渐成规模,包括海洋船舶、海洋工程装备、海洋石油,以及提供原材料、配套产品、运输系统、石化产业等众多配套产业,近年来获得不少发展机遇。除此以外,深圳与21世纪海上丝绸之路沿线国家还在其他产业方面也建立了广泛的联系。

除了上述四个基本条件外,深圳还是中国内地经济效益最好的城市之一,经济总量相当于一个中等省份,2018年,深圳全年实现地区生产总值24221.98亿元,比上年增长7.6%。其中,第一产业增加值22.09亿元,增长3.9%;第二产业增加值9961.95亿元,增长9.3%;第三产业增加值14237.94亿元,增长6.4%。第一产业增加值占全市地区生产总值的比重为0.1%,第二产业增加值比重为41.1%,第三产业增加值比重为58.8%。人均地区生产总值189568元,增长3.2%,按2018年平均汇率折算为28647美元。2018年,来源于深圳辖区一般公共预算收入突破9100亿元,达到9102亿元,增长5.5%,全市平均每平方千米产出财税收入4.6亿元,在全国大中城市中居于首位。此外,在2018年中国社会科学院与联合国人居署联合发布的《全球城市竞争力报告2018—2019:全球产业链:塑造群网化城市星球》报告中,全球城市经济竞争力指数前十强为纽约、洛杉矶、新加坡、伦敦、深圳、圣何塞、慕尼黑、旧金山、东京和休斯敦,中国只有深圳一个城市进入前十。深圳位居第五,加上香港、上海、广州和北京,中国共有5个城市进入前20强。

三、深圳产业结构的特殊性及其跨越式发展的特征

我国改革开放经历了一个从局部开放到全方位开放的发展历程。较早开放的经济特区和东部沿海地区,由于影响经济发展各要素的突发性变化,使得这些区域产业结构在迅速转换和升级中,演变进程表现出较强的跳跃性。深圳的产业结构演变也同样表现出明显的跨越式或跳跃性特征。

1. 深圳产业结构的特殊性

特定的历史、地理、经济及政治等多种背景造就了深圳产业结构的特殊性。

第一，城市经济结构中三次产业发展不平衡。深圳特区建立初期，城市化相对趋前发展，第一产业占整个 GDP 的比重不断下降，甚至低于发达国家的水平。第一产业发展相对滞后的原因主要是：特区土地面积狭小，拓展空间有限；产业发展政策的制定往往因深圳特区独特的地缘优势、政策优势而倾向于忽视农业；工业化发展使人口主要由城市居民构成，特区内经济基本上由非农产业组成。因而深圳特区是较典型的城市经济结构体。

第二，制造业结构轻型化而重化工业严重滞后。深圳第二产业内部轻、重工业发展相差较大：第二产业以计算机产业、通信设备制造业、电子及其基础元器件生产、医药产业为主，重化工业很少。以霍夫曼比例来划分，若霍夫曼比例大于 1，表明一国或一地区的工业特别是制造业中，消费资料工业的生产占绝对优势，此即轻型化工业结构；若霍夫曼比例小于 1，则称为重型化工业结构。深圳制造业未经历发达国家从轻型化向重型化发展、再向高附加值阶段过渡的工业发展历程；目前，深圳轻工业的产值占工业产值的 65% 左右，轻工业的就业人口也占工业就业人口的 70%。

2. 深圳主导产业发展的跨越式

总体而言，在工业化过程中，深圳工业产业结构的演进表现出明显的跨越式特征，这主要体现在以下几个方面：①深圳的工业化过程跨越了资金密集型的重化工业阶段；②在高加工度方面，深圳工业跨越了以原料工业为主的阶段，产品加工程度和加工水平得到不断的深化和提高；③在主导产业方面，深圳几乎没有出现以纯粹的资金密集型产业为主的时期，工业的主导优势产业由传统的劳动密集型初级加工工业快速向资金、技术密集型和高附加值的高新技术产业过渡。其中以电子及通信设备制造业为主的高新技术产业发展迅速，在深圳工业化中期就发展成为深圳工业的主导

第二章 科技产业创新是 21 世纪海上丝绸之路实施的重要内容

和支柱产业。①

深圳缺少以重化工业为主导的优势产业群的原因在于深圳产业发展中两个现实因素的影响：一个因素是"香港因素"的影响，香港的"三来一补"启动了深圳工业化的进程并直接造就了深圳的外向型经济；另一个因素则与广东省重化工业发展滞后，周边地区对深圳发展重化工业所需的配套产业缺乏必要支持有关。因而，现实情况的约束使深圳寻求一个不同于一般规律的发展路径，在结构上跨越以重化工业优势产业群为主导的阶段而较早进入以资金、技术密集为主的高新技术产业的快速发展阶段。

从工业内部结构的演替来看，深圳的高新技术产业发展迅速。深圳在成立特区之后，大力吸收和发展"三来一补"的传统型工业企业，逐渐发展成为一个以工业为主的外向型综合性经济特区。20 世纪 90 年代初，深圳的产业政策发生了战略性的转移，率先提出要大力发展高新技术产业和第三产业。1996 年，深圳进一步明确优先发展电子信息、生物工程和新材料三大产业。至此，深圳借助灵敏的嗅觉和特殊政策率先发展起高新技术产业，发展极为迅速，成为全国最大的信息技术产业化基地。

深圳高新技术产业于 20 世纪 90 年代初开始发展，高新技术产业在主导产业群中的地位快速上升，1995 年，高新技术产值占工业总产值的比重为 20.5%，到 2005 年年底，深圳高新技术产业实现产品产值 4900 亿元，高新技术产品产值占全市规模以上工业总产值的 50% 以上，其中自主知识产权产品产值达 2842 亿元，占高新技术产品产值的比重达 58%。从这一意义上说，深圳工业化结构演变的跨越特征非常明显。

深圳工业化的结构变动总体上遵循产业结构演变的一般规律，但也表现出了自己独有的特征。深圳第一产业向第二产业和第三产业转移即非农化的速度快于已有的一般工业化进程，第二产业和第三产业并行高速发展，尤其是第二产业在工业化初期即居于主导地位，其吸收就业和对国民经济的贡献都是显著的。在深圳工业内部结构变动中，深圳以轻工业、加

---

① 参见胡军等《深圳工业结构演进的跨越式特征分析》，载《特区经济》2004 年第 6 期。

工工业成功地启动工业化，工业化初期一直以轻型、加工装配为主要特点，跨越了工业化初期以原料工业为主的阶段直接进入高加工阶段。深圳主导产业更替的特征更让我们发现，深圳工业基本完成了以劳动密集型工业为主要标志的工业化初级阶段要求后，资金密集和技术密集型（双密型）制造业迅速发展为深圳工业的主导产业；在以传统产业为主导向以现代产业为主导的转变中，高新技术产业跨越式发展非常突出，但主导产业群缺少带动效应较强的重化工业支撑。不过，近几年来，工业产业结构开始不断转向重型化和高新技术产业方面。

3. 深圳产业结构的演进特征

深圳的产业结构在接近40年的发展中经历了巨大的变化，其产业发展轨迹与一般的产业结构演替规律并不相符。深圳市的第一产业呈现出直线下降的趋势，这符合产业结构演替的一般规律，但是第二产业和第三产业之间的比例关系则呈现出非常规的波浪式演替。

在20世纪80年代初期和80年代末期至90年代初期，第三产业所占比重高于第二产业，而在其他年份，第二产业所占比重高于第三产业。三次产业的从业人员比例也有类似的规律性。这主要是由于在特区成立之初，外来投资和人口迅速增长，刺激了商贸、流通等传统服务业的迅速发展，使第三产业在特区建设和发展的初期就占据了重要位置。随着投资的增加，工业也得到快速发展。到了80年代中后期，深圳的房地产业和金融业畸形发展，导致第三产业比重上升，第二产业所占比重相对有所下降。但在2000年以后，由于高新技术产业的迅猛发展，使第二产业比重有所回升，第三产业所占比重持续数年下降；到2010年以后，第三产业占比逐渐增加。这样，深圳的第二、第三产业间呈现出比较规则的波浪式演替。

与国内主要城市比较也可发现，深圳产业结构的变动具有不同的特征和演变方向。不论是北京、上海，还是广州，在1980—2005年期间，均具有严格一致的产业演变趋势，即第一产业稳定发展，在三次产业中的份额几乎不变；第二产业比例下降，第三产业比重不断上升，尤其是北京、上海两市，第三产业比重呈严格的上升变动态势。

第三章

深圳科技产业创新发展的实践

深圳经济特区自成立以来，抓住改革开放的机遇，充分利用经济特区政策，科技产业从无到有、由小到大迅速崛起，成为全市经济发展之本和动力之源。

产业结构的调整及时有效，既适应了深圳本身的经济发展水平，又把握了时代发展的特点，使深圳经济增长具备较强的持续性。深圳发展的每一个时期，转型与创新贯穿始终，从20世纪80年代的贸易立市，到随后快速的工业化，再到布局高科技产业，及至抓住第四次工业革命的新技术浪潮，科技产业在改革中成长、在创新中发展。

深圳的发展奇迹就在于顺应经济规律，发挥市场作用，充分利用地缘优势，通过"三来一补"启动工业化和高技术产业化，实现了从以传统产业为主导向以高新技术产业为主导的转变，促进了产业结构从低向高持续不断的优化升级。

深圳产业结构迭代的重要特征是政策推动起着重要作用。深圳市政府在高新技术产业发展中的作用，主要体现在引导、扶持、创造好的环境和服务上，制定了前瞻性的产业发展规划和政策，引导产业健康发展。

第三章 深圳科技产业创新发展的实践

第一节 深圳产业创新发展的历程

深圳市科技产业在不断完善的市场运行机制和政府服务环境中，从20世纪80年代中期开始起步，1992年以后迅速崛起，其规模及增长速度均已位居全国前列，已经成为全市工业、对外贸易增长的主要动力，对全市国民经济和社会发展做出了巨大的贡献。

一、科技产业起步阶段

深圳市的前身为宝安县，是一个贫困的农业县。深圳建市初期百废待兴，经济基础十分薄弱，全市有工业企业224家，主要生产化肥、小农具、日用小商品等支农产品；仅有宝安县无线电厂1家市辖电子工厂，生产小功率变压器、农用电动机等简单电子产品，年产值约70万元；1979年地区生产总值（GDP）仅1.97亿元，人均GDP 606元。当时，全市仅有中国水产科学院南海水产研究所盐田试验站，以及市属的农科、林科、水产、农机等几个科研机构，主要为农业生产服务，工业及其他领域科研则是空白。1979年年底，全市有科技人员350余人，其中只有2名工程师，没有高级技术人员。

（一）发挥地缘优势，大力发展外向型加工业

20世纪80年代，建立初期的深圳经济特区凭借优惠的国家政策，大力发展贸易与流通业，成了国内新兴的贸易中心，并且通过转口贸易形成初步繁荣。在此基础上，积极推进工业化，迈出了第一次产业转型的步伐。深圳将毗邻香港的"窗口"优势与内地丰富的原材料和劳动力资源优势相结合，吸收海外资金、技术、设备、原材料和初级产品、经济和科

技信息、科学管理理论和方法等,通过承接香港工业的转移,发展"三来一补"来料加工业,形成了电子、缝纫、纺织、机械等重点行业,开始建立以劳动密集型制造业为主体的、以"前店后厂"式产业垂直分工为特征的外向型加工业,完成了技术人才、技术装备和产业资本的初始积累,奠定了创新的产业基础。

与此同时,政府部门突破制约,出台相关政策措施,积极引进先进技术,促进科学技术与生产部门相结合。1985年9月,市政府颁布《深圳经济特区引进先进技术鉴定暂行办法》。深圳市科委为引进国外资金、创建和发展高新技术产业,打破了地方科委只负责科研管理的旧框框,于1984年5月经市政府批准成立了深圳市先科技术开发公司。1985年4月,先科公司与荷兰飞利浦公司签订了合同,引进全套激光唱盘生产线和技术,成为全国激光视唱先行者,并在国际市场上争得了一席宝贵之地。

(二) 规划科技工业园,引导产业创新资源集聚

深圳市政府和中国科学院于1985年7月共同创办我国内地第一个科技园区、全国第一家开发区——深圳科技工业园。1991年,经国务院批准,深圳科技工业园成为首批国家级高新技术产业园区。深圳科技工业园是一个以企业形式建设、开发和管理,集生产、科研、教育于一区的基地,规划为管理科技区、工业生产区、生活居住区、商业中心区。深圳科技工业园通过吸引国外先进技术、引进外资、开拓新技术产业、开发和生产高技术产品,大力发展电子信息、新型材料、生物工程、光电子、精密机械等高新技术产业,打造集生产、科研、教育相结合的综合性高技术产业基地。科技工业园的设立促进了产业创新资源集聚,标志着深圳科技发展进入了有计划有步骤地依托内地科技资源,在引进和移植国外先进技术的基础上再创新的轨道,为深圳发展高新技术产业摸索道路,也为全国科技体制改革积累了经验、提供了示范。

（三）政府引导，培育高技术产业发展主体

1985 年，中国航天系统的 691 厂与香港运兴电子贸易公司、航天系统的长城工业公司深圳分公司达成共同投资建立合资企业意向，成立深圳中兴半导体有限公司。随后，深圳通过外引内联，科健股份公司、天马微电子公司、开发科技公司等一批主要从事电子及通信设备制造业、电气机械及器材制造业、仪器仪表及计量器具制造业的企业相继成立。

1987 年 2 月，深圳市政府颁布了《关于鼓励科技人员兴办民间科技企业的暂行规定》，由此拉开了特区科技人员以"自筹资金、自愿组合、自主经营、自负盈亏"的方式组建民营科技企业的序幕。同年，民营科技企业华为科技有限公司成立。1987 年 3 月，深圳科技园建立了民间科技开发基金和中心，在此基础上于 1988 年建立了一个以企业的方式进行经营的"新企业孵化器"——民间科技创业中心，有力地促进了民间科技企业的发展。

到 1990 年，深圳电气机械及器械制造业、电子及通信设备制造业、仪器仪表及计量器具制造业共有企业 412 家，实现工业产值 80.5 亿元，占工业总产值的 40%；涌现出计算机、程控交换机、集成电路、通信设备、电话机、不间断电源、磁头、软磁盘片、液晶显示器、激光技术、中空玻璃和新材料等一大批高新技术产品，形成了深圳电子工业产品体系。彩色电视机、录音机、微型计算机的产量、出口量居全国大城市首位。

（四）政策支持，营造产业创新发展环境

经济特区刚成立，深圳的产业创新怎么办，当时还需要摸索。1980 年，第五届全国人民代表大会第十五次会议批准实施的《广东省经济特区条例》规定，对在该条例公布后 2 年内投资兴办的企业，或者投资额超过 500 万元的企业，或者技术性较高、资金周转周期较长的企业，给予特别优惠待遇。为创造高新技术产业发展的良好政策环境，1987 年，深圳市政府颁布了《加强我市工业企业新产品开发、技术开发的暂行规定》

《关于确认和考核外商投资的产品出口企业和先进技术企业实施办法》《深圳市科学技术进步奖励暂行办法》等一系列文件,有力地促进了科技企业高新技术的引进。

为进一步改革科研经费拨款制、变无偿用款为有偿使用、促进特区科技投资资金市场的形成与发展,深圳于1987年10月成立了"深圳市科学技术发展基金会",市政府每年拨出1000万元作为发展基金,并吸纳国内外社团组织、企业和个人的有偿或无偿资助,以多种形式对科技项目进行有偿投资,先后对电子、光学、精密模具、食品、医药、新材料、综合开发等项目进行了投资,取得了良好的效益。与此同时,深圳市科委与国家科委的新技术创业投资公司联合成立了"深圳市新技术创业基金会",以支持高新技术的发展,加速技术成果商品化进程。

1988年下半年,为促进特区高新技术产业发展,加快传统产业的技术进步,深圳还在国内率先制定了《加快高新技术及其产业发展暂行规定》;1989年年底,深圳市科委根据国家科委实施"星火计划"的有关精神,制定了《深圳市"八五"(1991—1995年)星火计划发展规划(草案)》;1990年9月,深圳市政府制定并实施《深圳市科学技术发展规划(草案)(1990—2000)》,明确提出20世纪90年代市科技发展的重点领域是电子信息、新材料和生物工程技术。1991年8月,深圳市发布了《关于依靠科技进步推动经济发展的决定》。这些规划和政策的出台对深圳未来高新技术企业的发展起到了重要的引领和推动作用,促进了深圳产业创新进程。

二、高新技术产业快速发展阶段

20世纪90年代初,深圳面对"三来一补"加工业开始外迁的困境,抓住国际电子信息技术产业兴起的机遇,调整优化产业结构,实施"以科技进步为动力,大力发展高新技术产业"的战略,出台了一系列推动高新技术产业发展的政策措施,将产业支持的重点转移到高新技术产业,形成高新技术产业要素的集聚效应，推动和促进了高新技术产业进入持续、健康发展的快车道。

(一) 高新技术产业成为支柱产业

深圳经过 10 余年的发展，已成为我国高新技术产业发展最快的城市之一，高新技术产业具有相当的规模，成了国民经济发展的第一增长点。2000 年，全市高新技术产品产值达 1064.45 亿元，占全市工业总产值的比重由 1979 年的 8.1% 提高到 42.3%。2000 年，高新技术产品出口达 66.33 亿美元，占产品销售收入的 55.67%；高新技术产品创利税 96.57 亿元。近年来，深圳电子信息、生物技术、新材料、环保等高新技术产业迅速崛起，其中以电子信息产业的发展最为迅速，并形成了较大的产业规模。在 2000 年高新技术产品产值中，电子信息产业为 953.16 亿元，占 89.54%；新材料产业为 53.79 亿元，占 5.05%；光机电一体化产业为 43.83 亿元，占 4.12%；生物技术产业为 12.4 亿元，占 1.16%。

深圳形成了关于高新技术产品的开发、中试和产业化生产的较强配套能力。在电子信息产业中，深圳形成了计算机及其软件、通信、微电子等高新技术产业群，并建立了一系列相关的产业配套市场，呈现出很强的产业配套优势。2000 年，深圳计算机产量 202 万台，占全国的 23.5%，配套厂家 1600 多家，年配套能力 3000 万台左右，90% 的计算机零部件可在深圳配套采购。目前，深圳的高新技术企业，无论其从事小规模的研制，还是进行大规模的生产，都能以较低的成本找到为自己配套的上游企业。产业配套优势使供货实现了本地化，降低了流通成本，提高了流通效率，增强了高新技术产业的国际竞争力。

具有自主知识产权的高新技术产品产业快速发展。一批骨干企业开发生产了一批具有自主知识产权的高新技术产品，例如，全国入网的 5 种局用万门程控交换机，有 2 种在深圳开发并产业化，批量进入国际市场；比亚迪公司成为我国出口高性能电池最多的企业，奥沃公司成为第一家国产高档医疗设备企业并进入了美国市场；其他如硬盘磁头、硬盘驱动器、基因工程干扰素、有机硅材料、高性能充电电池、生物工程乙肝疫苗等在全国都占有重要地位,产量均居全国第一名。1999年,全市具有自主知识产权的高新技术产品产值达383.36亿元,比1998年增长33.19%,占全部高新技术产品产值的46.76%。

（二）高新技术企业不断发展壮大

一批骨干企业蓬勃发展,如电子信息产业领域的华为技术公司、中兴新通公司、长城计算机公司、天马微电子公司;生物技术产业领域的科兴公司;医疗器械产业领域的安科公司、奥沃公司、迈瑞公司;新材料产业领域的比亚迪公司、天玉公司。截至1999年年底,全市共认定高新技术企业142家,创造产值620.14亿元,比1998年增长21.08%,平均每家企业高新技术产品的产值为4.37亿元,规模上居全国各城市之首。142家高新技术企业中,产值过1亿元的有63家,过10亿元的有19家,过20亿元的有13家,过40亿元的有3家,过100亿元的有1家。

外国高新技术公司落户深圳。由于深圳高新技术产业发展环境的不断改善,吸引了越来越多的外国高新技术公司前来投资设厂,高新技术产业成为外商投资的热点,外资企业数量呈明显上升势头。IBM、日立、飞利浦、杜邦、惠普、三星、施乐、康柏、三洋、理光、西屋电气、数字设备公司、富士通、三井、东芝这15家世界500强大公司纷纷落户深圳,希捷、友利电、爱普生、奥林巴斯、海曼、Analogic、哈里斯、大众、海洋、唯冠、国际数据集团等国际著名跨国公司也在深圳投资,成为深圳高新技术产业的重要组成部分。

（三）建立以企业为主体的技术开发体系

通过科技体制改革与经济体制改革的有机结合,初步建立了以市场为导向、以企业为主体、以全国的大专院校和科研院所为依托的技术开发体系,走出了一条科技与经济一体化发展的科技创新模式。1999年,深圳共有727家技术开发机构,其中679家由企业建立;技术开发人员的

90%集中在企业,全市从事开发、生产高新技术产品的 315 家企业中,技术开发人员占职工总数的比例为 13.69%;1999 年,全市共投入研究开发经费 32.49 亿元,其中 89.46% 来自企业,仅华为一家公司 1999 年的研究开发经费便超过 10 亿元,占销售额的 10%,达到了国际同类高新技术公司研究开发的投入水平;1999 年,深圳市专利申请在连年递增的基础上,又有跳跃性的发展,年申请量达 3314 件,比 1998 年的 2093 件增长 58%,是历年来增加最多的一年。其中,属于工矿企业的职务发明达 2006 件,占职务发明总数的 99.1%,是全国第一个专利申请以企业专利为主要构成的城市。2000 年,深圳拥有自主知识产权的高新技术产品产值达到 534.54 亿元,占全部高新技术产品产值的 89.55%。深圳形成的以企业为主体的技术开发机制,极大地促进了高新技术成果的商品化、产业化,80% 的研究成果实现了产业化,如 "EPO" "碘肝癌单抗导向诊断剂和治疗剂" "基因抗虫棉" 等。深圳已成为国家 "863" 高科技成果的重要产业化基地,到 1999 年已有信息技术、生物技术、新材料等领域的 58 项成果在深圳实现了产业化。

(四) 初步形成良好的政策环境

深圳鼓励高新技术产业发展的政策环境日益优化,先后出台和修订了扶持高新技术产业发展的政策,建立完善相关法规,初步形成了以知识产权保护为核心的法制环境。20 世纪 90 年代以来,深圳市委、市政府高度重视高新技术产业发展,提出以高新技术产业为先导发展经济的战略方针。1991 年,深圳市政府就发布了《关于依靠科技进步推动经济发展的决定》,提出到 90 年代中期,科技发展水平要进入全国先进省市的行列。在随后制定并公布的《深圳经济特区产业政策》中,明确把计算机及其软件、通信、生物工程等列为优先及鼓励发展的产业。1994 年颁布了《深圳经济特区无形资产评估管理办法》,填补了我国无形资产评估法律制度的空白。1998 年颁布的《关于进一步扶持高新技术产业发展的若干规定》,成为在全国都具有广泛影响的"22 条",颁布了《深圳经济特区技术成果入股管理办法》，进一步促进了科技成果的产业化。在1998年年底召开的深圳市委第二届第八次扩大会议上，市委、市政府把高新技术产业定位在"第一经济增长点""深圳的优势所在、希望所在"的高度，对深圳高新技术产业的跨世纪发展起到了极为重要的推动作用。1999年9月，颁布了"新22条"，重点支持拥有自主知识产权的高新技术企业和产品，强化深圳的产业配套优势，发展民族工业品牌，规范了推动高新技术产业发展的政策措施。2004年，面对资源的紧约束，深圳市首次提出了建设区域创新体系。随着深圳政府机构的改革，政府的宏观管理和产业服务更加规范和有效率，奉行积极的扶持政策但又不干预企业的经营活动，为高新技术产业的发展提供了良好的外部环境，使其能够真正以市场为导向来决定研发和生产，运行更具效率，产生的效益更高。

（五）初步建立社会主义市场经济体制

深圳较为宽松的市场经济环境和较强的市场经济观念，推动了高新技术企业实行产权制度、分配制度、人事制度和技术创新等一系列改革，吸引大量科技人才特别是海内外高素质人才，形成了一支具有较强竞争力和创新能力的科技人才队伍。截至2000年年底，深圳引进了5名院士，全市开发、生产高新技术产品企业的年末职工总数为206193人，其中高新技术企业年末职工总数为138542人，全市从事高新技术产品研究开发的科技人员33431人，其中高新技术企业从事技术开发人员为25403人。

市场化运行机制还吸引大量科技成果流入，推动先进技术转移以及开发项目转让，使得深圳能够在技术积累与开发能力较低的基础上，借助于国内及海外的科技实力，实现技术创新。建立了相对成熟的各类专业市场，按照市场经济的规则和条件运行，资源配置合理，竞争相对有序；同时，深圳技术市场建设取得了突破性的进展，进入20世纪90年代，深圳建立了全国第一家无形资产评估事务所，形成了评估—中介—仲裁—交易的一条龙服务的技术中介服务市场体系，吸引了一大批国内外的技术和成果到深圳实现产业化。1999年，国家对外贸易经济合作部、科技部、信息产业部、中国科学院与深圳市政府成功举办的首届中国高新技术成果交易会，使深圳成为国内最大的技术贸易基地、科技招商基地和国内重要的高新技术产品配套基地。

率先建立起以市场为主导的科技资源配置机制。深圳具有良好的融资条件，国内金融机构人民币存贷款余额、外汇存贷款余额均居全国大中城市前列，资金拆借市场、保险市场、证券市场、外汇市场发达，比较齐全的金融工具使深圳高新技术企业能够获得充足的资金进行技术开发。同时市政府通过市投资管理公司直接参与投资、追加股本金等资金注入形式，支持了一批重大高新技术项目，带动了企业对发展高新技术的投入。深圳较好地利用资本市场解决高新技术企业发展的融资"瓶颈"，优先安排高新技术企业上市，引入境外风险资本；比较早地以市场化方式运用财政资金支持高新技术企业发展，创建了科技创业投资体系，先后设立了深圳市高新技术投资服务公司、深圳市创新科技投资有限公司、中国（深圳）高新技术基金投资有限公司、深圳市中小企业信用担保中心，初步建立了风险投资市场体系，为高新技术产业持续发展奠定了基础。

（六）形成了创业和创新的人文环境

深圳移民文化的特色形成了深圳创业和创新的人文环境背景，具有发展高新技术产业的人文优势。深圳是一座移民城市，外来人口占90%以上。不同地区的人带着不同的人文背景、风俗习惯来到深圳，使深圳成为一座孕育着各种新思想、新观念、新机制的"大熔炉"，使深圳人更具有风险意识和冒险精神，更易于接受新事物，形成了独特的、具有创新性和包容性的创业文化，这是高新技术产业在深圳能够迅速崛起的原因，也是深圳建设科技城、建设高新技术产业带的重要优势之一。

三、战略性新兴产业培育发展阶段

2008年以来，尤其是"十二五"以来，深圳深入贯彻落实国家战略部署，按照习近平总书记提出的"抓创新就是抓发展、谋创新就是谋未来"的要求，加快建设国家自主创新示范区，完善综合创新生态体系，大力发展战略性新兴产业，在全国率先走上了质量型增长、内涵式发展道路。

（一）抢先谋划布局，打造完善的创新政策体系

一是加强顶层设计，把创新确立为城市发展主导战略，制定了全国首部国家创新型城市总体规划和首个以城市为单元的国家自主创新示范区规划，出台了自主创新"33条"、创新驱动发展"1+10"文件等一系列政策措施，2016年出台了支持企业提升竞争力、促进科技创新和人才优先发展等三个政策文件，从财税、金融、人才、用房等方面全方位支持创新，打造新时期更具竞争力的创新政策环境。二是大力发展战略性新兴产业和未来产业，从2009年起先后出台了生物、互联网、新能源、新材料、文化创意、新一代信息技术、节能环保七大战略性新兴产业规划及配套政策；深入推进国家战略性新兴产业区域集聚发展试点，加快建设23个战略性新兴产业基地（集聚区），其中华星光电液晶面板等7个产业基地纳入省市共建；积极培育未来产业，瞄准科技和产业发展前沿，将生命健康、海洋经济、航空航天等确定为未来产业。三是不断培育和催生新兴业态，根据市场发展，及时制定了物联网、三网融合、电子商务、云计算、"互联网+"等行动文件。

（二）超常规建设创新载体，补齐创新资源短板

一是围绕国民经济社会发展需要，超常规发展创新载体。累计建成国家、省、市级重点实验室、工程实验室、工程（技术）研究中心和企业

技术中心等创新载体1283家，覆盖了产业创新发展的主要领域。建成了国家超级计算深圳中心、大亚湾中微子实验室和国家基因库。二是大力培育新型研发机构。采取量身定制的政策措施，打破常规、创新机制，培育了华大基因、光启研究院、深圳先进院等70家集基础研究、应用研究和产业化于一体的新型研发机构，其中省级研发机构20家。三是丰富科教资源，推动高等教育迈出新步伐，南方科技大学、香港中文大学（深圳）、哈尔滨工业大学（深圳）、中山大学·深圳、深圳北理莫斯科大学、深圳技术大学、清华大学深圳国际研究生院建成招生，天津大学佐治亚理工深圳学院获批筹建，中国科学院深圳理工大学、深圳海洋大学、深圳创新创意设计学院、深圳音乐学院、深圳师范大学等高校启动筹建。

（三）创新财税支持方式，引导企业加大研发投入

一是出台《新兴产业专项资金多元化扶持方式改革方案》，建立无偿资助与有偿资助并行、事前资助与事后资助结合的财政资金投入机制，加大对技术创新、协同创新、应用示范、产业化等创新活动的支持力度，实施战略性新兴产业专项扶持计划，累计支持产业化项目超过10000个。二是强化以企业为主体、市场为导向、产学研相结合的协同创新体系，开展"产业链+创新链"融合发展专项，提升企业协同创新水平。每年组织实施重大科技攻关项目100项以上，加大核心技术攻关力度。三是落实研发费用加计扣除政策，2015年全市享受研发费用加计扣除政策（国地税总和）的企业共2069户，享受研发费用加计扣除金额271亿元，同比增加18.3%，引导全社会研发投入超过700亿元，占GDP比重达到4.05%，研发强度比肩以色列和韩国。

（四）构建开放创新网络，强化创新资源配置能力

一是面向全球集聚创新人才，落实省"珠江人才计划"，实施引进海外高层次人才"孔雀计划"，举办国际人才交流大会，制定出台高层次专业人才"1+6"文件、人才安居工程等政策措施，累计"孔雀计划"创

新团队63个、海外高层次人才1364名，累计引进留学人员近6万人。二是加快融入全球创新网络，积极参与中微子实验国际合作项目、欧盟地平线2020研发计划、国际基因组计划等国际大科技计划，与芬兰等9个国家签署科技合作协议，与硅谷、以色列等搭建8条"创新创业直通车"，微软、英特尔、三星等近30家跨国公司研发中心落户深圳，支持华为、中兴分别在全球分别布局47个和20个研发中心（创新中心），推进中国越南（深圳－海防）经贸合作区、招商局中白商贸物流园区的合作区建设。三是积极推进区域创新协作，"深港创新圈"建设取得成效，两地累计投入3.5亿元联合资助科技合作项目，6所香港高校在深圳建立了产学研基地，深莞惠三市签署共建区域创新体系合作协议。

（五）构建综合创新生态体系，完善产业发展环境

一是推动科技与金融深度融合，加快科技金融试点城市建设，设立1000亿元的深圳市政府引导基金、285亿元的前海股权投资母基金和60亿元的国家中小企业发展基金首支实体基金，出台促进股权投资基金业发展的若干规定，与国家新兴产业创投引导基金联合成立12家新兴产业基金，目前全市VC/PE（风险投资/私募股权投资）机构达4.6万家，注册资本超过2.7万亿元，为战略新兴产业发展提供了从项目研发到产业化、从企业孵化到上市的全过程、高效率的金融服务。二是推动科技服务业集聚发展，落实国家和省加快科技服务业发展的政策措施，与科技部共建国家技术转移南方中心，2015年科技服务业规模超过1000亿元。三是推动产学研资用紧密结合，在移动互联、机器人、云计算、基因、北斗卫星导航等领域建立了45个产学研资联盟和7个专利联盟，整合技术、资金、人才、产业、市场等要素，推动关键共性技术攻关。四是提升高交会、电子信息产业博览会、IT（信息技术）＋BT（生物技术）领袖峰会的国际化、市场化、专业化水平，促进创新成果产业化。

第三章 深圳科技产业创新发展的实践

第二节 深圳科技产业创新的现实状况

40年来，深圳高新技术产业得到了长足的发展，从一个"新兴产业"成长为全市国民经济的"顶梁柱"，进入了持续、健康发展的快车道，推动深圳实现了从以传统产业为主导向以高新技术产业为主导的转变，提升了自主创新能力，促进了产业结构优化升级，对产业、经济、社会发展做出了直接贡献。

一、新兴产业发展迅速，成为经济发展主引擎

深圳已经成为国内新兴产业规模最大、集聚性最强的城市。新兴产业增加值从2010年的2760.4亿元增长至2017年的9183.55亿元，占GDP的比重逐年提升，从28.2%增长至40.9%。在战略性新兴产业和未来产业的引领带动下，全市经济保持平稳健康发展，2017年实现生产总值22438.39亿元，增长8.8%，居国内大中城市第三位，实现了质量、速度有机统一和效益、结构同步优化。

（一）总体规模保持高速增长

"十二五"以来，深圳坚决贯彻落实国家加快培育和发展战略性新兴产业的重大部署，积极抢占新一轮经济和科技发展制高点，前瞻布局生物、互联网、新能源、新材料、文化创意、新一代信息技术和节能环保七大战略性新兴产业，铸就了经济发展和产业升级的主引擎，率先迈入质量引领、创新驱动的发展道路。战略性新兴产业发展迅猛，2017年产业增加值超过9953亿元，比上年增长13.6%，成为经济发展和产业升级的主引擎。战略性新兴产业增加值占全市生产总值比重提升至40.9%，远高

于国家8%左右的目标,经济发展的科技含量、价值含量、绿色含量显著提升,增长动力升级、产业结构优化迈上新台阶,率先进入经济发展新常态。(见图3-1、图3-2)

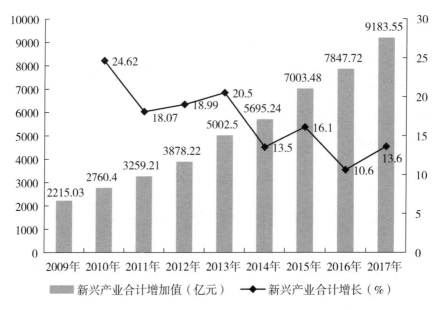

图3-1 2009—2017年深圳战略性新兴产业增加值及增速

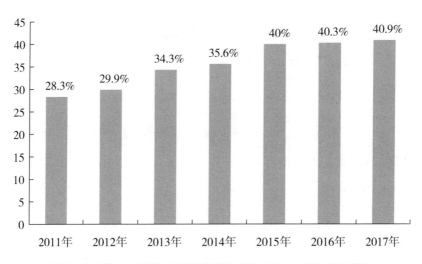

图3-2 2011—2017年深圳战略性新兴产业占GDP比重情况

（二）信息经济发展优势显著

信息经济优势全球领先。当前，深圳以新一代信息技术产业、互联网产业以及相关融合产业为代表的信息产业发展优势明显，占比高、增速快，成了全球有影响力的信息产业基地。2017年新一代信息技术产业增加值为4592.85亿元，同比增长12.5%；互联网产业增加值为1022.75亿元，占比为11.1%。两者累计占比超过60%，占据领导位置。（见图3-3、图3-4、图3-5、图3-6）

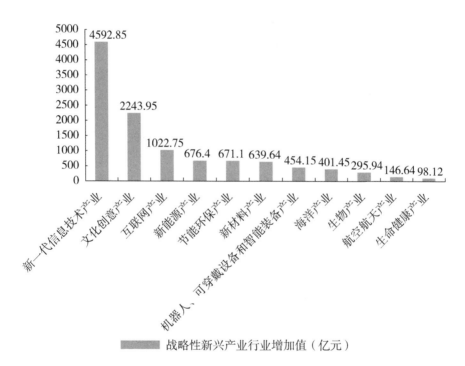

图3-3 2017年深圳战略性新兴产业行业增加值情况

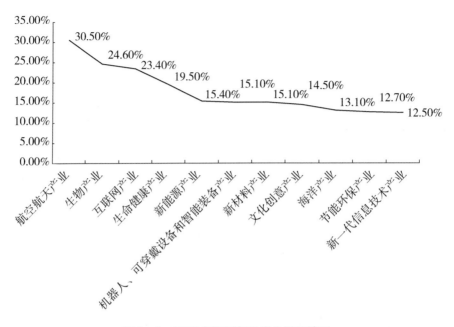

图 3-4 2017 年深圳新兴产业增速情况

图 3-5 2013—2017 年深圳新一代信息技术产业增加值及其增长情况

图3-6 2010—2017年深圳互联网产业增加值及其增长情况

(三) 细分行业亮点纷呈

生物、新能源、新材料等行业总体发展较快。

深圳已经成为我国重要的生物医药产业发展基地,近9年来的产业保持平稳较快速增长,平均增长速度达到8.44%,2017年产业增加值达到295.94亿元。(见图3-7)新能源产业快速增长,近9年来的产业平均增长速度达到18.99%,2017年产业增加值为676.4亿元。(见图3-8)新材料产业发展迅速,近9年来的产业平均增长速度达到16.67%,2017年产业增加值为454.15亿元。(见图3-9)文化创意产业总体保持快速的发展态势,近9年来的平均增长速度达到16.31%,2017年产业增加值为2243.95亿元。(见图3-10)节能环保产业总体保持着较快的发展速度,2017年规模为671.10亿元,同比增长12.7%。

生命健康,海洋,航空航天,以及机器人、可穿戴设备和智能装备等未来产业前景巨大。据统计,2017年深圳四大未来产业增加值超过1285亿元,成为新的经济增长点。在生命健康领域,深圳国际前沿生物技术集群和企业集群,具备打造国际领先的生命科技创新中心、全球知名的大健康产业集聚基地的基础,2017年生命健康产业增加值98.12亿元,增长

图 3-7 2010—2019 年深圳生物产业增加值及其增长情况

图 3-8 2010—2017 年深圳新能源产业增加值及其增长情况

19.5%。在智能装备产业领域,深圳的机器人、无人机、可穿戴设备等具有领先优势,2017 年机器人、可穿戴设备和智能装备产业增加值 639.64 亿元,增长 15.1%。在海洋产业领域,深圳大型海洋工程装备的研发与制造、海洋资源开发利用与环境保护关键技术等方面具有比较优势,2017

图 3-9 2013—2019 年深圳新材料产业增加值及其增长情况

图 3-10 2013—2017 年深圳文化创意产业产值及增长率

年海洋产业增加值 401.45 亿元，比上年增长 13.1%。航空航天产业领域中，在航空电子、中小卫星、研究试验等方面具有比较优势，2017 年产业增加值 146.64 亿元，增长 30.5%。

二、创新成果密集涌现，关键领域取得重大突破

重大创新成果不断涌现。科技进步贡献率超过60%，三次位居福布斯中国内地创新城市排行榜榜首。"十二五"实现国家技术发明一等奖"零"的突破，5年累计获国家技术发明一等奖、科技进步一等奖等国家科学技术奖励51项，获中国专利金奖、优秀奖130项。深圳2017年PCT国际专利申请量突破2万件，占全国四成以上，连续14年位居全国大中城市第一。每万人发明专利拥有量近90件，是全国平均水平的9.2倍；有效发明专利维持5年以上的比例达86%，居全国大中城市首位；截至2017年年底，深圳累计有效注册商标70万余件。科研成果、科技人员入选《科学》和《自然》杂志年度全球十大科学突破、十大科学界人物。第五代移动通信、基因测序、超材料、新能源汽车等领域核心技术水平跻身世界前列。创新能级迅速攀升，国际影响力不断扩大，科技创新正从"跟跑"向"领跑"转变，引领经济社会发展的作用进一步增强。

三、创新企业梯次层级分明，后备力量加速壮大

深圳涌现了一批行业龙头企业，成为深圳创新驱动发展的重要名片，华为是全球最大的移动通信设备企业和第三大智能手机厂商，比亚迪成为全球唯一同时具备新能源电池和整车生产能力的企业，迈瑞是全球领先的医疗设备和解决方案供应商，华大基因成为全球最大的基因测序和基因组学研究机构，大疆科技已经占领了消费级无人机全球70%的市场份额。出现了一大批科技型中小企业，是深圳创新驱动的重要生力军。2015年新增认定782家国家级高新技术企业，累计达到5524家。在境内外交易所上市企业达到321家，中小板创业板上市企业数连续9年位居国内首位，在"新三板"挂牌公司291家。科技型企业约3万家，占广东省科技型企业总数的60%。CES 2016消费电子展深圳参展商652家，占比超

过1/6，占中国参展商的一半以上。

四、融合创新成为亮点，不断催生新兴业态

深圳加速从单一技术创新向多要素、多层次、多方面的融合创新转变，不断催生和壮大新兴业态。一是互联网加速与现代制造业、金融、商贸、交通等领域融合创新，催生新兴业态，2015年，深圳互联网金融企业超过1000家，出现了财付通、理财通、佣金宝等互联网金融产品，已成为国内互联网金融最发达、最活跃的城市之一。跨境贸易电子商务发展迅速，企业数量位居国内首位，2015年跨境电商交易额约320亿美元，同比增长88%。二是高新技术服务业发展势头良好，尤其是信息传输、计算机服务和软件业持续高速增长，微信、智能交通、云点播、健康云等新型信息服务不断发展壮大，2015年高新技术服务业增加值达到1483亿元，同比增长16.2%。三是"文化+科技""文化+旅游""文化+金融"加速融合，文化产业不断壮大，诞生了华强文化科技、华侨城、雅昌集团等一批细分行业龙头，2015年文化创意产业增加值1757.14亿元，同比增长13.1%。

第三节 深圳参与21世纪海上丝绸之路科技产业协同创新的基础

深圳经济特区作为中国改革开放的"窗口"和"试验田"，始终坚持自主创新城市发展主导战略，逐步从一个"科技荒漠"发展成为一座充满活力的"创新绿洲"，创新生态体系日益完善，创新能级迅速攀升，国际影响力不断扩大，已成为我国自主创新的代表作。然而，与波士顿、硅谷等全球顶级创新中心相比，还存在较大差距。

一、地缘优势得天独厚

深圳位于我国东南部沿海,珠江口东岸,处于珠三角经济区与粤港澳经济区的核心,是我国最具发展潜力的港口城市之一。深圳位处珠三角经济区中心,向北背靠我国内陆中心腹地,向南出海与东南亚等国邻近,直接面向东南亚及环太平洋和印度洋地区,具有深化国际国内合作、聚集生产要素、吸引各方投资和带动区域发展的良好区位条件。

深圳在开展"一带一路"建设中拥有无可比拟的区位优势。经过考古学家考证,自古以来,深圳市蛇口赤湾港是中国古代海上丝绸之路的一个重埠。在清代嘉庆《新安县志》中发现这样一段记载:"新安赤湾天后庙为省会藩篱之地,扼外洋要害之冲——占城、爪哇、真腊、三佛齐,番舶来贡莫不经由于此。"这说明深圳赤湾是古代海外交通船舶住泊之地。也说明地处珠江口的深圳地区在古代海外交通中的重要地位。

深圳的区位优势具体表现在:第一,毗邻香港,可有效依托香港的辐射效应。香港目前是东亚的金融中心,也一直努力为全球投资者创造最好的投资环境。香港具有高端服务业,特别是商务服务与专业服务业,一直处于全球领先地位;另外,香港具有健全的法律环境和监管措施,在商业、教育、管理、科技创新领域,能够把所有的人才、产业聚在一起,发挥其枢纽的功能。因此,深圳可依托香港,充分利用经济发展的辐射效应,继续加大深港合作,促进深圳社会经济的快速发展。第二,深圳的区位优势体现在它地处我国对外开放最前沿,是我国内地与海外经贸联系的桥梁和枢纽。广阔的大陆腹地为其提供大量的资源、劳动力、资金,为其产品提供广阔的市场。同时,深圳的市民和工作人员来自内地四面八方,与国内各大城市和地区有广泛的人缘关系,有更好地开拓国内市场的便利条件。第三,深圳是香港走向珠三角和内地的最重要陆路通道,也是进入香港的陆路必经之地,具有联系内地的优势地理位置。同时邻近国际主要交通线(海运线),与东南亚各国的地缘联系十分紧密。

港口交通优势突出。深圳港作为珠三角的枢纽港之一，位于珠江口以东，南海大亚湾以西的深圳市两翼，因深圳市海岸线被香港九龙半岛分成东西两部分，因此深圳港被分为东（以盐田为主）、西（以蛇口赤湾为主）两个部分，依托改革开放以来珠三角地区经济的快速发展，以及国家区域经济发展的政策环境，深圳港迅速崛起成为全球知名的集装箱大港。港口货物吞吐能力和服务水平不断提升。在道路运输方面，深圳也是我国南方对内对外的交通枢纽。铁路有京九线、广深线接京广线与全国铁路联通；在公路运输方面，广深、深汕高速公路通往广州、惠州、汕头，深圳南有文锦渡、罗湖、沙头角和皇岗口岸直通香港，盐田至惠州的一级汽车专用公路于 1993 年建成。在航空运输方面，深圳国际机场距西部港区仅 22 千米，海空联运极为便利。

依托便利的港口和便捷的交通网络，使得深圳在开展贸易方面拥有无可比拟的优势，除了转运网络外还拥有广阔的腹地和市场。在这其中，直接腹地为深圳市、惠州市、东莞市和珠江三角洲的部分地区，转运腹地范围包括京广和京九铁路沿线的湖北、湖南、江西、粤北、粤东、粤西和广西的西江两岸。在开展"一带一路"建设的过程中，可以充分发挥深圳市的港口、航运、道路交通运输优势，实现经济的跨越式发展和贸易转型，在质和量上实现丰收。同时，"一带一路"建设的契机和经济发展需求也能够拉动深圳港、宝安机场和道路运输乃至整个物流市场的需求，为深圳市提供更大的发展空间，进而能够促进整个珠三角区域经济的协调发展。

二、创新效率较高，科技与产业创新发展的基础扎实

坚持打通创新上游（科学发现和知识创新）、中游（科学发现和创新的知识孵化为新技术）、下游（新技术的应用）等环节，切实促进科技与产业互动融合创新发展，形成了"追赶爬坡"过程中富有深圳特色的以

企业为主体的自主创新体系,表现为六个"90%"现象,① 创新效率极高。

(一)增强创新投入

全社会研发投入持续加大,占 GDP 比重由 2010 年的 3.47% 增加到 2015 年的 4.05%,规模实现 5 年翻番。国际上通常认为,R&D 经费占比达 2.5%,标志着创新能力基本达到或接近发达国家水平。2014 年,深圳以一个城市的经济体量,R&D 经费占比达到 4.05%,是 G8(八国集团)国家平均水平的近 2 倍。(见图 3 – 11)而全球 R&D 经费占比超过 4% 的国家,仅有以色列和韩国。

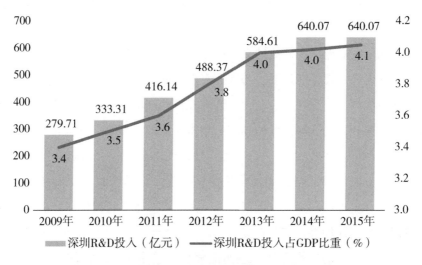

图 3 – 11　2009—2015 年深圳 R&D 投入及占比情况

另外,深圳非常注重创新基础设施建设。近年来,创新基础设施建设不断加强,建设国家超算深圳中心、国家基因库、大亚湾中微子实验室等

---

① 即 90% 的创新型企业是本土企业、90% 的研发人员在企业、90% 的科研投入来源于企业、90% 的专利生产于企业、90% 的研发机构建在企业、90% 以上的重大科技项目发明专利来源于龙头企业。

国家重大科技基础设施。中科院先进院、光启等45家新型研发机构异军突起，华大基因等新型研发机构呈现引领式创新、爆发式增长态势，各类创新载体累计达1283家。（见图3-12）境内外优质教育资源密集引入，研究型大学和国际化特色学院建设取得新进展。

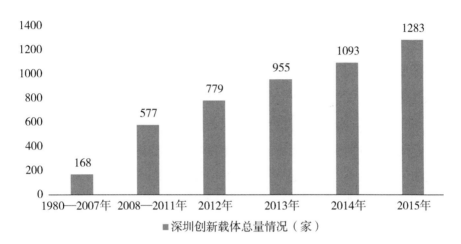

图3-12 深圳创新载体增长及总量情况

（二）创新产出高效

在高科技研发投入的刺激下，深圳引领产业创新的科技成果不仅数量多而且质量高，科技创新正从"跟跑"向"领跑"转变。"十二五"期间，实现国家技术发明一等奖"零"的突破，累计获国家科学技术奖励51项。2015年PCT国际专利申请超越英法等国，达1.33万件，占全国47%，有效发明专利累计近8.4万件，约占全国1/10。2016年深圳荣获16项国家科技奖，首次获得自然科学奖、科技进步奖特等奖。第四代移动通信、基因测序等领域核心技术水平跻身于世界前列。

三、产业创新配套发达,逐步成为全球硬件的创新圣地

(一)深圳已成为"硬件硅谷"

硬件作为深圳的优势和标志性产业,也成就了深圳全球电子信息制造业重镇的地位。深圳已成为全球重要的下一代信息网络产业基地和知名的"硬件之都",被业界认为有望成为下一个"硅谷"。华为、中兴、腾讯等龙头企业已跻身于国际前列。深圳已成为全球重要的电子信息产业基地,信息产业配套全球领先,通信产业的设备研发能力及市场占有率居全球前列,由此延伸和孵化的产业形态层出不穷。以智能手机为例,以华为终端为代表的自主品牌打破终端手机市场被国外品牌垄断的局面,其中关键就是深圳良好的产业配套能力使创新成果能够得到迅速转化。根据数据统计,从 2015 年到 2016 年 8 月底,深圳共有 862 起投资案例,金融以 118 起排名第一,电商以 117 起排名第二,硬件企业以 116 起排名第三。《2015 年中国创新智能硬件市场发展专题研究报告》指出,深圳、北京硬件创业最为活跃,目前国内智能硬件企业主要集中在深圳和北京。凭借 20 多年来在供应链方面的积累,深圳吸引了国内 44.4% 的硬件团队前来安家。

(二)"百公里一小时"的手机产业配套圈

围绕深圳,100 千米范围内的东莞、惠州的产业链配套非常强大,产业链非常完整,一款新手机从设计到零部件采购再到组装,只需要一个星期,而在硅谷则可能需要数月才能完成。以销售和生产已成规模的智能手环为例,在国内智能手环市场上,华为以 32.9% 的市场占有率排名第一,小米、乐心分别位列第二、三,三家企业两家出自深圳。"如果你是一个工程师,想在 5 天或 2 周的时间内实现一个创作理念,在哪儿可以实现?"美国硬件创业团队 SPARK 创始人扎卡利·克洛基给出的答案是:深圳。

扎卡利·克洛基说,"在深圳,你能在不超过一千米的范围内找到实现这个想法任何想要的原材料,只需要不到一周的时间,你就能完成'产品原型—产品—小批量生产'的整个过程"。

(三)优越的配套助力无人机爆发

无人机是当下智能硬件领域最火的项目之一,以大疆创新为代表的企业不仅在国内独领风骚,也占领着全球70%的无人机消费级市场。在抢占这个新型千亿级产业的进程中,深圳之所以拔得头筹,也是因为深圳在碳纤维材料、航空铝材、陀螺仪、GPS(全球定位系统)模块、传感器、特种塑料、锂电池、磁性材料等关键配件及材料等方面形成了良好的配套优势。

四、稳步推进深港创新圈建设,逐步积累协同创新实践经验

"深港创新圈"这一概念,是深圳市政府于2005年7月在北京汇报深圳的自主创新工作时首次提出的,并得到了国务院和有关部委领导的肯定。当时大家对这一概念还没有形成十分清晰的认识。对什么是"深港创新圈"的理解主要围绕以科技合作为核心展开。为此,2005年12月,深圳市科技和信息局与香港创新科技署共同召开了"建立深港创新圈专题研讨会"(即"深港创新圈"第一次高层论坛),国家有关部委、广东省科技厅、香港特别行政区及深圳市的代表约50人参加了这次内部会议。会议对建立"深港创新圈"的必要性、可行性,以及"深港创新圈"的定位、目标、主体、模式做了较为广泛的讨论,为深圳市委、市政府在"一号文件"中正式提出这一概念奠定了理论基础和社会共识。

2006年1月4日,深圳将加快建设"深港创新圈"写入市委、市政府的"一号文件"——《关于实施自主创新战略建设国家创新型城市的决定》。2006年2月,深圳市政府提出:"应将深港创新圈建设成为国际上有影响、国家战略中有地位、对区域发展有贡献的创新圈。"2006年4

月,深港两地又召开了"深港创新圈"第二次高层论坛,并出台了工作方案。2006年8月,深港双方多次沟通协商,共同起草了"深港创新圈"合作协议,协议草案前后磋商半年左右。2007年3月,"深港创新圈"合作协议得到广东省政府、国务院港澳办的正式批准。

"深港创新圈"是由深港两地政府与民间力量共同促成,在市场驱动下,以科技创新为核心,通过汇聚两地创新资源、产业链而形成的一个跨城市、高聚集的区域创新体系及产业聚集带,是深港两地创新资源集中、创新活动活跃的区域,并将发展成为引领、支撑和提升深港地区及珠三角区域自主创新能力的世界级区域创新中心。

自《香港特别行政区政府、深圳市人民政府关于"深港创新圈"合作协议》(以下简称《合作协议》)签署以来,在国家和广东省委、省政府的大力支持下,在深港两地政府的高度重视和积极推动下,"深港创新圈"各项工作取得了全面、深入、务实、有成效的进展。一是建立了"1+3"工作制度,二是形成了共同资助的创新机制,三是联合招商取得了重大成果,四是形成了更紧密的创新互动关系,五是共同搭建了一系列公共信息平台。

五、创新环境优越,政府响应速度快、引导能力强

(一)持续加强和完善规划政策引领

政府战略规划引导的响应水平快速提升。这几年,深圳一直在不遗余力地实施创新驱动发展战略,制定出台、适时调整、柔性实施一系列的新兴产业发展规划和政策,从财政金融、人才支撑、创新载体建设、科技服务业发展等各个方面,全面加大对自主创新的支持力度,形成了覆盖自主创新体系全过程的政策链条,加快发展新经济、培育新动能。创新顶层设计不断完善,深圳坚持把自主创新作为城市发展的主导战略,加强创新体系顶层设计,以制度创新、政策创新推动科技创新。推进国家创新型城市

建设,获批我国首个以城市为基本单元的国家自主创新示范区。制定出台自主创新"33条"、国家创新型城市建设"1+4"文件、国家自主创新示范区"1+10"文件等一系列全局性、前瞻性的政策,较为完善的创新政策法规体系初步形成。创新体制机制持续优化,创新驱动发展基础不断夯实,国家自主创新排头兵的作用进一步强化。

(二)优化创新创业生态体系

提出强化"创新、创业、创投、创客"的"四创联动"新思路,创新创业氛围浓厚,大力弘扬敢于冒险、勇于创新、追求成功、宽容失败、力戒浮躁的创新文化。积极打造国际创客中心,一批众创空间快速兴起,高交会、"IT+BT"双领袖峰会等成为促进创新创业的重要平台,创业投资高度活跃,科技金融被赋予新内涵,"大众创业、万众创新"氛围日益浓厚。面向国际化、市场化和法治化,深入实施知识产权和标准化战略,全面展开国际创新合作,夯实深港创新圈,拓展深莞惠创新资源共享。全社会的创新动力、创新活力和创新潜力进一步激发,开放创新和协同创新优势日益凸显。面向国际化、市场化和法治化,深入实施知识产权和标准化战略,全面推进开放创新合作,夯实深港创新圈,拓展深莞惠创新资源共享。

(三)金融服务创新发展能力较强

"十二五"期间,深圳科技金融服务体系持续创新完善。一是全方位推动科技和金融更加紧密结合,构建了充满活力的金融生态体系。多元化、多层次、多渠道的金融投融资体系日益完善,建设罗湖蔡屋围、福田中央商务区和南山前海等以多层次资本市场、创业投资及财富管理为特色的全国金融中心。基本形成以主板、中小板、创业板和代办股份转让系统为核心的多层次资本市场框架,推动形成创业投资、担保资金、银行信贷、产业基金等覆盖创新链全过程的金融服务体系。2013年,深圳市登记注册VC/PE机构数量和管理资本额均占全国的1/3。二是深圳着力推进金融改革创新综合试验区建设,以前海深港现代服务业合作区建设为依托,不断深化深港金融合作层次,推进金融改革创新先行先试。三是金融市场能级不断提高。创业板启动极大地提升了深圳多层次资本市场平台功能,深交所 2009 年至 2012 年连续 4 年 IPO 数量超过纳斯达克、纽约证券交易所、伦敦证券交易所、香港交易所等全球主要交易所,居全球首位。2015 年年末,上市公司 1746 家,比 2010 年增加 577 家;上市公司总市值 23.61 万亿元,比 2010 年增长 173.3%。截至 2015 年年底,全市共有境内上市公司 202 家,全国排名第六;总市值 4.6 万亿元,全国排名第三,一大批优秀本土企业利用资本市场做大做强。至 2015 年年末,深圳依法设立要素交易市场 23 家,涉及企业股权、石油化工、金融资产、航空航运、文化产权等多个领域,其中前海股权交易中心挂牌展示企业数量突破 8700 家,累计为挂牌企业融资 118.6 亿元,成为全国挂牌展示企业数量最多的区域性股权市场。四是加大资金支持产业创新发展。深圳积极发挥市政府投资引导基金作用,鼓励社会资本参与设立新兴产业创业投资基金,大力扶持初创期、起步期创新型企业发展。创新科技金融服务模式,建立中小微企业贷款和融资担保风险补偿机制,支持金融机构开展投贷联动、知识产权质押贷款、股权质押贷款等创新业务,加快发展科技保险等多样化金融服务方式。累计组建 12 支国家新兴产业创业投资基金,全市 VC/PE 机构超过 4.6 万家,注册资本超过 2.7 万亿元。

(四)创新创业人才队伍广泛积聚

深圳天然具备移民城市包容的文化基因。深圳是一个移民城市,其城市文化最具有"移民文化"特点。深圳汇聚了来自全国各地的创业者,在深圳的常住人口中,95%以上都是外来移民。开拓创新、奋发有为的移民文化价值观成为深圳人价值取向的最基本特征。深圳新移民地域构成的广泛性和文化背景的多元性,使得深圳的"移民文化"表现出极大的包容性。受到经济发展与就业机会的吸引,激励着一批又一批的就业者和创业者。富有时代特征的创新文化,容易吸收外界优秀思想、理念及机制,这使得深圳在体制创新、社会事务管理等领域全国遥遥领先。

创新创业人才集聚优势。得益于对外开放的政策优势、区位优势和实践优势,深圳创新人才集聚具有明显的开放优势。客观上,作为一个移民城市,深圳创新人才供给存在着"先天不足",而对外开放的综合优势则促进了深圳创新人才资源集聚的开放优势。深圳市引进国外智力办公室资料表明,每年来深圳的各类国(境)外专家达3万多人,其中各类长期专家逾万人。"十二五"期间,累计引进"孔雀计划""珠江计划"创新团队83个,引进"孔雀计划"人才1364人、留学人员6万余人、全职在深工作院士13名,连续举办8届中国国际人才交流大会。

持续优化人才政策。制定出台高层次专业人才"1+6"文件、人才安居工程等政策措施,积极落实省"珠江人才计划",大力实施引进海外高层次人才"孔雀计划"。不断落实高层次人才政策,启动人才安居工程,健全人才服务体系。

(五)政府公共服务水平不断提升

强化政府的引导服务职能。由于特殊的历史进程,深圳形成了"小政府、大市场"的格局。政府不是无所作为,而是积极作为,重在抓规划、抓政策、抓服务,以此来引导市场资源配置。为推进科技创新,近年来,深圳相继开展政府大部制改革、商事登记制度改革等一系列改革,营造了良好的政策环境、市场环境和法治环境,极大地激发了全社会的创新活力。2019年年初,为落实中央推进供给侧结构性改革的部署要求,又瞄准"科技、企业、人才"三个关键要素,出台了促进科技创新、支持企业提升竞争力、促进人才优先发展的三个文件,在一定程度上突破了原有的"条条框框",为科技创新进一步"减负""松绑"。

深圳充分发挥其特区立法权作用,突出立法重点,加强社会建设以及规范政府行为等方面的法规,建立国际化商业制度和营商环境。率先建设法治政府,严格遵守法定权限和程序。在行政审批上,简化行政审批流程,推动行政审批法治化、规范化和标准化,进一步精简审批事项,实行审批事项、流程、时限的公开透明运作。大力推行网上审批，完善并联审批制度，提高审批效率。

在创新社会公共服务模式上，改革商事登记制度和社会组织管理制度，率先全面实施商事登记制度改革，营造国际化、法制化的市场环境。支持引导社会组织参与社会管理和公共服务，在全国率先对社会服务等三类社会组织实行直接登记制度；推进城市社会管理创新，罗湖区、坪山新区成为全国社区治理和服务创新实验区。"智慧深圳"建设成效显著，城市数字化管理水平不断提升；进一步优化政府公共服务，引入竞争机制，扩大购买服务，建立第三方评估监管制度，提升公共服务水平，放宽市场准入，鼓励社会资本以多种方式参与。

第四节　深圳科技产业创新发展的问题

对照现代化、国际化创新型城市的标准，深圳科技创新中仍然存在着创新基础能力建设滞后，驱动创新的源头供给不强，关键核心技术掌握不足，高端领军型科技创新人才短缺，科技研发投入不均衡，科技管理体制机制改革有待进一步深化，科技创新质量有待进一步提升，科技成果惠民有待进一步拓展等一系列问题，亟须在发展过程中加以着力解决和突破。

一、源头创新显著不足

尽管近年来深圳市已致力于以各种方式引进国内外著名高校和研究机构，但由于这一过程需要一定的周期，加之原有的基础薄弱，因而深圳的大学和研究机构无论从数量上还是在质量上都远远落后。深圳教育培养人才和科研成果的辐射力，均不能满足创新体系发展的要求。深圳缺乏名牌大学和著名研究机构的现状,是制约深圳区域创新体系发展的一个重要障碍。

与硅谷、波士顿、慕尼黑、首尔、特拉维夫、北京、上海等全球科技创新中心和国内重要科技创新中心相比,深圳国际科技产业创新中心仍存在一些不足,创新基础能力建设滞后,全球顶级大学几乎没有,全球顶级创新人才和团队不多,全球顶级创新型企业不多,全球顶级创新成果不多,源头创新不多,国际科技、产业创新中心建设任重道远。(见图3-13、表3-1、表3-2)

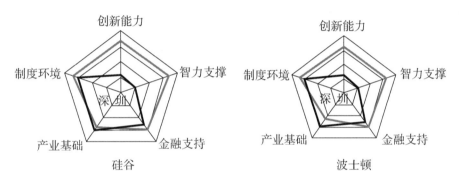

图3-13 深圳、硅谷、波士顿科技与产业综合创新能力比较

以波士顿和硅谷为例,他们都拥有众多国家级科技基础设施,拥有世界一流大学及学校群,集聚了全球顶级人才,拥有一批诺贝尔奖得主和美国科学院院士,集结了美国各地乃至世界各地的科技人员,研发机构众多,科研实力突出,平均研发强度高,信息、生物等新兴产业引领全球,风险资本引领全球,分别位列第二和第一,创新创业氛围浓厚,创新政策法规和知识产权保护法律体系完善,科技中介及专业服务发达。

而深圳高等教育资源不足,普通高等学校只是北京的1/10、上海的1/8,研究生培养机构仅28家,远低于北上广等城市,人才自给率仅为35%。国家级创新载体78个,不及北京中关村的一半;认定的市级以上外资研发中心不足30家,仅为上海的1/12。创新载体弱势限制了源头创新供应和企业创新发展。

由于高校和研究机构的缺乏，也导致了深圳在创新链条方面的欠缺，基础性和应用性研究均不足。深圳主要是扶持企业的自主开发和对引进技术的消化、吸收、再创新，而在研究方面主要则依赖于国内外的高等院校和科研院所。这样的模式对于区域创新体系而言是先天不足的薄弱环节。

表3-1 世界知名科技创新中心的科技创新基础能力情况

序号	国家/城市	科技创新基础能力情况
1	美国硅谷	科技基础设施众多，有直线加速器中心、劳伦斯伯克利实验室、洛斯阿拉莫斯实验室、劳伦斯利弗莫实验室。 研发机构众多，科研实力突出。2013年，150家科技企业研发投入超过730亿美元，平均研发强度超过10%，有13家企业PCT专利申请量进入全球前100位
2	美国波士顿	拥有国家级科技基础设施。林肯国家实验室。 科研实力强。1900—2013年，共发表三类期刊论文数约50万篇。国防、通信、民航技术科研实力强
3	德国慕尼黑	科技基础设施强。欧洲最活跃的研究基地之一，马克思普朗克等离子研究所、弗兰恩霍夫研究所、歌德学院总部、辐射与环境研究会。 科技创新机构多。占巴伐利亚州的25%
4	韩国首尔	创新基础设施较好。 研发设计水平高。韩国设计中心，集聚了全国73%的设计师
5	以色列特拉维夫	研发机构集聚。英特尔、微软分别在以色列建立了第一家海外研发中心，IBM、谷歌、苹果等都在此成立了研发机构。 科技创新产出丰硕。人均科技论文数排世界第3位，人均论文引用数居世界第4位

表3-2 世界知名科技创新中心的大学群落情况

序号	国家/城市	大学群落（括号内数字为全球排名）
1	美国硅谷	拥有世界一流大学及学校群。斯坦福大学（2）、加州大学伯克利分校（4）、加州大学旧金山分校（18）、圣何塞州立大学、福特希尔学院、圣克拉拉大学、米逊社区大学等

续表 3-2

序号	国家/城市	大学群落（括号内数字为全球排名）
2	美国波士顿	拥有世界一流大学及学校群。哈佛大学（1）、麻省理工学院（3）、波士顿学院（31）、波士顿大学（75）、萨福克大学、马萨诸塞美术学院、新英格兰音乐学校、伯克利音乐学院
3	德国慕尼黑	拥有水平较高的大学及学校群，慕尼黑大学（48）、慕尼黑工业大学（94）、慕尼黑理工大学、TUM、国防大学、Hochschule Muenchen 等 10 余所高校
4	韩国首尔	拥有水平较高的大学，学校群落发达。首尔大学（31）、建国大学、庆熙大学、祥明大学、中央大学、延世大学、高丽大学、汉阳大学
5	以色列特拉维夫	拥有自然科学专业较强的大学。以色列理工学院（159）、特拉维夫大学。中东地区受教育水平最高地区，在全球范围内也居前

二、人才结构问题突出

深圳相对于北京、上海以及硅谷、波士顿等其他国际大城市，在人才储备、人才国际化等方面都存在较大差距，可能影响深圳未来长远发展。（见表 3-3）

高层次人才尤其是尖端人才总量仍显不足，两院院士和基础研究人员紧缺，人才队伍的国际化水平亟待提高。教育、医疗等公共资源配套供给不足，生活成本高位攀升，进一步加剧了中初级人才吸引难、留住难。人才政策比较优势下降，吸引人才的效应递减。

全球创新创业进入高度密集活跃期，以人才为核心的创新要素全球流动的速度、范围和规模达到空前水平，"多向流动挤压"对深圳吸引国内外顶级科学家和创新团队形成巨大压力，打赢人才争夺战是深圳可持续发展的关键。

表3-3 世界知名科技创新中心的顶级人才团队情况

序号	国家/城市	人才拥有情况
1	美国硅谷	拥有大批世界顶级杰出人才。硅谷地区世界一流大学校友获得诺贝尔自然科学奖32人、经济学奖8人。在硅谷任职的美国科学院院士超过千人。 高质量就业岗位美国第一。集结了美国各地和世界各地的科技人员达到100多万人,高科技从业人员比重约为29%,人才多样,人才发展制度优越,创业平均年龄为34.1岁
2	美国波士顿	拥有大批世界顶级杰出人才。波士顿地区世界一流大学校友获得诺贝尔自然科学奖69人、经济学奖24人。创业者平均年龄36.8岁
3	德国慕尼黑	拥有大批世界顶级杰出人才。拥有20多名诺贝尔奖大师。 职业教育体系发达。学校与企业"双元"制教育体制优越。 学生数量众多。高校在校学生超过10万人。 研发队伍庞大。研发人员超过11万人,占德国的20%
4	韩国首尔	拥有高质量就业岗位,设计产业创造了17万个工作岗位。万人拥有科研人员63.1人。 人才培养机制良好
5	以色列特拉维夫	拥有世界顶级杰出人才,10多位以色列籍或以色列裔学者曾获得过诺贝尔奖。 研发队伍庞大。从事研发的全职人员超过7万人,占总人口的比例为9.1%。 创业者平均年龄为36.2

三、创新质量短板明显

深圳科技产业创新发展过程中还存在科技研发投入不均衡的问题,政府支持软硬失衡、大小失衡、供需失衡、远近评估失衡,关键共性技术投入不集中。深圳基础研究支出占总研究与发展经费支出的比重为2%左右,这一比例明显低于全国4.8%的平均水平,更远低于基础研究和应用研究发达的美国的19%、法国的26%、韩国的18%、日本的12%。

深圳企业科技投入占了约90%，政府科技投入比重偏小，造成全市对投资大回报少的基础技术研究投入非常少；关键核心技术掌握不足，核高基（核心电子器件、高端通用芯片、基础软件产品）技术空白较多，只有华为、大疆等少数企业拥有自己的核心技术，大多数核心技术仍掌握在国外厂商手里。（见表3-4）

表3-4 世界知名科技创新中心的优势产业情况

序号	国家/城市	优势产业情况
1	美国硅谷	信息科技产业发达，拥有一批创新引擎企业。拥有85家世界1000强研发企业，苹果、英特尔、甲骨文、惠普、思科、谷歌、eBAY、雅虎、特斯拉、领英等一批全球引领企业。2013年排名前10位的公司销售收入总计超过5300亿美元，占前150名销售总额的75%，利润占比为90%。近年来，生物技术产业得到了较大突破
2	美国波士顿	生物科技产业发达，是生物工程的"硅谷"。辉瑞、默克公司设有研发中心，一批全球领先的生物高科技公司落户。 生命健康医疗产业。 电子信息产业
3	德国慕尼黑	生物工程、软件及服务、航空航天、激光光电、媒体业、会展业，欧洲"新经济"中心。 拥有10多家世界500强企业。宝马、西门子、英飞凌总部所在地
4	韩国首尔	IT产业、电子产业、汽车制造产业发展迅猛。世界设计之都
5	以色列特拉维夫	电子信息产业、生物产业、新能源产业发达。以色列拥有世界第二多的初创企业和拥有第三多的纳斯达克上市公司

产学研合作中协同创新力度不够，深港深化合作创新的成效不足。重大民生热点难点问题中的科技创新应用不够。技术成果转化能力较弱，创新的经济效益有待进一步提高。创新质量与现代化国际化的标准还有相当差距，影响了创新资源向深圳汇聚的规模和速度。

四、创新生态急需完善

科技管理体制机制改革有待进一步深化,市场配置科技创新资源的决定性作用与政府宏观引导之间的定位仍难以厘清,政府支持科技发展在对象、阶段、力度及评价体系等方面的平衡点仍难以把握,科技项目经费管理模式与科技创新发展客观规律仍难以匹配。科技成果转移转化效率不高,科技创新综合评价体系需要进一步完善。科技管理创新的容错试错机制仍难以落实。勇立潮头,先行先试,革除制约创新发展的思想观念和深层次体制机制障碍,推动政府职能从研发管理向创新服务转变已迫在眉睫。

虽然深圳在风险投资、科技成果产业化领域的实力较强,但是与世界知名科技创新中心相比(见表3-5),深圳的部分服务平台依然需要加快完善步伐。如新生的中小企业板,其推动高新技术创业融资便利化的效果暂时达不到期望水平,融资功能仍需进一步提升;中介服务机构如律师、经济战略研究机构、市场调查公司、咨询公司、公共关系公司没有形成完善的服务体系,服务水平、服务领域和服务效果需要得到进一步加强。此外,行业组织在技术支持、信息交流、市场推广、政府沟通、融资服务、人才培训等方面的作用发挥不够,这些均影响了深圳高新技术产业的提速发展。

表3-5 世界知名科技创新中心的创新生态情况

序号	国家/城市	创新生态情况
1	美国硅谷	风险资本全球第一。2010—2013年风险投资总额超过100亿美元,占全球的19%。 创新创业氛围浓厚。创业天堂、包容开放、崇尚竞争、勇当风险、创新创业文化浓厚。1930年以来仅斯坦福大学师生创办企业超过3.9万家,每年产生收益高达2.7亿美元,共创造了540万个工作岗位。 创新政策法规完善。创新法律和法制环境优越,知识产权保护法律体系完善,市场公开透明,知识产权界定合理清晰。《专利商标法》《反不正当竞争法》《谢尔曼法》《拜杜法案》等。 科技中介及专业服务发达

续表 3-5

序号	国家/城市	创新生态情况
2	美国波士顿	风险资本全球领先，排名第二。2010—2013 年风险投资总额超过 31 亿美元，占全球的 5.6%。 创新创业氛围好。 创新政策制度完善。 创新服务体系完善
3	德国慕尼黑	创新活力突出，欧洲硅谷。 融资服务环境好。金融业居德国第二，拥有德国 1/4 金融机构；保险业居德国第一、欧洲第三，有 100 多家保险公司；拥有德国第三大证券交易所。 政策扶持力度大。弗朗霍夫模式，四大推手。"未来攻势""高科技攻势"。 中介服务体系完善：创业者中心、中介机构、创业培育程序。 科技创新创业服务好、全球性交易博览中心、重视对外交流
4	韩国首尔	惠及全民的创新创业氛围。 多层次的创意培训。 规划园区促进集聚
5	以色列特拉维夫	号称第二硅谷。 金融服务环境好。吸引大量风险投资，人均风险投资远高于其他国家。以色列是最早设立政府引导资金的国家，目前有 70 多只活跃的风险投资资金。 创业氛围浓厚，创业效果好。集聚了全球最高密度的科技初创公司，占以色列 60% 以上的中期企业，是全球人均初创企业数最多的公司。 科技管理体制灵活优越，创新支持政策完善，创新生态模式运营

第四章

深圳建设国际科技产业创新中心

作为全国首个国家创新型城市试点,科技创新已经成为深圳全市的共识。以科技创新为核心,以产业为依托,深圳逐步打造出具有全球竞争力的国际产业创新体系。

深圳抓住作为我国第一个经济特区、首批国家创新型城市、自由贸易试验区、国家自主创新示范区等优势,充分发挥经济特区先行先试的特色推进制度创新,依托创建国家创新型城市建设加快科技创新,借力前海蛇口自由贸易试验区提升开放创新水平,通过经济特区、创新型城市、自由贸易试验区和自主创新示范区叠加效应,逐步形成了深圳国家自主创新示范区全方位创新体系。

经过30多年的努力,深圳逐渐形成了以企业为主体、以市场为导向、产学研相结合的创新体系,在科技基础"先天不足"的情况下,完成了从"科技沙漠"到"创新绿洲"的转变,并逐步向营造更具活力的综合创新生态方向发展。

第四章 深圳建设国际科技产业创新中心

第一节 建设引领性国际科技创新中心

科技创新是深圳的金字招牌,也是深圳发展的核心竞争力。深圳经济特区从1980年设立到现在,经济得到了迅猛发展,已经成为我国经济发展的"排头兵",成为我们改革的创新基地。作为全国首个国家创新型城市试点,科技创新已经成为深圳全市的共识,打造引领性国际科技创新中心也始终是这个城市持之以恒的奋斗目标。

一、建设全球科技创新策源地

首先,建设全球科技创新策源地体现在深圳与全球前沿地区同步的R&D投入上。对一个国家或地区而言,R&D活动代表了高水平的科技活动,是创新链的前端环节。深圳市近年来深入实施创新驱动发展战略,深化供给侧结构性改革,激发科技创新原动力,加快建设现代化国际化创新型城市和国际科技、产业创新中心,稳步推进各项工作,取得了良好的进展。[①] 如表4-1所示,从2009年至2017年,深圳GDP增长了2.71倍,深圳R&D经费支出增长了3.50倍,R&D年均增速显著快于GDP的总体增速。2016年和2017年,深圳R&D投入强度达到4.3%,已相当于以色列的水平,在国内除了北京以外,深圳显著领先于广州、杭州、上海等其他城市。(见表4-2)

---

① 参见深圳市维度统计与大数据研究院《深圳R&D投入结构与成效分析研究》,2018年10月,第2~7页。

表 4-1　深圳市 GDP 与 R&D 经费支出的基本情况

年份	GDP		R&D 经费支出		R&D 投入强度（%）
	绝对数（亿元）	增速（%）	绝对数（亿元）	增速（%）	
2009	8290.28	—	279.71	—	3.4
2010	9773.31	12.4	333.31	19.2	3.4
2011	11515.86	10.0	416.14	24.8	3.6
2012	12971.47	10.0	488.37	17.4	3.8
2013	14572.67	10.5	584.61	19.7	4.0
2014	16001.82	8.8	640.07	9.5	4.0
2015	17502.86	8.9	732.39	14.4	4.2
2016	19492.60	9.0	842.97	15.1	4.3
2017	22490.06	8.8	976.94	15.9	4.3

数据来源：《深圳统计年鉴 2010—2018》。

表 4-2　全国部分主要城市 R&D 投入强度（%）

年份	深圳	北京	上海	广州	杭州	天津
2009	3.4	5.5	2.8	1.9	2.7	2.4
2010	3.4	6.0	2.9	1.8	2.8	2.5
2011	3.6	5.8	3.1	1.9	2.9	2.6
2012	3.8	6.0	3.4	1.9	2.9	2.8
2013	4.0	6.1	3.6	1.9	3.0	2.8
2014	4.0	6.0	3.7	2.0	3.0	3.0
2015	4.2	6.0	3.8	2.1	3.0	3.1
2016	4.3	6.0	3.8	2.3	3.1	3.0

从 R&D 经费支出的部门来看，2017 年深圳市科研机构 R&D 经费支出约为 15.92 亿元，占 R&D 经费总支出的 1.5%；高等院校 R&D 经费支出约为 18.45 亿元，占 R&D 经费总支出的 2.1%；工业企业 R&D 经费支出约为 841.10 亿元，占 R&D 经费总支出的 95.8%，远高于科研机构和高等院校的 R&D 支出额占比。2009—2017 年以来，深圳市 R&D 活动一

直以工业企业为主,而且在这一期间,工业企业的R&D经费支出占比总体呈上升趋势,从2009年的92.60%增加到2016年的95.7%,说明深圳的自主创新优势主要来自企业,这与国际上发达国家或地区的创新模式完全一致。(见表4-3)

表4-3 深圳市不同部门R&D支出及占比情况(亿元)

年份	科学研究与技术开发机构		全日制普通高等学校		工业企业		其他	
	绝对数(亿元)	比重(%)	绝对数(亿元)	比重(%)	绝对数(亿元)	比重(%)	绝对数(亿元)	比重(%)
2009	1.58	0.6	1.83	0.7	259.00	92.6	17.30	6.2
2010	0.80	0.2	1.42	0.4	313.79	94.1	17.30	5.2
2011	8.60	2.1	1.35	0.3	388.89	93.5	17.30	4.2
2012	7.45	1.5	1.76	0.4	461.87	94.6	17.30	3.5
2013	17.22	2.9	2.45	0.4	562.75	96.3	2.19	0.4
2014	15.04	2.4	2.76	0.4	618.16	96.6	4.11	0.6
2015	20.38	2.8	8.17	1.1	702.46	95.9	1.38	0.2
2016	10.97	1.3	10.56	1.3	820.06	97.3	1.38	0.2
2017	15.92	1.5	18.45	2.1	841.10	95.8	2.81	0.3

数据来源:《深圳统计年鉴2010—2018》。

其次,建设全球科技创新策源地体现在深圳对先进创新载体的布局上。创新载体是科技创新的首要支撑。目前,深圳已初步建立了一个以基础研究为引领,以产业及市场化为导向,以企业为主体的开放合作、民办官助的特色创新载体体系,从而形成了以重点实验室为核心的基础研究体系,以工程实验室、工程中心、技术中心组成的技术开发创新体系,以科技创新服务平台、行业公共技术服务平台组成的创新服务支撑体系,这三大体系共同构成了深圳科技创新体系的三大支点。[①] 截至2017年,全市

---

① 参见深圳市中鹏智创新管理研究院《深圳市创新载体及科研机构发展分析研究报告》,2013年12月,第10~18页。

共有国家级创新载体103个，省级创新载体253个，市级创新载体1332个。（见表4-4）

表4-4 深圳各类创新载体发展情况

项目	2010年	2015年	2017年
国家级创新载体	41	80	103
国家级重点实验室	8	14	14
国家工程实验室	5	7	11
国家工程（技术）研究中心	2	7	7
国家认定企业技术中心	13	20	26
国家地方联合工程研究中心（工程实验室）	—	16	26
国家基因库	—	1	1
深圳超级计算中心	1	1	1
国家级孵化器	10	12	15
国家级平台	2	2	2
省级创新载体	20	129	253
省级重点实验室	7	22	24
省级工程实验室	—	10	10
省级工程（技术）研究中心	13	96	218
省级企业技术中心	—	1	1
市级创新载体	358	1074	1332
市级重点实验室	88	206	238
市级工程实验室	34	298	419
市级工程（技术）研究中心	102	183	197
市级企业技术中心	74	193	211
市级公共技术服务平台	52	136	166
市级孵化器	8	58	101
总计	419	1283	1688

数据来源：《深圳统计年鉴2010—2018》。

在上述创新载体中，以深圳超算中心与国家基因库、大亚湾中微子实验室、太空科技南方中心等重大科技基础设施为代表的一批创新载体，已经成为推动深圳创新驱动发展的重要引擎。① 它们在为企业提供研发条件和技术支撑的同时，也是产业技术合作的重要平台，促进智力、技术、资金和商机的流动和转化。（见表4-5）

表4-5 深圳部分国家级重大科技基础设施基本情况

重大科技基础设施	基本情况	科技创新引领效果
国家级超级计算机深圳中心	由中国科学院、深圳市政府共同建设，总投资12.3亿元，是深圳市建市以来由市政府投资最大的国家级重大科技基地设施，该项目也是国家"863计划"、广东省和深圳市重大项目。深圳超算中心的主机系统由中国科学院计算技术研究所研制、曙光信息产业（北京）有限公司制造，2010年5月经世界超级计算机组织实测确认，运算速度达每秒1271万亿次，排名世界第二	为社会提供高性能计算、云计算、IDC（互联网数据中心）服务。据统计，2013—2015年节省财政资助资金18%，完成服务目标的124.11%，3年累计为深圳市政府相关产业部门免费提供资源使用约2.55亿元。2016年，计算资源使用率超过73.1%，排在国内国家级超算中心之首，高性能计算用户达到1600个，云计算用户超过500万人，机构用户超过2.4万家，IDC托管用户达到42家
深圳国家基因库	由国家发改委、财政部、工业和信息化部以及卫生健康委员会（原卫生部）四部委批复，并由深圳华大基因研究院组建并运营国家基因库。该基因库是我国唯一一个获批筹备的国家基因库	截至2016年，深圳国家基因库已存储多种生物资源样本1000万份，基因库装备150台完全具有自主知识产权的BGISEQ-500型测序仪和1台Revolocity超级测序仪，总数据产量达到每年5PB（拍字节），可为诸多医药研发等企业提供服务

---

① 参见深圳市华鼎科技发展战略研究院《深圳市科技创新发展报告（2016）》，2017年1月，第38~42页。

续表4–5

重大科技基础设施	基本情况	科技创新引领效果
大亚湾中微子实验室	由科技部、中国科学院、国家自然科学基金委员会、广东省、深圳市和中国广东核电集团共同支持建设,一期投资1.6亿元人民币,地址位于广东惠州大亚湾核电站群附近的山洞内	2012年该实验室正式投入运营,2012年3月宣布发现新的中微子震荡模式,精确测量到中微子混合角13,这是中国诞生的一项重大物理成果,被称为中微子物理的一个里程碑
太空科技南方中心	基于深圳市人民政府与中国航天员科研训练中心签订的《战略合作框架协议》而设立,属于深圳市二类事业单位。研究院的举办方为太空科技南方中心和深圳太空科技有限公司,主要开展载体航天相关技术的研究开发、成果转化、科普教育和国际合作等业务	大力开展技术攻关和成果转化应用,通过"天为地用"和"地为天用"的运行模式,推进载人航天技术在民生领域的转化,以及民用高新技术在载人航天领域的应用,实现航天科技和民用技术充分融合发展

数据来源：深圳市华鼎科技发展战略研究院《深圳市科技创新发展报告（2016）》。

再次，建设全球科技创新策源地体现在深圳对世界前沿技术的攻关上。围绕前沿技术、新兴产业和交叉领域，深圳不断加大对基础研究和技术攻关的投入力度，推进基础研究和原始创新工作，加大核心技术攻关力度。高强度的研发投入，涌现出大量的创新成果。深圳屡获多项国家及省级科技奖，成为获奖大户。PCT国际专利申请量连续多年位居国内首位，5G（第五代移动通信技术）技术、超材料、基因测序、新能源汽车、无人机等领域创新能力跻身于世界前列。2016年，华为公司在第四代移动通信TD-LTE（长期演进）技术上的核心专利占全球的25%；2016年华为短码方案更是成为全球5G重要技术标准之一；光启在超材料领域的专利申请量占全球的85%以上；华大基因的基因测试能力约占全球的50%；

大疆无人机占领全球民用小型无人机约七成的市场份额；中科院和深圳市政府联合建设的中科院先进技术研究院，其科研成果已经占整个中科院系统的1/10，还培育了上百家企业。

最后，深圳建设全球科技创新策源地体现在世界一流环境的营造和世界一流企业的汇聚上。2017年，粤港澳大湾区研究院发布了《2017年世界城市营商环境评价报告》。报告显示，在参与营商环境排名的30个世界城市中，前十名分别是纽约、伦敦、东京、新加坡、巴黎、洛杉矶、多伦多、香港、上海、首尔，排名末五位的是雅加达、墨西哥城、圣保罗、孟买、约翰内斯堡，广州、深圳、北京分别为全球第十九、二十一、二十三名。在国内，广州、北京、深圳、上海、重庆位居2017年中国城市营商环境指数前五名，第六名到第十名是南京、杭州、宁波、青岛、武汉。深圳在市场环境指数单项指数上排名第一。在科技创新政策的软环境营造上，深圳特别注重战略规划引领，《深圳经济特区科技创新促进条例》作为全国第一部科技创新的地方性法规，从政策和规划层面在全国率先提出了建立以企业为主体、产学研相结合、保护知识产权的技术创新体系。良好的营商环境和政策体系是孕育一流企业的关键。自深圳经济特区建立以来，深圳本土培育了无数科技创新型企业。2018年，深圳市国家高新技术企业新增5407家，国家高新技术企业数量总数高达1.44万家，位居全国城市第二，仅次于北京。

二、打造国家自主创新示范区

国家自主创新示范区是以国家高新区为核心载体，在推进自主创新和发展高新技术产业方面先行先试、探索经验、示范带动的区域。基本定位是发挥先行先试优势，加强在技术转移、成果转化、股权激励、科技金融等方面政策措施的探索，建设世界一流高科技园区。2009年，国务院确立中关村高科技园区为我国第一个国家自主创新示范区，同年将武汉东湖高新区纳入建设国家自主创新示范区名单，又在2011年将张江高科技园区列入，构成我国最初的三个国家自主创新示范区。深圳是继张江高科技园区之后第一个以城市为基本单位的国家自主创新示范区。①

2014年5月13日，国务院正式批复同意支持深圳建设国家自主创新示范区。从全国其他国家自主创新示范区的批复文件来看，深圳国家自主创新示范区存在以下特点：一是深圳是首个以城市为基本单元的国家自主创新示范区。早期国家自主创新示范区均是以国家高新区为基础，中关村示范区以中关村国家高科技园为基础、东湖示范区以东湖国家高新区为基础、张江示范区以张江国家高科技园区为基础，主要以高新技术产业作为自主创新着力点，是比较单一的自主创新示范区，为全国高新区的转型升级做出示范。而深圳国家自主创新示范区面积397平方千米，占整个城市面积的20%，覆盖了整个城市，包括高新区、出口加工区、保税区、商务区、工业区、大学区等，涵盖了包括高新技术产业、制造业、对外贸易、物流业、现代服务业等各类产业，以各类产业创新带动全面创新，为全面创新做出示范。二是深圳国家自主创新示范区可全面执行国务院给予中关村示范区的各项政策及配套措施。根据国务院批复意见和国务院常务会议决定，深圳国家自主创新示范区可全面执行10项中关村试点政策，包括科研项目经费管理改革、非上市中小企业通过股份转让代办系统进行股权融资、扩大税前加计扣除的研发费用范围、股权和分红激励、职工教育经费税前扣除、科技成果使用处置和收益管理改革等6项政策，以及4项税收优惠政策：给予技术人员和管理人员的股权奖励可在5年内分期缴纳个人所得税；有限合伙制创投企业投资于未上市中小高新技术企业2年以上的，可享受企业所得税优惠；对5年以上非独占许可使用权转让，参照技术转让给予所得税减免优惠；对中小高新技术企业向个人股东转增股本应缴纳的个人所得税，允许在5年内分期缴纳。三是深圳国家自主创新示范区可在自身优势领域进行积极探索试点。国务院批复要求深圳市结合

---

① 参见深圳市科技企业孵化器协会《深圳国家自主创新示范区建设研究》，2015年9月9日，第17~25页。

自身特点,在科技金融改革创新、建设新型科研机构、深港经济科技合作新机制等方面进行积极探索。

深圳设立国家自主创新示范区后,在加快科技自主创新方面做了诸多尝试和探索:①

一是坚持引导而非主导的政府定位,鼓励自主创新和内生集约发展。从市场的角度出发,为参与者创造条件,为市场主体开展创新提供政府激励或"诱饵",如市场准入、土地、财政、税收、人才政策等。在城市创新发展过程中,中央政府及深圳市政府首先形成了推动力,在制度、管理、产业发展等方面"自觉"开展改革和探索,构建"小政府、大社会"体系。在推动产业升级和自主创新方面,深圳市主要从两方面着手:一是大力支持民营高科技企业发展,通过优化创新创业环境和资源配置条件,降低企业进入门槛和创新成本,拓展经营视野和销售市场,如产学研合作基地、公共研发平台、交易展览会等,培育本地创新力量。二是发挥土地政策对产业转型升级的推动作用,强化土地资源集约利用,通过调整项目用地准入和退出标准,引导企业向高端化、集约化方向发展。

二是最大限度发挥财政资金作用,支持企业研发及公共平台建设。对全市整个高新技术产业发展而言,财政支持资金是有限的,如何最大化资金效用,深圳市采取了集中配置资金、支持重点领域或重点企业、支持研发及公共平台实施建设等策略。在不同时期和阶段,根据地区发展需求,安排专项经费,对高技术企业和项目、重点软件企业、重点产品提供研发费用补助及创业投资补贴等。近年来,深圳市财政资金支持产业发展更加注重对载体和平台的倾斜,支持重点行业产业化基地、科技企业孵化器等载体建设,激励更多创新创业活动开展。国际化方面,探索在国外设立专为中国企业服务的研究和孵化基地,帮助中国企业从海外获取技术、专利、人才及商业机会等;并在深圳高新区设立国际技术转移孵化器,引进

---

① 参见清华大学启迪创新研究院、深圳清华大学研究院培训中心《深圳城市创新发展经验、问题与对策研究》,第13~15页。

国外机构入驻，推动国外高科技企业来深圳发展。

三是鼓励产学研合作模式创新，将外部资源与本地发展结合起来。在基础科研力量偏弱的情况下，深圳市采取了以应用为导向的创新和科研成果转化机制，探索灵活多样的产学研合作机制，有力促进了高新技术产业培育和发展。其中，虚拟大学园模式、"深港创新圈"合作机制、产业技术研究院、重大科技条件平台是深圳市引进科教创新资源的典型做法，并形成了一套成熟有效的产学研合作模式。如以虚拟大学园为载体，深圳吸引境内外知名高校建立53所深圳研究院，3所深圳研究生院，16个高校产学研基地，推动本地高新技术由"外生驱动"向"内生驱动"转变。再如，通过高校院所合作，在深圳设立研究机构或分部。以中科院深圳先进技术研究院和深圳清华大学研究院为代表，带来了一大批人才、技术、成果和项目。还有通过深港创新圈，深圳在科技、经济、教育、商贸等领域开展合作，构建一个高度开放的跨境区域创新体系。香港理工大学、香港城市大学、香港科技大学、香港中文大学等先后在深圳高新区建立产学研基地，输出了一批先进技术和成果。

四是关注科技型中小企业发展，大力开展创新创业载体建设。早在20世纪90年代中期，深圳市将高新技术产业作为战略重点时，就认识到中小企业尤其是科技型中小企业在创新创业中所发挥的作用。学习硅谷、以色列等地区的经验，通过设立科技企业孵化器，对科技型小企业进行集中辅导和服务，降低创业风险，成为深圳政策支持的重点。硬件方面，建成了涵盖软件园、孵化器、加速器、留创园、产业化基地等多种类型的孵化载体，为中小企业发展提供了强大的融资和服务支持。载体建设强调专业属性和机构属性，如"软件园""生物医药产业基地""北大产学研基地""清华信息港""哈工大国际技术园"等，以市场激励机制促进创新资源和产业资源的集聚，实施效果明显。

自主创新示范区是为加快建设国家创新型城市、破解自主创新的体制机制障碍而选择部分区域先行试验的重要举措。深圳抓住作为我国第一个经济特区、首批国家创新型城市、自由贸易试验区、国家自主创新示范区等优势，充分发挥经济特区先行先试特色推进制度创新，依托创建国家创新型城市建设加快科技创新，借力前海蛇口自由贸易试验区提升开放创新水平，通过经济特区、创新型城市、自由贸易试验区和自主创新示范区叠加效应，逐步形成了深圳国家自主创新示范区全方位创新体系。

三、构筑国际科技创新人才港

作为一个新兴城市，深圳没有国家一流高校、国家级重点科研院所和实验室，如何吸引高端人才便成为产业发展及创新的关键。围绕吸引和培育一流人才，多年来深圳做了大量的工作。

一是高度重视人才在区域创新体系中的核心作用，树立了人力资源是第一资源的发展理念。政策上，将"技术股权""管理股权"第一次写入地方法规，为高新技术企业管理模式创新消除障碍。设立科学技术奖，践行"科技是第一生产力、人才是第一资源"的发展理念。[①] 深圳市积极实施人才强市战略，努力打造人才宜居宜业城市，逐步发展成为创新人才高地。制定出台引进高层次专业人才"1+6"文件、人才安居工程等政策，通过实行更具竞争力的高精尖人才培养引进政策、大力引进培养紧缺专业人才、强化博士后"人才战略储备库"功能、加快培养和引进国际化人才、提高技能人才培养水平、加快建设人才培养载体等方面，努力营造人尽其才、人才辈出的政策环境和社会土壤，提升深圳的核心竞争力。

二是将高层次人才和团队引进作为新时期人才工作的重点。2008年，深圳出台《关于加强高层次专业人才队伍建设的意见》。2011年，进一步制定了吸引海外高层次人才的"孔雀计划"，加大对海外高层次人才和团队的引进力度。2016年3月，深圳出台《关于促进人才优先发展的若干措施》，对"孔雀计划"进行了拓展和深化，提出深圳市财政每年投入不

---

① 参见清华大学启迪创新研究院、深圳清华大学研究院培训中心《深圳城市创新发展经验、问题与对策研究》，第13～15页。

少于10亿元，用于培育和引进海内外高层次人才和团队。

三是制定高等教育发展战略。普通高等学校由2家增至10家，其中4所是国内名牌大学在深开办的研究生院。2011年，深圳市发起成立南方科技大学。2012年，香港中文大学深圳校区奠基。未来，深圳市将建设若干所亚洲一流研究型大学，为城市创新发展注入源源不断的动力。截至2018年，深圳共引进17所"985"高校、1所"211"高校和6所香港高校，对扩大人才总量和提升人才层次起到了关键作用。

第二节 建设更具竞争力的国际产业创新中心

当今世界，科技发展正孕育着一系列革命性突破，科学研究与技术研发相互依托、协同突破的趋势日益明显，技术创新和产业振兴的步伐不断加快。2009年中国科学院发布《创新2050：科学技术与中国的未来》报告，做出的总体判断是：当今世界科技正处在革命性变革的前夜，在21世纪上半叶出现新的科技革命的可能性极大。抢抓科技革命机遇、从科技产业化方面突破，是深圳成功建设国际产业创新中心的基本经验。

一、大力发展高新技术产业

20世纪90年代初期，深圳市委、市政府抓住机遇，制定出台了一系列推进高新技术产业发展的政策，使深圳的高新技术产业得到了长足发展，逐渐成长为深圳市支柱产业。在相关政策的推动下，深圳高新技术产业曾创造了10年年均增长速度超过50%的神话。[①] 深圳市高技术产业包

---

① 参见深圳市城市发展研究中心《深圳市高新技术产业发展研究报告》，2014年5月，第19~20页。

括电子信息、光机电一体化、生物技术、新材料及新能源、环保及其他产业。其中，高新技术产业的支柱产业——电子信息产业从2001年起一直保持高速增长的势头，占高新技术产业产值的比重达90%左右；此外，新能源及新材料、光机电一体化、生物医药也呈现较好的发展趋势。近年来，随着产业细分的速度加快，高新技术产业的行业门类呈进一步扩展的趋势，物联网、集成电路等成为深圳高新技术产业发展的重点扩展领域。2018年，深圳高新技术企业新增3185家，总量14415家，居全省第一、全国大中城市第二。初步测算，2018年高新技术产业产值23871.71亿元，同比增长11.66%；高新技术产业增加值8296.63亿元，同比增长12.73%。

电子信息产业是深圳高新技术产业的第一大产业。深圳电子信息产业（制造业）主要由以下细分行业（产业）组成，包括电子计算机、通信设备、电子元件、家用电子电器设备、电子器件、电子信息机电产品、电子工业专用设备、电子测量、广播电视设备和电子信息产品专用材料等。除此之外，深圳还形成了极具规模的LED（发光二极管）产业、汽车电子产业、安防电子产业以及具有一定规模的新兴的物联网产业、云计算产业、平板显示产业等。多年来，深圳电子信息产业在产业规模、门类结构、出口贸易、自主创新、配套能力等方面，一直在中国大中城市中位居前列。如在电子计算机领域，深圳早在2013年，就在全球台式机、笔记本电脑和平板电脑生产领域具有重要地位，拥有长城、联想、神舟等众多个人电脑的重要生产基地。国内外著名电脑企业也在深圳设立研发中心，进行贴牌、联合开发或集成生产。以长城计算机、开发科技、研祥智能、富士康、海量存储、联想、神舟电脑、多彩、康冠为代表，深圳从事计算机产业研发及生产的厂商已超过1500家，形成了一个庞大的计算机产业链和集群效应，使深圳成了全球计算机产业的重镇。[1] 在电子元件、家用

---

[1] 参见深圳市电子行业协会《深圳计算机及电子元器件产业发展分析研究（2013）》，2014年5月，第21页。

电子电器设备、电子器件、电子信息机电产品等领域，深圳更是几乎占据全产业链优势。① 在深圳久负盛名的华强北市场，国内外厂商几乎可以采购到所有电子元器件。

在光机电一体化领域，以电能与电工测量仪表、电子测量仪器、工业自动化仪表、试验机、传感器与仪器仪表元器件等主要光机电一体化门类组成的仪器仪表行业在 2013 年共有企业 297 家，占全国同行业企业数量的 7%，实现生产总值 830 亿元（全国行业生产总值为 8256 亿元），占全国本行业生产总值的 10% 左右。② 在 LED 光电领域，深圳 LED 产值规模位居全国前列，深圳从上游衬底材料、外延芯片、装备制造，到中游封装行业，再到下游应用，各产业链环节一应俱全，产业集聚现象突出。从 2008 年至 2014 年，深圳 LED 产业总值从 180 亿元一举增长到 1335.66 亿元，增长 7 倍多，年均增长率 39.66%，发展速度远超深圳经济平均增速，成为拉动深圳经济增长的强力引擎。③ 在平板显示行业，深圳是大陆平板显示产业发展最早、产业规模最大的地区之一，产业基础雄厚，产业规模全球领先。从 20 世纪 80 年代开始发展平板显示产业，是我国平板显示产业发展最早的地区之一。近年来，随着华星光电、旭硝子、深超光电、盛波光电、华映显示、日东光学等项目的建设，深圳平板显示产业加快转型，进一步增强了珠三角 FPD（平板显示器）产业的实力。④

在生物技术产业领域，2009 年，深圳市人民政府印发关于《深圳生物产业振兴发展规划（2009—2015 年）》的通知，重点突出了生物医疗、生物医药、生物农业、生物环保这四个优势领域，同时也明确了在坪山新

---

① 参见清华大学深圳研究生院《深圳市电子元器件技术与产业发展研究报告（2014）》，2015 年 5 月，第 21 页。
② 参见深圳市仪器仪表与自动化行业协会《深圳市仪器仪表业发展分析研究（2013 年度）》，2014 年 3 月，第 18～32 页。
③ 参见深圳市 LED 产业联合会《深圳 LED 技术和产业发展研究报告（2014 年度）》，2015 年 5 月，第 21～24 页。
④ 参见深圳市平板显示行业协会《深圳市新型显示技术与产业发展研究报告（2014 年度）》，2015 年 6 月，第 117～120 页。

区重点布局大型生物产业项目，建设集总部、研发、生产、产业配套和生活配套为一体的现代化产业基地核心集聚区。2013年，深圳市发改委印发《深圳国际生物谷总体发展规划（2013—2020年）》的通知，为深圳国际生物谷的发展做出了以坝光为核心启动区，地域范围覆盖东部沿海大鹏、盐田及坪山地区，同时发挥盐田区的基因组研究优势，建立生物科技加速器的整体规划。2018年，深圳生物医药产业增加值298.58亿元，增长22.3%。

在新材料产业领域，2011年，为了推动新材料产业的快速健康发展，深圳市政府发布了《深圳新材料产业振兴发展规划（2011—2015）》《深圳新材料产业振兴发展政策》，通过科学规划，合理布局，力争将深圳建设成为技术创新能力强、产业结构合理的新材料产业先导城市。[1] 近年来，深圳新材料产业蓬勃发展，产业发展初具规模，涌现出以光启、比亚迪、中金岭南等为代表的新材料研发机构和龙头企业；[2] 杜邦、住友、日东电工等跨国企业在深圳建设大型生产基地或研发中心。与此同时，随着日东电工偏光片、沃尔热缩材料等项目建成投产，深圳新材料产业发展后劲十足。2018年，深圳新材料产业增加值365.61亿元，增长8.6%。

在新能源领域，2009年，深圳市政府出台《深圳新能源产业振兴发展政策》，设立规模达35亿元的新能源产业发展专项资金，并启动龙岗核电产业基地、坪山新能源汽车产业基地、光明太阳能产业集聚区、南山智能电网产业集聚区等基地建设。2008年，新能源产业总产值约300亿元，其中新能源开发利用产值超过140亿元，新能源服务业产值超过50亿元，太阳能薄膜电池生产规模全国领先。2017年，新能源产业增加值676.40亿元，增长15.4%。

除了上述主导高新技术产业以外，深圳在汽车电子、节能环保等产业

---

[1] 参见深圳市新材料行业协会《深圳市新材料产业发展报告》，2013年6月，第46～48页。

[2] 参见深圳大学《深圳战略性新兴产业发展规划与政策执行情况研究》，2014年6月，第36～38页。

方面也取得显著的成就。如在汽车电子行业，2014 年，深圳已有汽车电子生产企业 1000 余家，约占全国汽车电子企业总数的 1/3。同时，也有一批企业如航盛、比亚迪、赛格导航、元征科技、路畅科技、众鸿、大冷王、特尔佳等已经在不同的细分领域成为龙头企业。整体上看，深圳汽车电子产业，已形成一定的经济规模，并且增长势头强劲。[①] 再如在节能环保产业方面，我国建筑物耗能占全部能耗的 27% 以上，而且还以每年 1.2% 的速度增加，发展绿色建筑节能产业刻不容缓。早在 2006 年，深圳特区就为提高特区建筑节能管理，提高能源利用效率，促进节能减排，完成节约型社会建设，颁布了《深圳经济特区建筑节能条例》。对建筑物技术、工艺、设备、材料和产品做出了严格的绿色节能规定。经过数年的发展，深圳市依托自身太阳能产业和新材料产业的不断发展壮大，在建筑节能技术利用和绿色再生建材产业上有了长足的进步。在建筑废弃物综合利用方面，深圳也领先全国。通过大力推动建筑废弃物综合利用项目建设，深圳市目前已建成 6 个建筑废弃物综合利用项目，年处理能力达 620 万吨，2015 年实际综合处理建筑废弃物超过 500 万吨。推广移动式建筑废弃物现场处理模式，以鹿丹村和红岭南苑等城市更新项目为试点，实现建筑废弃物综合利用率达 95% 以上。

二、培育发展战略新兴产业

新兴产业是随着新的科研成果和新兴技术的诞生并应用而出现的新的经济部门或行业。新兴产业发展代表世界产业发展潮流，符合国家发展整体战略，是深圳转型升级走向国际的必然选择。近年来，为了发展新兴产业，深圳先后推出了包括创新在内的系列政策举措，制定了有利于新兴产

---

① 参见深圳市汽车电子行业协会《深圳市汽车电子产业发展分析研究（2013 年度）》，2014 年 3 月，第 15～18 页。

业发展的一系列发展规划和配套政策，打造了若干新兴产业集聚基地。①这些行动极大地促进了深圳新型产业快速成长，深圳也由此成为国内新兴产业规模最大、创新能力最强、市场环境最好、产业绩效最突出的城市之一。多年来，深圳新兴产业的发展主要体现在新一代信息技术、数字经济、高端装备制造产业、海洋经济等方面。

集成电路、人工智能、5G 移动通信、物联网等是新一代信息技术产业的关键领域。在集成电路领域，2003 年以后，在国家和深圳市政府相关产业促进政策的引导下，深圳 IC（集成电路）设计产业一直保持快速增长，特别是自深圳 IC 基地成立以来，产业规模不断扩大，呈现出良好的发展态势。从企业构成看，深圳的集成电路企业既有老牌的 IC 设计企业（如国微、剑拓等），也有大型整机厂商设计部门独立出来的设计公司（如海思、中兴微电子、比亚迪微电子），还有海归人士创办的留学生企业（如中微电、芯邦、艾科创新、辉芒、美芯等），还有原来做 IC 销售和代理后来涉足 IC 设计并研发自有品牌产品的公司（如长运通、江波龙等）。除内地国有和民营企业外，还包括香港和台湾等中国其他地区以及国外知名 IC 设计企业也相继落户深圳，纷纷在深圳建立办事处、分公司或技术支持中心、研发中心等（如联发科技、晨星、飞思卡尔、博通、ST 等）。②在物联网领域，近年来，以深圳为中心的物联网核心产业群正初步形成，在 RFID（射频识别）领域，深圳已有 330 多家企业，拥有先施科技、鼎识科技等一批龙头企业，产业以电子标签、读写器具、系统集成为主，其中约 80% 的企业拥有自主开发的产品，超过 40% 的企业拥有专利。先施科技、远望谷等企业在超高射频产品领域占据国内 90% 的市场份额，尤其是国内 RFID 读写机市场几乎为深圳企业所垄断。在技术领

---

① 参见深圳大学《深圳战略性新兴产业发展规划与政策执行情况研究》，2014 年 6 月，第 1～3 页。

② 参见深圳市华强电子产业研究所《深圳集成电路产业发展分析研究报告》，2014 年 6 月，第 19～25 页。

先性、实用性,以及产业规模、产业链配套能力等方面有突出表现。① 在5G和人工智能方面,深圳也聚集了一大批优秀企业,在行业内具有显著的优势。

在数字经济领域,根据深圳市网络媒体协会(SAOM)、中国互联网络信息中心(CNNIC)联合发布的《2015深圳市互联网发展状况研究报告》,深圳市的互联网普及率达到全国领先水平,2015年,深圳总体网民规模达到897万,高于全国平均水平30个百分点以上;手机网民规模达到了851万人,使用手机上网的高达94.8%。② 近年来,深圳形成了大数据产业技术创新联盟、深圳大数据研究与应用协会和深圳大数据产学研联盟三大组织,北京大学深圳研究生院、清华-伯克利深圳学院、哈尔滨工业大学深圳研究生院、深圳大学计算机与软件学院等已经成为全国知名的大数据科研院所,并形成了一批诸如华为大数据技术、腾讯数据平台、中兴大数据、华傲数据集成管理平台、平安集团大数据、宝德大数据一体机等较为领先的大数据服务平台。

在高端装备制造领域,深圳是我国重要的装备制造业基地,尤其是在高端装备制造业领域。2005年,深圳明确了装备制造发展的重点,包括电子及通信设备制造业、数字化装备制造业、基础装备和新型装备制造业、现代制造服务业4大方向、17个产业。2010年,深圳装备制造业工业总产值11687亿元,同比增长34%,在全市规模以上工业总产值中占比76%。电子及通信设备制造业是深圳装备制造业的优势,其规模和市场份额位居全国首位。在全国市场份额居前10位的城市中,深圳装备制造业有9个行业位列其中,特别是在交换设备制造业、电子计算机整机制造业、电子计算机外部设备制造业、复印机制造业等细分领域,更是接近

---

① 参见深圳市检验检疫科学研究院《深圳物联网产业发展分析研究(2013)》,2014年1月,第90~95页。

② 参见深圳先进技术研究院《深圳大数据技术与产业发展研究报告(2015)》,2016年4月,第24~26页。

全国市场份额的 1/3，位于全国第一。①

在海洋产业领域，深圳加快向海洋发展，全力打造更具全球影响力的海洋中心城市，涌现出一批技术先进、成长潜力大的涉海企业。在海工装备领域，中集集团、招商重工已具备大规模制造海上钻井平台的能力，并覆盖产业链设计研发、总装、建造和应用等上下游环节。在海运领域，成立于 1982 年的深圳航运集团是一家"老字号"，公司紧抓打造全球海洋中心城市的历史机遇，不断在船队规模上发力，货运船队规模不断扩大。目前，深圳海洋产业初具规模，涉海企业有 7000 多家，已成为深圳经济发展的重要支撑。2018 年，深圳海洋生产总值约 2327 亿元，同比增长 4.63%，海洋经济生产总值占全市 GDP 的 9.6%。

除了上述几个典型新兴产业以外，深圳还在航空航天、3D 打印、机器人等领域凝聚了巨大的优势。如在航空航天领域，深圳现已有一些有创新、有活力、有较强技术实力的电子公司开始涉足航空电子产业，已经有企业开始研究北斗卫星与英美飞机的交联，初步形成了航空电子元器件等领域的产业链，拥有一批具有实力的企业。多尼卡、天马、深南电路等一批航空电子本土企业快速成长，中兴、华为等电子信息龙头企业正在积极布局航空航天产业，中航国际、航天创新研究院、航天科工深圳公司等一批航空航天领军企业在深圳取得长足发展。依托雄厚的电子信息产业基础和良好的市场创新环境，深圳在航空电子、微小卫星研发设计制造、卫星技术及卫星系统应用等航空航天高端细分领域取得了较大突破。② 在 3D 领域，深圳拥有完善健全的轻工业制造基础，作为 3D 打印的重要潜力市场，一些大型企业已经或将开始使用 3D 打印。中兴通讯将应用 3D 打印技术进行产品的结构件设计，并投入产品的大规模生产；以华为、中兴为代表的电信设备类企业，以飞亚达、富士康、比亚迪、创维、TCL、康佳

---

① 参见武汉大学深圳研究院《深圳市高端装备制造业分析（2013）及其与战略性新兴产业的融合与应用研究》，2014 年 2 月，第 14～15 页。

② 参见西北工业大学《深圳航空航天电子技术产业发展研究报告》，2014 年 4 月，第 89～92 页。

等为代表的仪器仪表、电子制造、汽车、家电企业也正投入使用行列。①

三、壮大知识密集型服务业

根据美国商务部的定义,知识密集型服务业是指企业在提供服务时融入大量科学、工程、技术等专业性知识的服务。国内知识密集型服务业主要是指信息服务业、研发服务业、技术性服务、管理咨询业等。在深圳,互联网、软件、服务外包等构成了知识密集型服务业的主要特色。

互联网产业作为战略性新兴产业,首先得到市委、市政府的大力扶持。自从2009年深圳市出台一系列产业发展规划和扶持措施后,深圳互联网产业蓬勃发展,互联网产业政策激发了整个城市发展互联网产业的热情,形成了新兴互联网企业、传统IT企业、传统产业企业等齐心协力发展互联网产业的良好局面。深圳拥有全国领先的网络基础设施,企业信息技术应用水平高,拥有全国最好的技术创新氛围,产业链配套能力强,为互联网产业提供了强有力的产业支持。深圳在网络游戏、电子商务、移动互联网、物联网、云计算、网络视频、数字音乐、技术服务等领域,形成了独特优势,走在全国前列,优势领域内企业发展加速。2017年,深圳互联网产业增加值1022.75亿元,增长23.4%。

在软件领域,深圳目前已经形成了以华为、中兴、腾讯、金蝶、迅雷、金证、宇龙、天源迪科、怡化、紫金支点、证券信息、创维、康佳、宇星、迈瑞生物等行业代表组成的本土骨干企业群。2012年11月17日,在深圳会展中心举行的授牌仪式上,深圳市被工业和信息化部(以下简称"工信部")正式授予"中国软件名城"称号。② 嵌入式软件是深圳软件产业中最具特色、最具规模、最具竞争优势的行业,深圳利用嵌入式软

---

① 参见深圳市新材料行业协会《深圳3D打印技术与产业发展研究报告(2014)》,2015年6月,第12~15页。

② 参见深圳市软件行业协会《深圳市软件和信息服务业产业发展报告(2012年度)》,2013年5月,第8~15页。

件优势,积极发展打造先进制造业,促进深圳转型升级,提升深圳发展质量,形成了通信、医疗、数字装备、数字电视和汽车电子等数个具有强大竞争力的产业链。软件技术和服务还被广泛用于金融保险、交通物流、电子政务、能源环保、房地产及物业管理、教育培训、信息安全等三产行业,形成了一批大型行业应用软件,极大地促进了第三产业的发展。深圳还利用软件技术大力发展动漫游戏、工业设计、策划咨询、影视制作、新媒体等文化创意产业,提升了深圳"设计之都"的内涵和品质。此外,软件在教育、医疗卫生、社会保障、城市交通、市政服务等城市管理领域也得到广泛应用,有效提高了城市管理水平,促进了深圳智慧城市的建设进程。

在服务外包领域,作为全国首批服务外包示范城市,近年来,深圳市服务外包产业发展迅速,已成为全球重要服务外包企业的聚集地,IBM、微软、伟创力、飞利浦、惠而浦、沃尔玛等一批世界500强和知名跨国公司在深圳设立外包服务中心。《深圳市服务外包产业发展规划(2012—2015)》提出,深圳要"打造特色鲜明、配套完善的服务外包集聚区"。深圳市服务外包产业促进会统计数据显示,2013年度,深圳市认定服务外包骨干企业43家,其中ITO(信息技术外包)企业17家,BPO(商务流程外包)企业22家,KPO(知识流程外包)企业4家。ITO骨干企业包括中兴通讯股份有限公司、国际商业机器科技(深圳)有限公司、联发软件设计(深圳)有限公司等,BPO骨干企业包括深圳必维华法商品检定有限公司、深圳市信利康供应链管理有限公司、深圳市旗丰供应链服务有限公司等,KPO骨干企业包括艾默生网络能源有限公司、穆迪信息咨询(深圳)有限公司、广东南方电信规划咨询设计院有限公司和筑博设计股份有限公司。①

除了互联网、软件、服务外包等深圳较有特色的知识密集型服务业以

---

① 参见深圳软件园管理中心《深圳服务外包产业现状分析及发展研究报告(2013)》,2014年2月,第20~25页。

外，多年来深圳在文化创意、科技服务业等领域也取得了显著的成绩。

四、利用科技改造传统产业

利用新型科技改造传统产业是个崭新的课题。近年来，深圳市将"互联网+"、智能制造、绿色经济等新兴科技领域与传统产业升级转型相结合，取得了较好的实践效果。

第一，依托"互联网+"改造传统产业。早在 2015 年 8 月，深圳就出台了《深圳市"互联网+"行动计划》，明确提出要"充分发挥互联网在生产组织、要素配置、产品形态和商业服务模式的优化和集成作用，促进以云计算、物联网、大数据、人工智能、量子计算为代表的新一代信息技术与现代制造业、金融、商贸、交通、物流、文化、教育、医疗等领域的融合创新，以互联网技术、互联网思维、互联网手段推动经济转型升级，促进社会事业进步"[①]。在此背景下，深圳在众多领域与"互联网+"相结合，涌现出一批产业升级转型的典型案例。如 2015 年 11 月，中科院深圳先进技术研究院北斗应用技术研究院与华视互联联合成立的全国首个交通大数据交易平台落户深圳，成为国内较早利用大数据解决交通痛点、推动智慧城市建设的典型案例。再如，"就医 160"最早是深圳预约挂号统一平台的建设单位平台，2014 年便实现了深圳全市公立医院预约挂号的全覆盖。之后，"就医 160"平台从深圳、东莞、广州、长沙等城市逐步发展到北京、上海、郑州、成都、合肥、武汉、香港、南京等全国范围 200 多个城市。目前可服务医生数 47 万多，注册用户数 8200 多万。"就医 160"平台已经成为全国最大的互联网医疗服务平台。2015 年 5 月获得 1.3 亿元 B 轮融资，2015 年 12 月 15 日，登陆全国中小企业股份转让系

---

① 《深圳市人民政府关于印发"互联网+"行动计划的通知》，2015 年 8 月。

统，逐渐发展成为国内最大的互联网医疗平台。①

第二，依托智能制造改造传统产业。在这一方面，深圳龙华区的"智造龙华"探索最为典型。2017年，深圳龙华区提出"智造龙华"的战略部署，并在推进平台与产业生态集聚区建设、推动工业企业数字化转型、培育行业标杆示范案例、提升工业互联网发展软环境等方面积极探索。多年来，龙华区支持培育、聚集多层次的工业互联网平台，推动工业互联网平台应用；支持国内主要工业互联网企业在龙华落户发展，建设多层次工业互联网产业生态体系；支持龙华积极创建广东省工业互联网创新中心、工业大数据应用工程实验室、工业智能公共服务云平台，推动龙华打造工业互联网产业示范集聚区。经过多年的发展，龙华区在关键零部件环节形成了以富泰华、汇川技术、顺络电子、麦捷微电子等企业为代表的企业群，在智能控制软件环节形成了以保千里、英飞拓、宝德科技等为代表的企业群，在机器人环节形成了以保千里、思榕科技、银星智能等企业为代表的企业群，在智能装备环节形成了以赢合科技、联得自动化、杰普特、海目星、翠涛自动化、策维科技等企业为代表的企业群。在新一代信息技术与互联网领域，龙华以电子信息产业为基础，依托锦绣科技园和宝能科技园等产业载体和数据创客空间，在大数据产业链各环节均有代表性企业，初步形成了大数据产业链生态。② 诸多企业从传统制造领域转向智能制造领域，龙华区产业升级取得了显著的成效。

第三，依托绿色低碳技术改造传统产业。实践这一模式的代表区域是深圳市龙岗区的绿色低碳产业发展模式。2012年8月，龙岗区提出了打造"龙岗国际低碳城"的战略部署。作为该战略的旗舰项目，龙岗国际低碳城项目总规划面积约53平方千米，以高桥园区及周边共5平方千米范围为拓展区，其中以核心区域约1平方千米范围为启动区，建筑面积约180万平方

---

① 参见深圳先进技术研究院《深圳大数据技术与产业发展研究报告（2015）》，2016年4月，第71~73页。

② 参见《向"智造龙华"迈进！龙华跻身全省首批"工业互联网产业示范基地"》，见http://sohu.com/a/256533407_/00009984。

米，建设周期为 7 年。从 2013 年到 2018 年，龙岗以低碳绿色为新动能，经济社会保持快速发展——地方生产总值逐年攀升，年均增长 14%；与此同时，万元 GDP 能耗则逐年下降，年均下降约 25%，经济发展与低碳绿色走出一条同步好转的新路，生态红利勾画出城市"微笑曲线"[①]。

第三节　营造更具活力的综合创新生态

经过 30 多年的努力，深圳逐渐形成了以企业为主体、市场为导向、产学研相结合的创新体系，在科技基础"先天不足"的情况下，完成了从"科技沙漠"到"创新绿洲"的转变。2012 年 1 月，深圳市政府工作报告提出"构建充满活力的创新生态体系"；同年 7 月，深圳市委、市政府向全国科技创新大会提呈了"营造创新生态加快建设国家创新型城市"的交流发言，将"创新生态"作为深圳 30 多年的基础性总括概念；2013 年 3 月举行的全国"两会"上，市长进一步强调在创新驱动发展中深圳要更加注重构建综合创新生态体系。如何打造综合创新生态体系，深圳的探索主要体现在以下五个方面。

一、集聚创新资源

创新企业、创新人才等是构建综合创新生态体系的核心。深圳是一座典型的依靠创新驱动发展的现代化城市，无论是市场创新、产品创新、管理创新还是文化创新，都走在全国前列。创新与创业相辅相成、互相促进，深圳在推进经济转型的过程中，着力推进创新创业型经济的发展。深

---

① 参见《深圳龙岗：做科技原始创新、绿色低碳的示范区》，见 http://cxzg.chinareports.org.cn/qccy/20190628/12813.html。

圳通过发展创新创业型经济，催生了大量高科技创业企业和创业投资机构，培育了创新创业的文化氛围，构建了区域创新体系的激励机制和政策体系。众多创新创业企业的涌现使得深圳成为一个充满创新动力和创业活力的强大经济体。

在培育创新企业的过程中，2009年起举办的"中国（深圳）创新创业大赛"起到了至关重要的作用。"中国（深圳）创新创业大赛"是由科技部指导，深圳市人民政府联合科技部火炬高技术产业开发中心主办的一项全国性创业大赛，旨在倡导创新创业文化，激发全社会对创新创业的关注，引导更多科技人员到科技企业孵化器技术创业。大赛由深圳市政府联合创投机构举办，多家创投机构联合发起了1.6亿元的"创赛基金"，并在国内首创"创赛基金捆绑投资模式"。自2009年至2014年，共有来自全国各地和海内外的近4000个项目参赛，多数获奖企业在赛后得到了快速发展，涌现出第七大道、大疆科技、绎立锐光、海目星激光等明星企业。① 大赛不仅打造了一个创新创业的投融资平台，更是成为深圳市科技部门积极探索科技投入方式改革、科技与金融结合、科技创业服务、创新创业资源整合等科技服务创新与政策研究的重要试验田，对于深圳创新创业企业的崛起也起到了切实的推动作用。

在集聚创新资源方面，中国国际高新技术成果交易会和中国国际人才交流大会也起到了关键性的作用。中国国际高新技术成果交易会由中国商务部、科技部、工信部、国家发改委、农业农村部、国家知识产权局、中国科学院、中国工程院等部委和深圳市人民政府共同举办，每年在深圳举办，已经成为目前中国规模最大、最具影响力的科技类展会，有"中国科技第一展"之称。通过中国国际高新技术成果交易会，深圳不但树立并夯实了科技创新中心的地位、塑造了深圳"创新城市"的品牌，而且

---

① 参见深圳市中科时富创业投资管理有限公司、深圳市创赛基金投资管理有限公司、深圳大学管理学院《中国（深圳）创新创业大赛发展战略研究专题报告》，2014年3月，第5~7页。

促进与成就了更多的创新企业、吸引了更多的创新人才。中国国际人才交流大会是经国务院批准，由国家外国专家局于2001年创办，我国目前唯一面向外国专家组织、培训机构、专业人才开放的规模最大、规格最高的，集人才、智力、技术、项目和管理为一体的国家级、国际化、综合性的人才与智力交流盛会。2001—2005年，大会由国家外国专家局和江苏省人民政府主办；2006年，由国家外国专家局和国务院振兴东北办公室、辽宁省人民政府主办；2007年，大会首次移师深圳，至今已连续成功地举办了10届，目前由国家外国专家局和深圳市政府主办，并长期落户深圳。大会自移师深圳以来，紧紧围绕"融全球智力，促共同发展"的主题和"国际化、高端化、专业化、精品化、市场化"的目标，解放思想、大胆创新、精心策划、周密组织，进一步丰富了大会内容，深化了大会效果，打磨了大会品牌，达到了"搭建平台、推介项目、寻求合作、招聘人才、交流信息"的目的。在深圳举办的中国国际人才交流大会，吸引了100多个国家和地区的专家组织、培训机构、专业协会、科研机构、人才中介等机构参展，有6000多名国（境）外专家、海外留学人员和专业人才参会，每届大会期间共有8万多人进场交流洽谈，为国内引智单位提供了丰富的海外人才资源，促进人才与国内引智单位零距离对接、交流。

除了上述会议会展平台外，深圳还大力推进创业苗圃、孵化器、加速器、与科技园区相结合的科技企业孵化载体建设，着力完善全过程、全要素的孵化培育生态链，构建由各类创新资源汇集和服务体系集成的创新创业平台，为科技企业孵化和创新人才集聚创造了优越的条件。

二、促进开放合作

开放合作不仅体现为区域与区域之间、国内与国外的合作，还体现为产业间与产业内、产学研主体之间的合作。这些合作主要体现在以下三个方面：

第一，促进产学研合作。经过多年的发展，深圳以企业为主体、以市

第四章 深圳建设国际科技产业创新中心

场为导向、产学研一体化的创新性优势进一步筑牢。截至2016年，深圳在云计算、物联网、卫星导航等领域建立了45个高水平产学研联盟和10个专利联盟，推动新兴产业协同创新。以深圳市南山区为例，早在2016年，南山区就出台了《南山区自主创新产业发展专项资金科技创新分项资金实施细则》，提出了科技创新联盟支持计划，支撑科技创新联盟开展产业研究、技术创新、标准研制和联盟标准推广、产业链合作、知识产权共享及推广、科技成果转化、市场拓展、跨区域交流合作、产业公共服务平台建设及运营、与海外专业科技服务机构进行交流合作等方面的工作。此外，为推进科技创新资源共享，南山区还初步建成"深圳市科技创新资源共享平台"。截至2016年年底，深圳在线注册单位达227家，注册科研载体385家，已录入大型仪器设备3105台，仪器设备价值15.98亿元。[①]

产学研合作的另一种形式是鼓励新型研发机构发展。多年来，深圳大力培育新型研发机构、着力增加高端创新资源供给，依托以企业为主体、市场为导向、产学研一体化的创新优势，在基因组学、超材料、智能机器人、神经科学、大数据等前沿技术领域，培育集科学发现、技术发明、产业发展"三发"一体化的新型研发机构。截至2016年年底，共培育70余家聚焦于源头创新、研发与产业化一体推进的新型研发机构。[②] 其中引进航天工业技术研究院等一批新型研发机构，新增国家工业建筑诊断工程中心等一批国家级创新载体；中科院深圳先进技术研究院、光启等45家新型研发机构异军突起，成为引领源头创新和新兴产业发展的重要力量。

第二，促进区域合作。多年来，深圳大力引进跨国公司在深设立研发机构、技术转移机构和科技服务机构，与芬兰等9个国家签署科技合作协议，与硅谷、以色列等搭建8条"创新创业直通车"。美国高通芯片研发中心、美国微软公司硬件创新平台、瑞士ABB集团汽车充电设备研发中

---

① 参见深圳市华鼎科技发展战略研究院《深圳市科技创新发展报告（2016）》，2017年1月，第66页。
② 参见深圳市华鼎科技发展战略研究院《深圳市科技创新发展报告（2016）》，2017年1月，第61～62页。

心等世界500强项目相继落户深圳，累积在深投资的世界500强企业已超过270家，境外投资1000万元以上的研发企业新增255家。深圳市高新技术产业园区服务中心被认定为国家国际技术转移中心，累积引进34个国家和地区的56家境外科技机构入驻，与国外104家技术转移机构建立了联系，引进技术253项。① 在"引进来"之余，深圳还鼓励有实力的企业"走出去"，统筹国际、国内各种创新资源，如推动比亚迪公司、南方科技大学、中科院深圳先进技术研究院等与密歇根大学等开展国际合作。在地区之间，深圳与东莞、惠州以及国内诸多省市也有直接或间接的科技合作，并形成了一系列有影响力的创新成果。

第三，促进产业合作。如2008年在推动"两化融合"过程中，深圳借助先进制造技术（AMT）、柔性制造系统（FMS）和计算机集成制造系统（CIMS）等信息技术，提高装备制造的标准化、开放化、柔性化和集成化水平。重点推进传统产业的系统集成化、生产自动化、产品智能化和生产技术网络化，优化业务流程，提高产、供、销协同运作能力。同时，政府配合全市模具、现代家电、汽车电子等九个产业集聚基地的建设，积极建设电子产品、电气产品及工业设计中心等行业公共技术服务平台，加大信息技术对基地内企业的渗透延伸，探索"由点到面"的信息化提升。②

三、强化配套支撑

营造更具活力的综合创新生态离不开金融、物流等配套服务的支撑。在金融支撑方面，经过多年发展，深圳已经发展成为市场环境相对完善、科技企业的密度大、活力强、创业风险投资密度大、成功率也高的地区，金融服务基本上覆盖了科技创新全过程，形成了科技与金融较好结合的服

---

① 参见深圳市华鼎科技发展战略研究院《深圳市科技创新发展报告（2016）》，2017年1月，第70～73页。

② 参见陈艳敏《深圳市贸工局副局长殷勇全抓好重点领域　促进产业联动》，见http://tech.hexun.com/2008-01-02/102590860.html。

务体系，成功培育了一大批具有较强竞争力的创新型企业。① 资本市场与创投机构、产业基金、商业银行、担保机构、科技保险等构成良性互动、相互补充的融资服务体系，"科技金融产业"业态已初现端倪。深圳科技金融产业体系由以下四个方面组成：②

第一，较为完备的银行业市场体系。深圳已形成以股份制商业银行、政策性银行、财务公司、信托公司、金融租赁公司为主体，以村镇银行、担保公司和科技小额贷款公司为补充的较为完备的银行业市场体系。深圳银行业始终以创新为动力，通过整合各类资源、突破内部束缚，将银行强大的金融创新能力与新兴产业本身的竞争力捆绑在一起，以一个有机整体的形式参与市场竞争。针对科技企业所处的行业及生命周期的特点，深圳银行业充分利用各自资源禀赋，以提供综合化、一站式服务为目标，全程呵护和支持科技企业的快速发展。

第二，完善的多层次资本市场体系。2000年深圳市国际高新技术产权交易所股份有限公司的设立，2004年深圳中小板、2009年创业板的成功推出，为风险资本的退出开辟了重要通道，为风险资本长远发展奠定了基础。2009年，深圳大力建设新三板以及非公开股权交易系统，为创投机构股权投资项目提供互动平台。2010年，深圳形成了包括深圳证券交易所主板、中小板、创业板、股份代办转让市场（三板）、区域性深柜市场在内的完善的多层次资本市场体系；境内外上市企业累计230家，其中在中小板和创业板上市的中小企业共67家，占两个市场上市企业总数的10.9%，位居全国大中城市首位。

第三，产权和股权交易市场。2011年5月，由深圳联合产权交易所和国信弘盛共同出资建立的深圳新产业技术产权交易所揭牌成立。新产业交易所立足前海深港现代服务业合作区，充分发挥前海机制体制创新功

---

① 参见深圳中投风险投资研究发展有限公司《深圳科技金融模式创新研究》，2015年6月，第100～101页。
② 参见深圳市高新技术产业园区服务中心《深圳科技和金融结合制度体系研究》，2013年11月，第8～11页。

能，集聚各类投资资源、产业资本和跨国资本，通过科技金融模式和运营机制的创新，建立专业的技术交易和服务平台，积极探索促进现代科技服务业发展的体制机制，建立区域性统一互联的科技金融服务体系。陆续开发出中国智能资产指数、中美知识产权200指数等具有创新意义的科技金融产品，与科技型龙头企业、国家级科研院所合作，先后推出了"华为支持中小企业发展行动计划"和"中科院支持中小企业发展行动计划"，支持科技型中小企业的技术升级和跨越式发展。建设专利技术分步条件交易、募集开发、权益转让等创新制度，搭建技术产权上柜交易平台及转化企业在科技金融市场挂牌平台。

第四，快速发展的信用担保市场。2009年2月28日，深圳市中小企业信用再担保中心正式成立，为深圳市担保行业发展提供了强大的动力。快速发展的信用担保业，在促进深圳整体社会信用体系建设、深化投融资体制改革、推动信用经济发展等方面，发挥了积极的作用，并将成为深圳未来经济发展和金融稳定不可或缺的重要力量与制度保障。

在物流领域，深圳已经从传统的物流服务中延伸出完整的供应链服务。数据显示，2018年，总部在深圳的供应链管理企业早已超过千家，占全国的80%以上。按照深圳现代物流业"十三五"规划，深圳将全力打造全球供应链管理中心。统计显示，全市物流与供应链行业"独角兽"企业已达4家，分别为菜鸟网络、丰巢科技、越海全球、货拉拉。强大的物流与供应链管理为科技产业的快速发展提供了有力的支撑。

四、营造创新文化

多年来，深圳深入贯彻落实党中央、国务院和省委、省政府的决策部署，在深圳努力营造鼓励创新、宽容失败的社会氛围下，加快推动新技术、新产品、新业态、新模式的发展，大力促进创新、创业、创投、创客"四创联动"。2009年以来，深圳相继举办中美青年创客大赛、创客市集、"国际创客周"等系列活动，激发全社会的创新思维和创业活力，为全球创客搭建交流合作平台，充分激发全民创新的活力。

深圳营造创新文化的第二大举措是加强科学普及力度。科学普及是指以深入浅出、通俗易懂的方式，向大众介绍自然科学和社会科学知识的一种活动。除了普及基本的科学知识和基本科学概念之外，其主要内容还包括使用技术的推广、科学方法、科学思想与科学精神的传播。经过不断努力，深圳科普教育基础设施不断加强。2016年，深圳市创建的全国科普示范县市区3个，国家级科普示范社区20个，省级科普示范区27个，为广东省之最。

在深圳各个区中，宝安区是全市创新文化普及工作最具特色的区。多年来，宝安区科协高度重视组织建设工作，经过多年建设，区、街道、社区三级科协组织体系逐步健全完善，运转有序。宝安区现有基层科协组织51个，其中，街道科协6个、区城管科协1个、企业科协12个、社区科协32个。同时，宝安区建有12个专业学会（协会）、8个专业委员会，注册科普志愿者1800多人，还成立了近40人的科普项目评审专家团队。截至2017年，宝安区已累计创建各级科普示范社区33个，其中，国家级科普示范社区6个，省级科普示范社区7个，区级科普示范社区20个，各类科普教育基地35个。除此之外，宝安区还建有全市唯一一家区级科技馆，作为广东省青少年科普教育基地，主要面向青少年和社区居民开展科普教育和科普宣传，全年接待参观群众数十万人次，是全区科普活动主阵地。2015—2017年，宝安区本级财政累计安排科普经费3856万元，其中科普专项经费3656万元，学术交流专项经费200万元。2016年11月，宝安区科协修订了《深圳市宝安区科普经费使用管理办法》，明确了科普（学术交流）经费资助的15类项目，明确了科普项目申报、专家评审、绩效管理的具体操作规程。

五、完善制度保障

深圳自建市以来，就在完善科技管理制度方面做了大量富有成效的探索。2009年8月，深圳市为促进科技、工业、贸易与信息化的融合，进行大部制改革，组建深圳市科技工贸和信息化委员会。将科技、工业、贸易、信息化、园区等产业和区域的管理整合到一个部门，促进了政府资源的统筹配置，推动了科技与工业、贸易、信息化的结合，把原来部门间沟通事项变成了部门内部的协调事项，在一定程度上提高了工作效率，减少了行政成本。经过近3年的运转，"大部门制"改革的实际运行效果与改革目标还是存在一定差距：一是资源整合仍不够彻底。依然存在"政出多门"、各部门之间政策脱节、政府资源分散等情况。二是中微观决策链条过长。集科技、工业、贸易、信息化、安全生产等业务于一身的"巨无霸"部门，工作重点无法集中于推进城市科技创新工作，科技创新相关决策、执行审批时效过长，削弱了科技主管部门对科技管理的统筹协调与战略决策能力，导致创新资源统筹配置的职能被弱化，一定程度上削弱了科技行政管理职能。三是由于机构职能及其内设部门与国家、省部分脱节，不利于广聚国家和省的科技创新资源，一定程度上削弱了深圳自主创新的全国优势地位。

2012年2月，为了建立和完善更有利于推动科技创新的管理机构，深圳在大部门制改革的基础上，组建了深圳市科技创新委员会，这是政府科技管理模式创新与体制机制创新的一次重要尝试。科技创新委员会不仅是一个独立的科技主管部门，更重要的是可通过这一机构的设立强化体制机制创新，进一步加大政府职能转变，减少行政手段对企业和科研机构不必要的干预，同时把中心转移到为企业提供鼎力支持和优质服务上来。深圳市科技创新委员会不是原来科技部门的简单恢复，而是在大部制改革基础上的又一次组织创新。一是较之原来的科技部门与科技工贸和信息化委员会，深圳市科技创新委员会有明显的不同。其指导、推进科技创新的组织机构更专业。作为市政府组成部门，专司推进科技创新的职责，这有利于加大工作力度。二是能更好地统筹政府科技资源。深圳市科技创新委员会不仅掌握着政策、计划、资金等重要资源，还参与园区、产业的规划与土地使用，有利于资源的统一配置和高效利用。三是协调多部门协同创新的能力更强。深圳市科技创新委员会被赋予大科技职能，有利于与多部门更好地合作、推进协调创新。

在深圳科技主管部门的积极引领下，深圳先后制定了《深圳国家自主创新示范区发展规划纲要（2015—2020年）》和《深圳国家自主创新示范区空间布局规划（2015—2020年）》两大规划，并针对科技含量高、发展前景好的高端产业，制定了详细和明确的产业发展规划和相关的产业发展政策。其政策体系涉及税收优惠、金融支持、教育培训、科技资金投入等各个具体方面，如《深圳市高新技术企业认定管理办法》《深圳市软科学研究项目管理办法》《深圳市科学技术奖励办法实施细则》《关于加强新型科研机构使用市科技研发资金人员相关经费管理的意见（试行）》《深圳市科技研发资金投入方式改革方案》《深圳市创新型产业用房建设方案》《深圳经济特区技术转移条例》《关于实施引进海外高层次人才"孔雀计划"的意见》《深圳市科技研发资金管理办法》《深圳市科技计划项目管理办法》等深圳市政府文件、地方性法规、规范性文件以及深圳科技创新委员会的规范文件。科技管理体制不断完善为深圳营造更具活力的综合创新生态提供了有利的条件。

第五章

深圳推进科技产业创新的国际化发展

"一带一路"倡议是我国实施大国外交、周边外交，构建陆海统筹、东西联动全方位开放新格局的重大部署。深圳要主动谋划、积极作为，在建设海上丝绸之路中发挥重要作用。深圳是中国改革开放建立的第一个经济特区，是中国改革开放的窗口，已发展为有一定影响力的国际化城市，并且深圳地处粤港澳大湾区和海上丝绸之路要冲，与"一带一路"沿线国家交流合作紧密。深圳应当主动适应经济发展新常态，充分发挥特区、湾区叠加优势，加快打造产业发达、开放互动、集聚外溢的湾区经济，推动科技产业创新的国际化发展，成为建设海上丝绸之路的支撑和重要力量。

第五章 深圳推进科技产业创新的国际化发展

第一节 创新国际化的发展趋势

习近平总书记在2016年5月召开的全国"科技三会"上指出：创新是推动一个国家和民族向前发展的重要力量，也是推动整个人类社会向前发展的重要力量。随着全球新一轮科技革命和产业变革愈演愈烈，知识化与全球化正在重塑世界城市功能，重构全球科技和经济版图，并加速形成全球创新网络。坚持创新驱动、积极谋划建设全球科技创新中心，这成为许多国家和地区转变增长模式、提升综合国力的支点，以及应对新一轮科技革命挑战和增强国家竞争力的重要举措。目前，我国正在努力加快建设北京、上海、深圳等科技创新中心，支撑世界科技强国建设，以期在新一轮国际科技产业竞争中赢得主动。

一、知识化与全球化孕育了一批国际创新中心

随着科技与经济社会关系的日益紧密，科学技术的发展不再是漫无边际的自然探索，而是牢牢抓住人类社会发展需求而进行的有目的性的创新活动。现今，以国家为主体的科技中心转向了以城市为主体的创新中心竞争格局，并以城市作为创新中心的角度来考察全球创新资源的集聚与利用模式。一方面，科技创新与产业融合的程度逐步加深，高新技术产业迅猛发展。科技不仅作为一个独立的要素直接融入生产力之中，也日益广泛地渗透到劳动者、劳动资料和劳动对象之中，科技创新向产业转化的速度不断加快。另一方面，科技创新逐步发展成了城市核心功能，促进了城市的迅速转型发展。科技活动的复杂化和研发环节的模块化，使科技研发独立化和产业化的趋势日益明显，科技研发正成为一种新的产业形态并不断壮大。高新技术产业和研发产业规模的不断扩大，使城市的功能正在发生根

本性改变,科技创新日益成为城市的主导功能,并渗透到生产生活的方方面面,提升了城市发展效率和质量。在科技创新的作用下,催生出一种新的城市类型,即科技创新城市。

随着经济全球化深入发展和产业价值链的细化分解,创新资源打破了时间、空间的限制,突破组织、地域和国家的界限,在全球范围内流动起来,全球创新网络和节点快速形成。创新资源逐步在一些地理区位优越、产业基础较好、创新环境优良的科技创新城市聚合,这些城市成了创新网络中的节点城市,通过网络通道不断吸纳外部资源,并逐步扩大影响力。当其集聚和辐射力超越国界并影响全球时,这些科技创新城市就发展成了具有全球影响力的科技创新中心,能够在全球创新网络中快速灵活地配置科技创新资源。

国际创新中心是由全球科技创新资源密集、科技创新活动集中、科技创新实力雄厚、科技成果辐射范围广大,并且能够在全球创新网络中发挥显著增值作用、占据领导和支配地位的城市或地区组成。它不仅是世界新知识、新技术、新产品、新产业的策源地,而且是全球先进文化和先进制度的先行者。在全球范围内,比较著名的国际创新中心主要集中在日本、美国和英国等发达国家。比如,日本的东京,它集中了日本将近30%的高等院校和40%的大学生,拥有日本1/3的研究和文化机构,以及日本50%的PCT专利产出和世界10%的PCT专利产出,科技实力十分雄厚。再如美国的硅谷和纽约,硅谷以不到美国1%的人口创造了美国13%的专利产出,吸引了美国超过40%和全世界14%的风险投资;纽约集聚了美国10%的博士学位获得者、10%的美国国家科学院院士,以及近40万名科学家和工程师,每年高校毕业生人数占全国的10%。最后是英国的伦敦,伦敦集中了英国1/3的高等院校和科研机构,每年高校毕业学生约占全国的40%。这些城市都是它们所在国家科技创新发展和科技综合实力的核心依托,是具有全球影响力的国际创新中心。

表5-1列举了2thinknow历年全球创新城市排行榜中的中国创新城市排名。2thinknow是澳大利亚的一个智库,从2006年起,一直致力于做创

新型城市评价研究。2thinknow 的全球创新城市研究一直采用非常全面的评价体系，包括 3 个因素、31 个门类、162 个指标、1200 个数据点，不仅包含技术、制造、服务、进出口等科技产业领域的指标，还包括与城市空间、环境和设施密切相关的指标。

表 5-1 2thinknow 历年全球创新城市排行榜中的中国创新城市①

城市	2012—2013 年	2014 年	2015 年	2016—2017 年
伦敦	7	3	1	1
纽约	2	2	6	2
东京	25	15	10	3
旧金山、波士顿、新加坡、洛杉矶、首尔、巴黎、西雅图……				
北京	53	50	43	30
……				
上海	29	35	20	32
……				
香港	14	20	22	35
……				
深圳	71	74	75	69

如表 5-1 所示，伦敦、纽约、东京分别被评为 2016—2017 年度全球创新城市排名中前三名，北京、上海、香港、深圳分别位列第 30、32、35、69 位。

二、科技产业创新中心将成为世界科技强国的战略支撑

伦敦作为英国首都及世界最大的金融中心之一，自 2010 年英国启动"英国科技城"的国家战略开始，便成了英国打造世界一流的国际技术中

---

① Cornell University，INSEAD，WIPO. Global Innovation Index 2018 Energizing the World with Innovation. 2018.

心的一张名片，政府已投入将近 4 亿英镑来支持伦敦科技城的发展；2013 年，伦敦政府"天狼星计划"的启动，更是为创业者提供了源源不断的创业资金与优秀的培训资源，伦敦政府通过为优秀的科技创业人才提供免雇主担保签证等强有力的政策支持吸引了大量国际优秀人才，使伦敦科技城得以迅速成长，如今已经成为欧洲小型快速成长数字技术公司的最大聚集地之一。

据《2012 年伦敦科技城 3 年成果报告》，2009—2012 年，伦敦科技公司的数量从 49969 家暴增至 88215 家，近年来，伦敦吸引了思科、英特尔、亚马逊、推特、高通、脸书、谷歌等大批全球优秀科技企业的入驻，为伦敦科技城提供了 58 万个就业机会，其中包含 43 万个科技相关职位，科技产业产值每年以超过 10% 的速度增长，占 GDP 的比重已超过 8%。在风险投资方面，英国和欧洲创业公司的主要投资者如 Index Ventures、Accel Partners、DFJ Esprit 以及 Balderton Capital 等均在伦敦科技城周边集聚，硅谷银行在东伦敦开设了分行，谷歌新成立的谷歌欧洲风险投资公司以及成立于 2007 年的被称为欧洲最老的"新型"孵化器 Seedcamp 均入驻了科技城，为科技城提供了完备的融资和孵化等相关服务。

在 Startup Genome 发布的《2017 创业生态系统报告》显示，伦敦在全球创业生态系统中位居第三，仅次于硅谷和纽约，是欧洲创业生态系统绩效最高的城市；在 Technation 发布的 2018 年报告——《联系与合作：为英国科技提供动力并推动经济发展》中，伦敦的国际科技创业公司数量位居全球第四，仅次于新加坡、柏林和芝加哥；根据表 5-1，在 2thinknow 的 "2016—2017 年全球创新城市排行榜"中，伦敦在全球的排名已上升至第一，已具备成为世界一流国际技术中心的实力。

纽约作为世界金融中心，它从全球经济中心向全球科技创新中心的转型经历了一个漫长的过程。早在 2002 年，布隆伯格（M. Bloomberg）担任纽约市市长时，就曾提出要将纽约市打造成为世界"创新之都"和美国"东部硅谷"；这一想法延续了将近 7 年，直到 2009 年，纽约市政府发布《多元化城市：纽约经济多样化项目》，"创新之都"的打造才真正

第五章 深圳推进科技产业创新的国际化发展

落地,这一项目的核心在于扶持对城市未来经济增长至关重要的企业创新活动,并制定吸引和留住高科技顶级人才的各类政策,重点在于发展生物技术、信息通信技术等具有明显增长潜力的高科技产业;2010年,纽约市政府通过利用土地与资金吸引高新技术与应用科技水平一流的院校与研究所进驻,并推出一系列减税政策来刺激中小企业的产生和成长,以期进一步将纽约打造成新一代的科技创新中心。其后,政府陆陆续续出台了许多其他的相关政策并取得了较大的成就。

根据纽约城市未来中心的相关统计,在科技人才方面,2005—2010年,纽约的高新技术从业人员数量年均增长接近30%,科技劳动力的增幅比同期全市劳动力增幅快10倍多。在风险投资方面,2007—2011年,纽约签署的风险投资协议数量增长了近1/3;2012—2017年,纽约初创企业获得的风险投资从23亿美元增长至130亿美元,其中9.2%投向医药健康初创企业。在科技企业方面,纽约目前已经拥有超过1000家科技初创企业,独角兽企业的数量和规模仅次于硅谷,其中知名独角兽企业包括:We Work、Infor、App Nexus、Sprinklr、Warby Parker、Peloton 等。此外,纽约还吸引了微软、谷歌、雅虎、3Com 等世界知名的公司,"科技企业加速器"的数量超过12家,辉瑞、百时美施贵宝、Barr、博士伦、强生、惠氏等全球著名的生物医药企业已将总部或研发机构设在纽约和临近的新泽西州,苹果、台积电等世界芯片巨头也纷纷在纽约建厂,全球最大的移动互联网芯片基地已经落户这里。以色列理工学院更计划把100多家著名"科技企业加速器"搬迁到罗斯福岛。在应用技术企业工作岗位方面,纽约市2017年的技术岗位达到32.6万个,而且拥有全球最大的3D打印产业集群,全球市场份额达到2.7%。在Startup Genome 发布的《2018 创业生态系统报告》中,纽约的综合排名居世界第二,仅次于硅谷。另外,根据表5-1中2thinknow发布的"2016—2017年全球创新城市排行榜",纽约仅在伦敦之后,排名全球第二,这表明纽约已经崛起为一个新的"世界科技创新之都"。

东京是日本首都与世界重要的科技中心,自21世纪以来,尤其是自日本政府于2013年6月发布的以创新驱动经济复兴和社会发展为宗旨的新的国家发展战略——《日本复兴战略》开始，东京便被确立为全球创新网络枢纽的发展目标；2014年3月，日本政府又将东京圈、关西圈、福冈县福冈市和冲绳县等四个地区正式上升为国家战略特区，并将东京圈定位为"国际商务创新中心"，重点在于促进国际资本、国际人才和国际企业在东京聚集，以期开创具有国际竞争力的东京新产业；同年6月，日本内阁通过了新版科技创新综合战略《科学技术创新综合战略2014——为了创造未来的创新之桥》，提出将日本打造成为"全球领先的创新中心"的宏伟战略，旨在通过东京这一科技创新枢纽城市起带头与引领作用。

在2014年的《财富》世界500强榜单中，东京上榜企业多达43家，其中排名第一的丰田公司位于全球第9位；在汤森路透集团旗下知识产权与科技事业部发布的"2014年全球百强创新机构"中，亚洲46家上榜机构中有39家来自日本，而其中更是有22家总部位于东京；根据表5-1，在2thinknow的"2016—2017年全球创新城市排行榜"中，东京位居全球第三，仅次于伦敦和纽约。从近10年来的科技产出数量看，东京PCT专利申请数量稳居世界第一，是全球科技创新产出能力最强的城市，表明东京已成为全球最重要的科技创新枢纽城市之一。

作为亚洲第一大国和世界第二大经济大国的中国，在日趋激烈的国际竞争和新科技革命浪潮的面前，急切需要一批高级别的科技创新中心为将来的发展指引方向，确保和巩固中国在未来世界经济体系中的话语权与支配地位。早在2013年10月，习近平总书记在中共中央政治局第九次集体学习时，曾提出希望中关村能够加快向具有全球影响力的科技创新中心进军，以期为中国创新驱动发展战略的实施起到示范引领作用；2014年5月，在上海进行考察时，习总书记同样提出希望上海能够着力实施创新驱动发展战略，以打造成为具有全球影响力的科技创新中心；2015年5月，上海市政府颁布《关于加快建设具有全球影响力的科技创新中心的意见》，以期推进上海科技创新中心的建设；2016年

第五章 深圳推进科技产业创新的国际化发展

5月30日,习近平总书记在全国科技创新大会、中国科学院第十八次院士大会和中国工程院第十三次院士大会、中国科学技术协会第九次全国代表大会上进一步指出,要加快打造具有全球影响力的科技创新中心,建设若干具有强大带动力的创新型城市和区域创新中心,吹响了建设世界科技强国的号角;同年9月,北京市政府颁布了《北京市"十三五"时期加强全国科技创新中心建设规划》,提出要打造全球创新网络关键枢纽,建设具有全球影响力的科技创新中心,努力打造全球原始创新的策源地,进一步抢占国际竞争制高点。

中国在科技创新方面具有无与伦比的战略优势,这不仅在于其人口、面积和位居亚洲核心的位置,更重要的是中国有着海量的科技人力资源、极富活力的经济体系和不断壮大的市场规模。2015年,全社会研究与试验发展经费支出达14220亿元;国际科技论文数稳居世界第2位,被引用数升至第4位;全国技术合同成交金额达到9835亿元;国家综合创新能力跻身世界第18位。科技进步贡献率从2010年的50.9%提高到2015年的55.3%。科技创新国际化水平大幅提升,全社会创新创业生态不断优化。与此同时,庞大的市场规模、完备的产业体系、多样化的消费需求与互联网时代创新效率提升的结合,为打造科技创新中心提供了广阔的空间。

美国Business Insider网站依据人均提交专利申请数量、初创公司和科技风投资本家数量,智能手机使用水平以及其他创新数据等标准评出的全球85座高科技城市中,北京、上海和深圳的排名均在前25名之内,与"2thinknow"公布的结果比较相近,对中国而言,北京、上海和深圳是全球知名的科技创新城市,以这三个城市为核心,构建全球创新网络核心枢纽,打造全球具有影响力的产业创新中心是极其重要的,后文将对此进一步探讨。

第二节 构建全球创新网络核心枢纽

加快构建全球创新网络,以科技创新核心枢纽城市为节点,打造国际科技创新中心,是我国科技强国的重要举措,也是参与21世纪海上丝绸之路的重要支撑。本节将对如何认识全球创新网络,结合"粤港澳大湾区"国家战略给深圳带来的历史机遇进行初步探讨。

一、如何认识全球创新网络

对深圳科技创新中心进行建设首先必须要对全球创新网络有一个清晰的认识。全球创新网络是一种新的创新组织方式,它是基于产业组织方式的全球化和新技术在全球范围内的运用而使得创新由封闭式向开放式转变并逐步网络化的过程。最早提出"全球创新网络"概念的学者是Ernst[1],他认为,全球创新网络主要包含三个方面的特征:①全球创新网络的主体比较宽泛,既可以是企业或者产业,也可以是区域;②全球创新网络强调的是跨组织、跨区域、跨国界的整合创新资源的活动;③全球创新网络进行整合的内容主要包括工程应用、产品开发以及研发活动等。简而言之,全球创新网络的本质是通过网络的方式在跨组织、跨区域、跨国界等边界上整合和利用分散的创新资源并实现创新价值的组织方式。其后,不同的学者也从不同的角度对全球创新网络的概念进行了扩展,比如Liu[2]基于

---

[1] Ernst D. A New Geography of Knowledge in the Ectronics Industry? Asia's Role in Global Innovation Networks. Policy Studies, 2009, 54.

[2] Liu J., Chaminade C., Asheim B. The Geography and Structure of Global Innovation Networks: a Knowledge Base Perspective. European Planning Studies, 2013, 21 (9): 1456 – 1473.

知识基础的角度，认为全球创新网络是一种突破知识黏性与隐性特性限制，并在"全球"与"本地"两个层面进行管理和应用解析型知识与综合型知识的创新方式，根据全球创新网络的内部结构特征，可以将其划分为四类节点，分别为总部研发、本地研发、国家研发和国际研发。Ernst 从区域的角度出发，认为全球创新网络的内部结构可以划分为全球卓越中心、高级枢纽、追赶者和"新前沿"四类区域节点，不同的节点在全球的地位有所不同。李健①则从产业链的视角，认为全球创新网络不是一个绝对"平"的网络，而是具有层次性特征的网络，它的构成层次主要有三部分，分别是全球科技网络、全球知识网络和全球创新服务网络。综上所述，全球创新网络具有全球化、网络化、创新性等特性，涉及多样化、多层次的创新主体，既关注创新的过程，更关注创新价值实现的结果。

在借鉴李健和黄烨菁②等学者关于全球创新网络认识的基础上，本文主要从创新主体的微观角度出发，认为全球创新网络主要由三个层次构成：第一层是以高校和科研机构为主体构成的知识流动层，内容涉及科学论文、专利获得、学术会议、人员访学和合作研究等方面，面向原创知识和创意发展，它又可以划分为总部研发、本地研发、国家研发和国际研发四类节点；第二层是以创业者为主体构成的技术开发层（也称创新创业层），内容涉及各类创新创业载体（如苗圃、孵化器和加速器等）之间的竞争与合作，以及国际商务、创新融资（如天使投资、风险投资、私募股权投资、众筹募资等）、国际联系、文化融合的辅助与支持，面向科技创新和产业化发展；第三层是以跨国公司为主体构成的技术开发与产业化层，内容涉及建立海外研发中心和进行海外分包等方面，面向高科技产业发展，可以划分为全球卓越中心、高级枢纽、追赶者和"新前沿"四类

---

① 参见李健、屠启宇《全球创新网络视角下的国际城市创新竞争力地理格局》，载《社会科学》2016 年第 9 期，第 25～38 页。

② 参见黄烨菁等《科技创新中心的支撑力、驱动力与竞争力》，上海人民出版社 2018 年版。

区域节点。

全球创新网络的三个层次：知识流动层、创新创业层和技术开发与产业化层之间的互动机理如图5-1所示。

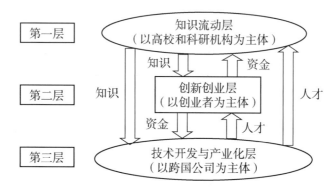

图5-1 知识流动层、创新创业层和技术开发与产业化层之间的互动机理示意

在全球创新网络中，知识流动层、创新创业层和技术开发与产业化层三个层级是相互作用、相互影响的循环并进的关系。信息、资金和人才是全球创新网络中三个关键的核心创新要素，这些要素因所处的区域不同而不同，大多数都是往地理区位优越、产业基础较好、创新环境优良的城市集聚，致使这些城市成为三个层次的重要节点枢纽。在知识流动层中，主要是以高校和科研机构为主，其倾向于向全球创新网络的其他层提供科学论文、专利等创新知识；在创新创业层中，以创业者为主，以各类创新融资机构（如天使投资、风险投资、私募股权投资、众筹募资等）为辅，其主要为全球创新网络的其他层提供创新发展必不可少的资金支持，并积极营造具有国际吸引力的创新活动氛围；在技术开发与产业化层中，主要是以跨国公司为主，其主要向全球创新网络的其他层输出跨国界的顶尖高素质人才，发挥示范引领和辐射带动作用。

全球创新网络的三个层次的互动过程可以概括为：以创新资金为启动源，通过资金的投资转化为知识，促进知识流动层的形成，进而通过知识转化并促进财富生成和集聚的创新创业层和技术开发与产业化层，在形成的财富中又有部分资金被重新投入知识流动层里面，带动知识流动层的新一轮创新循环，各个层次之间的相互作用与影响，会进一步促进全球创新网络的发展。

如上文所述，节点城市作为创新要素（信息、资金和人才等）的主要集聚地，是建立科技创新中心的较好选择，关键在于对所在区域直至全球范围内创新资源的培育和集聚，以及不断完善创新网络的建设，进一步提升创新网络向外辐射的能力。

根据全球主要科技创新中心的演进历程，结合黄烨菁等对全球科技创新中心特征的概括，并借助国际上对全球科技创新中心进行评价的已有的相关权威性指标，本文从经济基础、基础设施水平、对外经济联系、人力资源和创新平台与创新载体五个方面对全球科技创新中心的特征进行了总结，结果如表5-2所示。

表5-2　全球科技创新中心的主要特征

特征	含义解释	相关指标
经济基础	经济发展的总量规模与人口规模，反映综合国际实力	人均GDP、总人口
基础设施水平	高度发达的对内对外交通，反映区域与区域之间联系的便利性与快捷性	国际机场数量、机场旅客吞吐量
对外经济联系	巨大的货物出入境体量，反映各国之间贸易联系的紧密程度	国际港口数量、港口集装箱吞吐量
人力资源	集聚一大批多样化高层次创新人才	高水平大学数量、国际化人才流动
创新平台与创新载体	科技园区的高度集中与紧密的产学研合作网络	科技园区（创意园区）的集聚密度，创新孵化器的孵化成功率

由表5-2可得，科技创新中心作为全球创新网络中的枢纽性节点，有着较为雄厚的综合经济实力，对外经济联系紧密，而且集聚着世界众多

的一流大学和科研机构,以及大量的世界级科技型企业和跨国公司,具有高度整合和配置创新资源的能力,在引领世界科技强国的建设中发挥着示范带头作用。

二、打造在全球有影响力的产业科技创新中心

自打造世界科技强国的号角被吹响后,北京、上海先后提出了要打造"全国科技创新中心",江苏则提出打造"全球具有影响力的产业科技创新中心"。深圳关于"具有全球或国际影响力的科技创新中心"的打造,随着"粤港澳大湾区"建设上升为国家战略后变得越加清晰。

粤港澳大湾区是由香港、澳门两个特别行政区和广东省的广州、深圳、珠海、佛山、中山、东莞、肇庆、江门、惠州九市组成的城市群,占地5.6万平方千米,人口6000多万,是国家建设世界级城市群和参与全球竞争的重要空间载体,是与美国纽约湾区、旧金山湾区和日本东京湾区比肩的世界四大湾区之一。

"粤港澳大湾区"从学术界的讨论到地方政策的考量,再到国家战略的提出,历时20余年。早在2003年,与粤港澳大湾区发展的相关政策就有所确立,主要是针对粤港澳与内陆地区的贸易与合作的安排,此时粤港澳与内陆合作的区域范围还比较宽泛。2005—2010年,粤港澳与内陆合作的区域范围变得越来越清晰,主要集中在珠江三角洲,合作领域涉及经济与环境、新兴产业等方面,2009年,政府将"粤港澳大湾区"的建设列入城市规划中。直到2014年,在《深圳市政府工作报告》中,"湾区经济"首次被提出,粤港澳城市群才开始被作为连接起来的湾区统一规划布局。自2015年《推动共建丝绸之路经济带和21世纪海上丝绸之路的愿景与行动》颁布后,打造粤港澳大湾区逐步得到了政府的重视。2017年,《深圳市政府工作报告》进一步将粤港澳大湾区的建设提升至国家级战略高度,"两会"期间,腾讯董事会主席兼CEO(首席执行官)马化腾提出打造粤港澳世界级科技湾区的建议。2018年8月15日,中共中央政

第五章 深圳推进科技产业创新的国际化发展

治局常委、国务院副总理、粤港澳大湾区建设领导小组组长韩正在北京人民大会堂主持召开粤港澳大湾区建设领导小组全体会议，韩正强调，要积极吸引和对接全球创新资源，建设"广州－深圳－香港－澳门"科技创新走廊，打造大湾区国际科技创新中心。由此可见，在粤港澳大湾区背景下，打造大湾区国际科技创新中心已经上升为国家战略。2018年10月23日，港珠澳大桥的通车为港珠澳三地的合作交流提供了便利，进一步助力于粤港澳大湾区的建设与发展。2019年2月18日，筹备多时的《粤港澳大湾区发展规划纲要》正式公布，这份纲要是指导粤港澳大湾区未来长时期内的合作发展的纲领性文件，确立了建设粤港澳大湾区的发展原则为：创新驱动、改革引领，协调发展、统筹兼顾，绿色发展、保护生态，开放合作、互利共赢，共享发展、改善民生，"一国两制"、依法办事，等等。

在建设粤港澳大湾区的进程中，创新驱动一直作为核心的命题而得到高度重视。早在2015年9月，国家发改委就发布了《关于在部分区域系统推进全面创新改革试验的总体方案》，要求深化粤港澳创新合作。2017年7月1日，《深化粤港澳合作推进大湾区建设框架协议》在香港签署，提出要统筹利用全球科技创新资源，完善创新合作体制机制，优化跨区域合作创新发展模式，构建国际化、开放型区域创新体系，不断提高科研成果转化水平和效率，加快形成以创新为主要引领和支撑的经济体系和发展模式。党的十九大报告中，习近平总书记明确指出，创新是引领发展的第一动力，是建设现代化经济体系的战略支撑，因而要加强国家创新体系建设，以强化战略科技力量。

深圳作为大湾区重要城市之一，在建立科技创新体系方面有着诸多优势。

首先，在政策方面，在国家战略思想的指导下，深圳市高度重视科技创新工作，相继制定出台了全国首部国家创新型城市总体规划，率先发布了促进科技创新的地方性法规，并接连出台自主创新"33条"、国家创新型城市建设"1+4"文件、创新驱动发展"1+10"文件、战略性新兴产业及未来产业发展规划等一系列政策,从财政金融支持、人才支撑、创新载体建设、科技服务业发展等方面全面加大对自主创新的支持力度,以内涵式发展方式弥补了城市空间狭小的短板,并创造了单位面积产出位于全国各城市前列的佳绩。

其次,深圳市经济增长势头十分强劲,以科技推动的高新技术制造业是经济增长的第一引擎。如图5-2所示,深圳市从2008—2017年,本地生产总值GDP一直保持稳健上升趋势,10年间,深圳GDP由0.82万亿元增加到了2.24万亿元。2017年外贸进出口总额3982.9亿美元,年均增长31.2%,其中,出口总额连续24年位居国内城市首位。

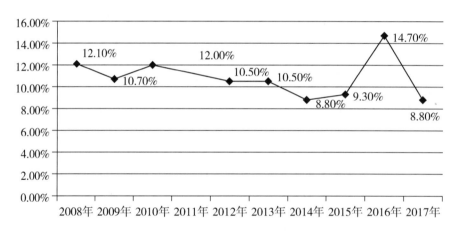

图5-2 2008—2017年深圳市GDP增长率

数据来源:深圳市统计局《统计分析》。

再次,如图5-3所示,深圳的高新技术产业发展迅速。从四大支柱产业对深圳市GDP的贡献程度来看,我们发现高新技术产业的占比也远远超过其他三大支柱产业,长期保持在30%以上,这说明深圳GDP增长很大程度上是依靠高新技术产业的。高新技术产业在给深圳市带来强劲发展力量的同时,也要求构建更加健全和完善的创新体系,以促进深圳经济的持续快速发展。

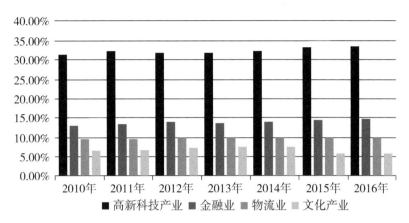

图 5-3 2010—2016 年深圳市四大支柱产业占 GDP 比重

数据来源：《2007—2016 年深圳市国民经济和社会发展报告》。

最后，深圳创新能力突出，已初步形成梯次创新企业链。深圳是全国首个国家创新型城市和全国首个以城市为基本单元的国家自主创新示范区，陆续建成了国家超级计算深圳中心、大亚湾中微子实验室和国家基因库，并参与了国家未来网络科技基础试验设施建设。2017 年，全社会研发投入占 GDP 比重为 4.13%，接近全球最高的韩国、以色列水平；PCT 国际专利 2.04 万件，占全国的 43.1%，连续 14 年居全国城市第一位，专利授权总数达到 17.7 万件；拥有国家级高新技术企业 1.12 万家，各类人才总量超过 510 万人，占全市常住人口的 42.9%；2017 年，全市拥有各类创新载体 1617 家，包括国家级 110 家、省级 175 家，拥有科技型企业超过 3 万家。这些载体可以极大地促进深圳市集聚创新人才，推进创新成果的产生。

总之，深圳作为科技创新城市和全球创新网络的节点，具有打造全球有影响力的产业科技创新中心的基础。科技创新使深圳克服了经济发展的短板，走出了一条主要依赖于技术进步、节约型和集约化的发展道路，并推动了经济的强劲增长，成为全国经济发展和专业转型升级的典范。但是，深圳市科技创新发展依然存在很多问题，没有形成系统的、完整的、科学的创新体系，深圳需要通过积极参与 21 世纪海上丝绸之路，通过与其他科技创新城市协同合作的方式，进一步推动科技产业协同创新。

第三节　参与21世纪海上丝绸之路，推动科技产业协同创新

如前文所述，在参与21世纪海上丝绸之路，推动科技产业协同创新之际，深圳作为科技创新城市和全球创新网络的节点，具有打造全球有影响力的产业科技创新中心的基础。在这个过程中，科技产业协同必不可少。尤其是伴随着全球创新指数（GII）的发布，加强深圳－香港科技创新合作，共同打造全球科技创新合作圈是我国构建全球知名国际科技创新中心以及深圳打造综合性国家科学创新中心的重要基础。

一、协同创新是产业科技创新中心的重要支撑

在人类历史的发展进程中，世界的科学中心发生过多次转移，从古代的中国到意大利、英国、法国、德国，到今天的美国。从意大利到美国，世界科学中心已经发生了好几次转移。历史经验让我们看到了一个重要的规律，特别是在第四次和第五次世界科学中心的发展和演变中，我们发现：科学理论创新对技术创新和产业创新的影响越来越大，科学革命、技术革命和产业革命之间的联系也越来越紧密，尤其是在当代美国，这种现象特别明显，其理论创新、技术创新和产业发展是高度衔接的。这从另一个侧面反映出，科技创新中心的形成，是知识生产、知识转化和产品应用等共同作用的结果，三者在空间上是并存的，在时间上是承继的，在内容上是相互支撑和协同并进的。因此，促进创新资源之间的协同发展成了打造科技创新中心的重要支撑。

"创新"一词最早由熊彼特于1912年在其专著《经济发展理论》中提出，其后，对创新的相关研究逐步由技术创新、企业组织创新等上升为

第五章 深圳推进科技产业创新的国际化发展

产业创新、区域创新乃至国家创新,对创新主体的研究也逐步由单一主体转向多主体的"协同创新"。"协同创新"主要源于德国著名理论物理学家哈肯①在1971年提出的协同理论,他认为,协同是指在一定外部条件下,系统内部各个子系统之间通过非线性的相互作用产生协同效应,使系统从无序状态向有序状态以及从有序状态又转化为浑浊的机理和共同规律。对于"协同创新"概念的界定,学者们多从创新主体的角度出发,如杨耀武和张仁开②认为,协同创新是不同的创新主体(如国家、区域、企业、高校和科研院所等)对创新要素进行有效的配置与整合,通过复杂的非线性相互作用以实现单一创新要素所无法达到的整体协同效应的过程;陈劲和阳银娟③同样认为,协同创新是由政府、企业、高校与科研院所、中介机构等创新主体对创新资源进行整合的一种创新组织方式,最终的目的是实现重大的科技创新。自2011年"协同创新"被提升到中国的国家战略层面后,在2016年的科技"三会"上,习近平总书记从链条的角度对"协同创新"的概念进行了拓展,他把协同创新看作一个系统工程,指出系统中的创新链、产业链、资金链、政策链等各个链条之间是相互交织、相互支撑的,改革只在一个环节或几个环节中进行是不够的,各环节之间必须彼此协同,创新才能发挥出"1+1>2"的协同效应作用。

协同创新的构成要素主要由三个部分组成,即主体要素、功能要素和环境要素。主体要素指的是企业、大学、科研机构、中介服务机构和地方政府等,功能要素指的是制度创新、技术创新、管理创新和服务创新等,环境要素指的是体制、机制、政府或法制调控、基础设施建设和保障条件等。其中,主体要素方面,企业在技术创新活动中扮演着多重角色,既是

---

① Haken H., Graham R. Synergetik-Die Lehre vom Zusammenwirken. Umschau, 1971, 6 (191): 178.

② 参见杨耀武、张仁开《长三角产业集群协同创新战略研究》,载《中国软科学》2009年第S2期,第136~139页。

③ 参见陈劲、阳银娟《协同创新的理论基础与内涵》,载《科学学研究》2012年第2期。

资金投入主体,也是资金的活动主体,更是成果的应用主体,在促进协同创新能力方面发挥着关键作用。

产业协同创新是指以产业链上的企业为创新的核心主体,以项目为载体来搭建企业与科研机构、政府、中介机构之间的创新网络联系,通过主体与主体之间的互动、协同合作等方式不断促进创新资源的优化配置,并实现产业的协同发展,进一步转型升级。在这里,企业、科研机构、政府和中介机构等作为产业协同创新的重要组成部分,对于产业科技创新中心的打造,必须要明确这些创新主体在产业协同创新系统中的相互作用关系以及影响机理。

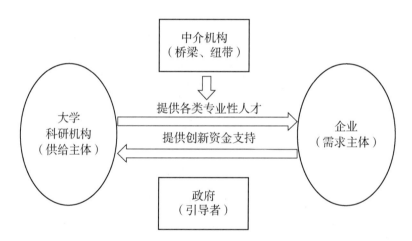

图5-4 创新主体之间的相互作用与协同机理

图5-4所示为创新主体的相互作用关系和影响机理。在产业协同创新体系中,高校、科研机构扮演的是供给主体的角色,企业扮演的是需求主体的角色,中介机构是联结高校、科研机构(供给主体)和企业(需求主体)的桥梁和纽带,政府是促进其他主体之间协同创新的引领者。高校、科研机构与企业的互动主要为:高校、科研机构主要从事专业性的基础研究、应用研究、技术开发等创新活动,积累了丰富的科研知识以及技术信息、研究方法和经验,能够为企业持续输送各类专业性的科技人才;企业主要从事创新产品的生产试验,以及进一步掌握相关的市场信息

和营销经验，加快促进技术的产业化发展。企业具备相对充足的创新资金基础，能够为高校和科研机构创新活动的开展提供必要的资金支持。高校、科研机构和企业通过特定的合作项目进行联系，实现人、财、物以及信息的相互交流，在优势互补的基础上达到供给与需求的相互匹配。中介机构在产业协同创新体系的高校、科研机构（供给主体）和企业（需求主体）之间发挥着桥梁和纽带的联结作用。例如，金融机构和咨询机构等中介服务机构掌握着大量的供给与需求信息，它们的参与能够有效地降低供给主体与需求主体双方的沟通成本，并提高双方的合作效率。政府作为促进其他主体之间协同创新的引领者，在营造协同创新的政策环境方面起着不可替代的作用，这就要求政府把握好干预的度，在提供良好制度的同时，注重发挥市场机制的作用，并处理好各地政府之间的关系，积极破除地方政府间的体制机制障碍，促进创新要素在各区域之间的自由流动。

二、深圳需进一步推进产业协同创新

深圳市依托粤港澳大湾区，近些年取得了较为显著的进步，但是与旧金山、纽约、东京等湾区相比，科技创新发展基础仍然薄弱，国家布局的行业性大院大所和国家级重大科技基础设施有所缺乏，原始创新能力不强。

如表5-3所示，粤港澳大湾区2016年R&D占生产总值的比重为2.1%，与其他湾区相比，还存在着一定差距；全球前200位具有创新能力高校及研究机构仅有3家，全球百强创新企业数、全球最具有创新力企业均仅有1家，世界100强大学4家；世界500强企业数17家，对比东京湾区的60家，还存在很大差距。

表5-3 世界主要湾区创新能力相关指标比较

项目	粤港澳大湾区	东京湾区	纽约湾区	旧金山湾区
R&D占生产总值比重（%）	2.1	3.7	2.8	2.8
全球百强创新企业数（家）	1	26	9	12
全球最具创新力企业榜（家）	1	3	18	19
世界100强大学数量（家）	4	2	3	3
第三产业比重（%）	56.3	82.3	89.4	82.8
世界500强企业总部数量（家）	17	60	22	28
全球前200位最具创新能力高校及研究机构数量（家）	3	10	26	28
全球创新指数排名（以经济体为单位排名）	22（中国）	14（日本）	4（美国）	4（美国）

资料来源：笔者根据公开资料整理。表中第三产业比重数据为2015年的，其余为2016年的。

另外，深圳市支撑产业升级、引领未来发展的技术及服务储备不足，新兴产业领域缺乏关键核心技术。主要体现在以下方面：粤港澳大湾区中仅有的5所全球前200强大学均位于香港；如表5-4所示，虽建有国家重点实验室，但是仅有8家，在数量上明显落后于广州；国家知识产权优势企业数量、国家级孵化教育单位数量、产业技术创新联盟数量低于广州和佛山；不过，专利授权总量、有效发明专利数量水平均有显著提高，2017年深圳市发明型专利授权数量为6.02万件，实用型专利授权数量为7.55万件，外观型发明专利为41299件。相比其他两种专利而言，发明专利拥有较强的创造性，更能体现地区科技创新发展战略，2017年深圳市发明专利授权数仅占专利授权总量的34%,总量上低于实用型专利。

表5-4 2017年广东省代表城市创新相关指标

项目	深圳	广州	珠海	佛山	东莞
全球前200强大学数量（家）	0	0	0	0	0
国家重点实验室数量（家）	8	17	1	0	0
知识产权专项经费（万元）	3360	4336	995	2286	923
国家知识产权优势企业数量（个）	17	20	9	24	16
国家级孵化教育单位数量（家）	14	40	20	32	36
产业技术创新联盟数量（家）	23	155	6	28	14
广东省新型研发机构	41	52	14	31	25

数据来源：广东省统计局。

为了解决深圳产业创新基础原动力的不足，应该充分发挥深圳区位优势和综合集疏运特色，提升港口作为21世纪海上丝绸之路枢纽节点的出海通道能力，进一步巩固和扩大"一带一路"倡议机遇，提升人才、科技、资金的集聚能力。另外，应该加强与粤港澳大湾区内的科技创新城市展开重点科技创新协同合作。

由世界知识产权组织（WIPO）、康奈尔大学（Cornell University）、英士国际商学院（INSEAD）及其合作伙伴联合发布的2018年全球创新指数（GII）排名中，中国排名第17位，相比2017年的第22位有了明显的突破。值得注意的是，2017年，GII首次对"知识产权统计数据库"（2011—2015）进行大数据分析，尝试对热点地区"创新集群"进行排名，日本东京湾区中的东京-横滨地区以其创新的多样化名列第一，其中，"电子机械""仪器""能源"领域仅占专利数的6.3%，而粤港澳大湾区中的深圳-香港地区在"创新集群"中排名第二。

同是作为中国和日本最具创新实力的重要"创新集群"，深圳-香港地区和东京-横滨地区各自的发展均独具特色，二者的发展并不是背道而驰的，相互之间都有值得借鉴和学习的地方。比如东京-横滨地区的专利申请数和科技出版物数量在总专利申请数和总科技出版物中的占比分别为11%和1.77%,远高于深圳-香港地区,但就尖端科学领域(东京-横滨地区的是物理,科技出版绩效占比为9.43%;深圳-香港地区的是工程,科技出版绩效占比为10.71%)、最高科学组织(东京-横滨地区的是东京大学,科技出版绩效占比为13.95%;深圳-香港地区的是香港大学,科技出版绩效占比为18.40%)或顶级专利领域(东京-横滨地区的是电子机械,专利绩效占比为9.83%;深圳-香港地区的是数据通信,专利绩效占比为42.33%)等单个方面进行比较的话,深圳-香港地区是高于东京-横滨地区的。

虽然从科技创新综合实力看,深圳-香港地区与东京-横滨地区仍存在一定差距,但深圳-香港地区已经具备被打造成为国际科技创新中心的重要条件。2018年,GII更新了对世界各地"领先科技集群"的调查,在国际专利申请中添加了科学出版物的评价指标,以突出特别密集的创新活动领域。如表5-5所示,东京-横滨地区的专利申请比例高达11%,科技出版物的比例为1.77%,总计占比12.77%,排名第一,并遥遥领先于排名第二的深圳-香港地区。虽然在这个指标上,深圳-香港地区已超越北京、上海等全球数个知名的创新区域,又比如第三名的圣荷西-旧金山地区(硅谷地区)。深圳-香港地区能在这个领域拥有独特的优势,离不开中兴、华为、腾讯、大疆等创新巨头的贡献。其中,深圳-香港地区的专利绩效中,"数据通信"领域与去年一样位居第一,比例为42.33%,同比增幅为1.33%,中兴的贡献最大,但是比例同比所有下降,说明其他科技企业的专利绩效比例有所提升;而在科技出版绩效评价中,香港大学的贡献最为突出,占比高达18.40%,高于东京大学在此领域对东京-横滨地区的贡献。

表 5-5　2018 年全球创新指数东京-横滨与深圳-香港在"领先科技集群"领域的指标对比

排名	集聚群	科技出版绩效				专利绩效				占总专利比例（%）	占总出版比例（%）	总计
		尖端科学领域	占比（%）	最高科学组织	占比（%）	顶级专利领域	占比（%）	最高申请者	占比（%）			
1	东京-横滨	物理	9.43	东京大学	13.95	电子机械	9.83	三菱电机	6.78	11.00	1.77	12.77
2	深圳-香港	工程	10.71	香港大学	18.40	数据通信	42.33	中兴	30.41	5.05	0.51	5.56

数据来源：Cornell University，INSEAD，WIPO. Global Innovation Index 2018 Energizing the World with Innovation. 2018.

总而言之，深圳有着与香港、澳门毗邻的重要的地理环境，GDP 位居全国第三的经济基础，高新技术企业总数全国第二的创新动力，深圳应把握粤港澳大湾区"区域协同"带来的"9+2"城市各经济要素的联动机遇，打造深圳新的经济增长极。重点发挥深圳-香港在粤港澳大湾区中创新核心的作用，坚持深圳和香港的创新合作，使协同创新成为创新资源的全球化创新网络枢纽，知识创新重要的国际策源地，新兴产业和科技创新的国际竞合平台。

第六章

科技产业创新链中的企业走出去

企业是重要的科技创新主体，必须充分发挥企业主体作用，敏锐地把握市场需求，有效整合产学研力量，加快创新成果的转化应用，提高科技创新能力和效率。

深圳应进一步强化企业在全球创新链中的主体地位和重要作用，充分调动企业的能动性，融入全球创新网络，吸纳全球创新资源，打造全球创新网络核心枢纽。

深圳应主动谋划、积极作为，加快建设成为海上丝绸之路的重要支撑和关键连接点，努力打造产业发达、功能强大、开放互动、集聚外溢的粤港澳大湾区的核心引擎。

第六章 科技产业创新链中的企业走出去

第一节 科技创新发展中的企业主体作用

企业作为经济活动的基本单元，是最重要的科技创新主体，在推进产学研用合作、促进经济与科技结合中处于核心地位和关键环节。提高科技创新能力必须充分发挥企业主体作用，敏锐地把握市场需求，有效整合产学研力量，加快创新成果的转化应用。

一、企业是创新体系的一个重要主体

（一）创新体系及其功能

创新体系是指组合一切可以利用的人力、技术、资金、设施等资源，以政府为指导、以企业为主体，与高校、科研机构和中介机构共同构成的从事技术创新活动的有机网络系统。

创新体系的功能：创新体系的目标往往被设定在知识的生产、传播和应用，并且通过技术和产品的辐射带动企业组织的扩张中。因此，各类创新体系均具有知识创新、技术创新、知识传播和知识应用等几项功能。这些功能又贯穿于创新活动的执行、人力财力和信息资源等创新资源的配置、创新制度的建立和相关基础设施建设等的全过程。

创新体系均具有开放性。知识和技术的流动是创新体系的关键。伴随着区域经济的一体化，各地创新体系的开放性不断增强，知识在区域之间的流动范围和方式逐步拓宽。从区外获得技术到购买外部专利和许可，从开展区域间技术咨询贸易到引入外来战略投资者，区内企业通过创新体系建立起与外界企业、大学和其他机构的交流与合作，使技术、人才和知识等资源在区内高效集成配置，以提高创新的效率。

(二) 创新体系的主体

创新体系中都有4个最基本的行为主体：大学和研究机构、企业、政府以及具有创新黏结功能的中介创新服务机构。这4个不同的创新行为主体相互分工、协作，与不同的创新资源发生组合与配置，共同推进创新活动的展开。

创新体系各主体的作用：大学和研究机构是创新体系的创新源，作为知识和技术的重要供给者，直接参与了知识的生产、传播和应用；企业是创新体系中的创新主体，其建立了现代企业制度，企业的利润动机和市场压力都被转换为技术创新的动力；政府在创新体系中起着重要的引导和扶持作用；中介机构是创新体系中的主要结点。

(三) 创新体系效率需要各主体协同创新

科技创新能力的提升不仅取决于创新体系各主体各自的高效运转，更取决于各主体间相互联系和合作所形成的协同网络。应将企业、大学和研究机构、政府、中介机构这4个创新行为主体有机地联系起来，形成结点密集、联系频繁、组合运作方式合理的创新体系。企业、大学和研究机构、政府、中介机构等创新行为主体高效地发挥作用，彼此之间开展着广泛的、多层次的各种技术合作以及人才、信息交流，各主体有效互动、相互磨合，并在相互作用、相互激发中形成良好的组合和运行方式，各尽所能，各得其所，取得"整体大于局部"的协同创新效果。

二、深圳建立了以企业为主体的创新体系

(一) 构建以企业为主体的创新格局

目前，深圳已经基本形成以企业为主体、以市场为导向、产学研相结合的技术创新体系，形成了6个"90%"：90%的创新型企业为本地企

业、90%的研发人员在企业、90%的研发投入源自企业、90%的专利产生于企业、90%的研发机构建在企业、90%的重大科技项目由龙头企业承担。

深圳的创新体系中已拥有一大批高新技术企业，2018年高新技术企业新增3185家，总量14415家，居全省第一、全国大中城市第二。2018年高新技术产业产值23871.71亿元，同比增长11.66%；高新技术产业增加值8296.63亿元，同比增长12.73%。高新技术企业在深圳市技术创新体系中扮演了主要角色，尤其是处于前几位的骨干企业对于深圳创新体系的发展具有较大的影响。

深圳这些高新技术企业不仅具有数量上的优势，而且具有相当强的技术创新能力。深圳规模以上工业企业产品研发力度不断加大，新产品占比明显提高。2017年，全市规模以上工业企业新产品开发27544项，年均增长14.4%，是2012年的2倍；新产品开发费用1340.29亿元，年均增长21.4%，是2012年的2.6倍；新产品产值12801.79亿元，年均增长15.5%，是2012年的2.1倍；新产品销售收入12138.71亿元，年均增长14.4%，是2012年的2.0倍。新产品销售收入占主营业务收入比重为39.4%，比2012年提高9.8个百分点；新产品产值占工业总产值比重为39.9%，比2012年提高10.8个百分点。

企业研发机构建设的跨越式增长，夯实了企业乃至全市自主创新能力进一步提升的基础。截至2017年年底，深圳规模以上工业企业拥有研发机构4296个，比2012年增长7.1倍，年均增长47.9%；机构人员35.65万人，是2012年的2.3倍，年均增长17.7%；机构经费支出1398.34亿元，是2012年的3.4倍，年均增长28.1%；机构科研用仪器设备原价657.94亿元，是2012年的9.2倍，年均增长55.8%。

（二）不断强化高等院校、科研机构的源头创新作用

高校和研发机构是科技基础能力建设的重要组成部分，是重大科技成果研究与产业化、科技创新人才聚集和培养、技术交流与合作的重要

平台。

近年来,深圳通过与国内外高校、科研机构多层次多模式的合作,引进和建设了一批新型研究机构,新建、扩建了一批大学、科研机构,培养和引进了各类创新团队和高层次人才,推动了源头创新不断向前发展。深圳大学、南方科技大学等4所大学入选新一轮广东省高水平大学和学科建设计划,哈尔滨工业大学(深圳)单独招收本科生,中山大学深圳校区开工,深圳技术大学筹备设立,清华大学深圳国际研究生院获批,中国科学院深圳理工大学正式签约。2018年年底,深圳已累计建成各类创新载体2190家,是2012年的近4倍,6年增长了1600余家。其中国家级116家,省部级587家,覆盖了国民经济社会发展的主要领域。

加快重点实验室建设,2018年获批建设鹏城实验室、深圳湾实验室两个广东省实验室。稳步推进省部共建肿瘤化学基因组学国家重点实验室,实现了院校类国家重点实验室零的突破。

稳步推进基础研究机构建设。2019年前3个月,南方科技大学杰曼诺夫数学中心、内尔神经可塑性实验室(中国科学院深圳先进技术研究院)、马歇尔生物医学工程实验室(深圳大学)等3家诺贝尔奖实验室挂牌成立,至此,诺贝尔奖实验室达到8家。新设基础研究机构10家,总数达到13家。

大力培育新型研发机构。在基因组学、超材料、大数据等前沿领域,采取量身定制的政策措施,组建了一批集科学发现、技术发明、产业发展"三发"一体化的新型研发机构,累计建成省级新型研发机构42家。

(三) 政府引导调控创新的政策完备

在深圳的创新体系中,政策的优势十分显著。早在20世纪八九十年代,深圳便出台《1990—2000年深圳科学技术发展规划》《关于进一步扶持高新技术产业发展的若干规定》等一批前瞻性政策、法规及规划。进入21世纪后,深圳出台了《中共深圳市委关于加快发展高新技术产业的决定》等政策,2006年出台了《中共深圳市委深圳市人民政府关于实施自主创新战略建设国家创新型城市的决定》，在全国率先提出建设国家创新型城市，实施自主创新战略。随后，深圳又出台《深圳国家自主创新示范区建设实施方案》《关于促进科技创新的若干措施》《关于促进人才优先发展的若干措施》《深圳经济特区国家自主创新示范区条例》等一系列鼓励和支持科技创新的政策文件，形成覆盖自主创新体系全过程的政策链，全面加大对自主创新的支持力度。通过不断优化科技创新环境，以优化科技创新体系顶层设计为突破口，不断推进制度创新、政策创新，激发了企业、高校、科研院所等各类创新主体的创新激情和活力，实现了科技创新与制度、政策创新的全面推进。

三、深圳创新体系面临的挑战

（一）建设创新体系光靠企业是不够的

深圳创新体系的研发活动长期以来主要依靠企业，这在一定阶段内是成功和有效的。但是，从世界各国创新体系的发展历程看，不论在综合型还是产业化型创新体系中，为了保持创新体系的竞争力，整体培育创新各个要素并促进各个要素的相互作用是十分重要的。深圳在加快建设创新体系时，应拓宽政府在创新体系中的功能，对科研平台建设加大投资力度，积极引进中介服务机构，降低企业研发的交易成本。深圳力争通过建设创新体系，建立起比较完善的创新网络，促进知识在全市的生产、传播和利用，为创新活动的开展创造良好环境。

（二）需要加大力度投资建设基础研究机构

深圳的创新体系是比较典型的产业化型，这种类型的创新体系建设必须发展自己在应用科技领域的智力资源，单一依靠外来人才和二手信息的工业活动，终究会居于竞争的劣势。深圳在加快建设创新体系时，应注重强化科研机构的支持作用，一方面要建立同国内外大学和科研机构交流的平台，另一方面要建立一批开放式的、适应市场经济发展和全球化趋势所需要的研究机构，最终将深圳建设成为我国科技开发力量与国际高新技术前沿的接轨区，以及国内外著名大学和研究院所分支机构的密集区。建设著名的研究机构是一项十分重要的任务，政府需要发挥积极的投资、引导和扶持作用。

（三）整合创新体系的中介机构网络

技术创新是一种高度社会化的活动，创新资源、创新行为主体协同关系形成之前，相互之间有一个搜寻、选择及被选择的过程，均需要中介机构发挥作用，以提高区域创新的知识配置力，综合各个要素的比较优势，实现互补互动，促进技术创新。深圳在加快建设创新体系时，应注意整合深圳的中介机构系统，使之成为促进企业和企业之间，企业与大学、研究机构之间广泛的合作与信息共享的桥梁，营造竞争者之间相互交流的创业文化。通过行业协会、专门的中介服务公司交流有关竞争对手、顾客、市场和技术的最新情况等重要信息，加速知识的扩展，形成基于协作的相对优势，推动全市创新活动的开展。

第二节　全球创新链中企业的角色和作用

在科技进步和经济全球化的推动下，加快融入全球创新体系，以开放包容的思维，整合和利用全球创新资源，在扩大开放中增强自主创新能力已经成为各国参与全球竞争的主要手段。企业是创新活动投入、执行和受益的主体，要进一步强化企业在全球创新链的主体地位和重要作用，充分调动企业的能动性，积极融入全球创新网络。

第六章 科技产业创新链中的企业走出去

一、全球创新链的各环节及其功能

(一) 创新链与全球创新链

创新链以满足市场需求为导向,围绕某一个创新的核心主体,用知识创新活动将相关的创新主体组织起来,最终实现知识的经济化过程、创新系统的优化目标。

全球创新链是通过国际科技合作这一科技活动,围绕某一共同的问题或需求,在科学技术的发现、产生、应用、扩散等各个环节,对相关的知识、人员、设备、资金等各要素在全球进行重新分配和整合的过程。国际科技合作服务于现实需求,服务于创新链各个环节的需求。

(二) 全球创新链的各个环节

创新链主要包括要素整合、研发创造、产业化、社会效用化四个环节。

要素整合主要是培养、调动以及整合人员、资金、设备、信息和知识储备等各创新要素,推进官、产、学、研、资、介合作乃至形成完善的创新体系。

研发创造主要是在要素整合环节的基础上,高校、科研机构、企业等创新主体自发研究,通过中介机构或自己承接科研项目,发现新知识,形成新技术或其他科研成果。

产业化主要是将科学创造环节的科研成果进一步与人员、资金、设备、信息、工艺、管理等要素结合,经过创意设计打造成可在市场上营销推广的具有价值的商品,完善生产工艺流程和推进规模化生产,形成新兴产业或者应用于生产过程之中,从而产生经济效益。

社会效用化主要是将科研成果或形成的商品应用于社会生活等领域。社会效用化环节通常在产业化环节之后,但也有部分科研成果可以不通过产业化环节而直接应用于社会生活各领域,并产生相应的社会效应。

二、企业参与全球创新链的合作方式

与科技活动创新链的具体需求相对应,国际科技合作分为研发导向的国际科技合作、市场导向的国际科技合作、社会应用导向的国际科技合作、要素导向的国际科技合作。每一种国际科技合作中,企业的作用都是不一样的。

(一) 企业是市场导向国际科技合作的主体

市场导向的国际科技合作主要是通过科研成果转化与合作来培育市场、增大市场份额、分散风险、减少国际竞争、降低成本、获得市场地位及其他正外部性、提高生产率、实现利润等,通过以市场换技术、以竞争换技术、技术入股、合资办厂、跨国兼并、专利池、技术联盟、标准、联合研发等方式,以及其他市场手段,来提升创新能力和竞争力的合作行为。

随着国际科技竞争、国际分工的发展,需要发达国家和发展中国家开展互惠型国际合作,跨国性、集团性的科技合作成为推动企业创新的重要机制性力量。目前,互惠型国际科技合作更多地表现为先进科技国家间的企业部门通过科技合作联合控制某一项或某一类技术的研发及应用,对相对落后的国家形成实质性的技术垄断,通过知识产权体系攫取高额垄断利润,挤压后进国家相应生产部门的发展空间。

发展中国家在尽可能保护自身市场及产业生存空间的同时,应该鼓励企业采取积极态度融入国际现有的科技合作体系,从周边向核心逐步渗透;利用已经建立的技术优势及生产优势,通过合作研发、技术联盟、参与专利池等方式,充分整合国际创新资源,逐步建立有主导权的互惠型国际科技合作机制。积极研究发展专利图、技术路线图等辅助手段,回避或减少现有国际技术壁垒对我国产业的限制,开辟寻找成本更低的、操作性更强的升级发展路径。

(二) 企业是社会应用导向国际科技合作的参与者

社会应用导向的国际科技合作,通过借鉴、应用现有的国际先进经验、技术和管理模式,解决现有发展过程当中长期产生困扰的社会主要问题。主要形式包括政府主导的设备引进、经验和模式借鉴,以及政府引导的技术和经验的引进、合作渠道拓宽、政策倾斜、政府采购和规划引导等。

社会应用导向国际科技合作的关键是政府作用的有效发挥。政府建立有效的沟通机制,促进合作领域所涉及的各级政府部门形成合力,加大应用推广,利用现有政治影响力和外交渠道积极拓展合作领域,加深合作层次。与此同时,根据区域特点,针对不同合作领域的特点选择合作形式,对于公益性强、普遍性强的合作领域采取政府主导的国际科技合作,对于侧重推广应用的领域采取政府引导、中介机构和企业积极参与的国际科技合作。

(三) 在要素导向国际科技合作的不同阶段,企业作用不同

要素导向的国际科技合作主要是整合国际科技人员、资本、信息、设备等各方面资源,提升相应科研创新能力的跨国合作。一般来说,发展中国家侧重全方位的要素合作,因为无论人才、技术、知识储备还是资金、管理水平都是发展中国家的短板。发达国家更多的是利用优渥的条件和适宜的体制,吸引发展中国家的优秀科研人员。主要形式包括:长效型的人才长期性流动、周期性科技合作交流、长期滚动的资金支持、管理经验和模式借鉴,以及短期的人员流动与培训、风险投资及其他短期资金、信息交流等。

对于处于不同发展阶段的国家来说,对不同要素的需求程度是不同的。我国改革开放初期,经济发展与世界差距极大,当时由于外汇不足,难以引进设备及人才而封闭多年的科研体系急需对接国际科技动态,要素

导向的科技合作成为我国科技合作的主要内容，其中以信息交流和人才的短期培训为主要方式。我国派往国外的大量留学生及访问学者，形成了一定的知识储备，在条件合适的情况下回流反馈，为我国提高科技创新能力、推进科技产业及高新技术企业的发展提供了基础。在此过程中，政府、高校和科研机构发挥了重要的作用。

随着国际一体化加速、我国经济的发展，企业参与要素导向国际科技合作的侧重点发生了变化。经过 40 年的改革开放，我国有能力也有需求引进先进的科研设备，具备一定程度的跨国人才吸引力；未来要素导向型的国际科技合作应围绕创新型国家创新体系建设的需求，建立人才引进的长效机制和渠道，注重从软件和硬件两方面提高对国际人才的吸引力，同时注重对本地人才的国际化培养；消化吸取国外先进科技管理经验，建立现代科技管理体系；推动对国际创新资本要素的引进吸收工作，借鉴其先进思想和经验。在此过程中，企业的作用越来越重要，与高校、科研机构一起，参与创新资源要素的整合，开展国际科技合作。

（四）企业是研发导向国际科技合作的主要参与者

研发导向的国际科技合作主要是通过跨国组织对重大科技课题进行合作攻关，从而获得理论突破，丰富人类对自然界的认识和理解。

研发导向的国际科技合作主要针对基础理论研究，无法从中获得直接的经济、社会效益，因此，难以获得来自成熟的市场化力量的推动和支持。由于许多重大科学研究课题对基础设施和设备的需求甚至超过了一个国家所能负担的程度，也无法通过一个或几个科学家来完成，需要组织更多的研发人员、资金投入进行攻关。当前，通过国际组织协调，采用项目型合作以及计划合作、区域合作、机构合作等其他合作方式，进行研发导向的国际科技合作成了一种必然趋势。

通过研发导向的国际科技合作所获得的收益往往远超研发结果本身，参与的高校和科研机构培养了创新力量，提供了创新平台，为管理经验和创新能力相对落后的国家提供了难得的融入世界创新体系的机会。因此，应该引导高校、科研机构和有条件的企业研发中心开展研发导向的国际科技合作，在政策和资金两方面支持积极参与各种国际性大科学项目、积极寻求参与各种地区性的科技合作机会，更大程度地利用当前外交成果和优势为提高创新能力拓展国际渠道；大力倡导学术研究机构和企业研发机构自主寻找合作对象和合作单位，展开长期、深入的合作。

三、深圳积极营造企业全球创新链环境

随着经济全球化趋势加速、国际竞争新格局逐步显现，技术、知识、信息、资本、人才、自然资源在全球范围的流动和配置，围绕创新链不同环节的需求，充分利用全球科技资源，加强本地区的研究开发工作，以更低的成本、更高的效率获得更强的竞争力，成为新时期创新活动的鲜明特点，创新活动的全球合作趋势开始显现。

为此，针对不同的发展环节，深圳企业的国际科技合作需要立足本地区的需求、发展现状和优势，有针对性地选择合作的方式与内容。在基础研究和应用基础研究领域，针对前瞻性、关键性技术储备，联合国内研究机构与国外开展单边或多边的联合研发项目；在技术研发阶段，应着重针对关键技术和瓶颈技术开展国际合作，提升自主创新能力；在技术转移和成果转化阶段，加快建设区域创新体系，加强官、产、学、研、资、介合作，提升科技成果的转化效率。

（一）深圳企业的研发合作

深圳高新技术产业发展的一个法宝，就是在全球科技链条中寻找自身价值定位。20世纪80年代，面临第三次产业转移，全球电子信息产业的制造业部分，从美日欧等发达地区向港台地区及韩国等东亚细小经济体转移后，更进一步向中国内地转移。深圳毗邻香港，具有进出口便利的优势，成为此波产业转移的最优选择。深圳及珠三角地区正是在全球IT产业链中找到了自身的核心竞争优势，从而奠定了IT制造集群作为全球主

要生产基地的地位。随后，深圳的本土创业公司不止步于生产制造工序，而是进一步向产业链上游攀升，从而在研发和服务环节进行"进口替代"。

"十三五"以来，深圳主动服务国家区域发展、对外开放及"一带一路"倡议，优化区域创新布局，加强区域协同互动，提升创新引领带动作用，发挥深圳工业、物流、信息、商贸等基础优势，搭建国际创新合作平台，布局建设海外创新节点，加速融入全球创新网络，建成深度辐射、广度覆盖、便捷高效的全球创新网络核心枢纽。

（二）整合国内外创新资源

主动顺应全球新一轮科技革命潮流和趋势，建设一批开放式的重大科技设施、创新载体和服务平台。

国内首个以诺贝尔奖得主命名的研究院——深圳格拉布斯研究院，除了有获得2005年诺贝尔化学奖的美国科学院院士罗伯特·格拉布斯担任院长外，这座"大本营"背后还有一群中外"超级大脑"，将依托南方科技大学，主攻新医药、新材料、新能源领域。大鹏新区与诺贝尔生理学或医学奖获得者巴里·马歇尔合作共建了"马歇尔生物医学工程诺奖实验室"，引进马歇尔核心团队和多项世界先进的胃肠疾病诊断与治疗技术，将依托深圳大学在生物医学工程研究领域的理论基础，建设产学研紧密结合的实验室。龙岗区拥有以太空科技南方研究院、香港中文大学（深圳）机器人与智能制造研究院为代表的新型科研机构，2017年又新增2所诺贝尔奖科学家实验室、1家海外创新中心，形成科研创新"智核"，为创新产业发展培育和储备高质量人才带来源头创新活水。

苹果、微软、甲骨文、高通、英特尔、三星等一批跨国公司在深圳设立研发机构、技术转移机构和科技服务机构。通过举办高交会、电子信息博览会等大型展会，深圳积极打造创新成果转化平台，促进国际交流合作。

高标准建设深圳国际会展中心，依托高交会、IT峰会、BT峰会，打造具有全球影响力的科技产业创新成果展示、发布、交易一体化合作交流平台。

(三) 主动布局全球科技创新网络

搭建国际创新合作平台。搭建全球化、网络化的协同创新平台,发展网络众包、众筹等新模式,利用全球众智资源,拓展全球科技创新合作的深度与广度。完善创新创业"直通车"运转机制,与法国、德国、日本等全球主要创新高地建立一批全球创新创业"直通车"。

布局建设海外创新节点。依托企业、研究机构等各类主体,在国际创新资源高度密集的美国硅谷和波士顿、法国巴黎大区、以色列海法等地区部署建设若干国际研发中心、海外孵化器等,实现两地联动、资源互补、信息互通,集聚并孵化培育符合深圳产业发展需求的高端产业人才、技术和项目,打造"在国外创新孵化,在深圳加速转化"的新型模式。建设"一带一路"数据中心和环境技术交流与转移中心(深圳)、海上丝绸之路科技合作与转化中心。

第三节 企业参与 21 世纪海上丝绸之路的主要模式和重点方向

推进丝绸之路经济带和 21 世纪海上丝绸之路(以下简称"一带一路")建设是我国政府根据时代特征和全球形势提出的重大倡议。深圳应主动谋划、积极作为,在建设海上丝绸之路中发挥重要作用。深圳应瞄准建设海上丝绸之路的强大支撑和关键连接点,充分发挥特区、湾区叠加优势,加快打造产业发达、功能强大、开放互动、集聚外溢的粤港澳大湾区的核心引擎,推动与沿线城市发展联动、区域协同、利益融合、互联互通,为我国实施"一带一路"倡议做出突出贡献。

一、企业走出去的主要模式

从我国企业"走出去"的实践可以看出,企业"走出去"选择国际化的经营的模式不尽相同,主要分为市场、技术、资源和资本四种国际化模式,企业在不同阶段会采取不同模式,或者同时采取多种模式。

(一) 企业国际化的经营模式

1. 市场国际化模式

随着企业实力的日益壮大以及国内市场的渐渐饱和,很多企业开始转向全球海外市场。企业市场国际化模式主要包括:全球采购与销售;收购企业获得海外销售渠道;国内名牌自建销售网络走出国门;境外设厂;全球专业化的 OEM(原始设备制造商);国内优势企业先建销售网络、再建生产基地,开拓国际市场;自建研发基地,开发适合当地市场的产品;国内领先企业并购重组跨国公司业务,整合全球资源,成为跨国公司;工程承包和劳务输出;跨境服务。

2. 技术国际化模式

改革开放以来,我国企业多通过与外资合资、合作,通过"市场换技术"的方式获得技术。随着中国"走出去"的进程不断推进,以高新技术企业为代表的中国企业开始以主动"走出去"的方式获取技术。技术国际化模式主要包括高新技术企业通过跨国并购获得技术进入新领域,新产品和高新技术优势企业实行研发业务的全球化运作、境外设立研究机构,技术型企业境外建立研发机构不断引进新技术,传统企业通过跨国并购获得技术以提高国内市场竞争力四种模式。

3. 资源国际化模式

随着经济发展,我国经济对一些重要自然资源的对外依赖性越来越强,当通过一般贸易不能满足国内对资源的需求时,资源型企业就选择了国际化发展战略。多元化的石油等资源供给,不仅仅是企业战略问题,也是国家能源战略问题。资源型企业的国际化战略目的包括：通过获得或控制境外自然资源来满足国内市场需求，提高企业在国内的资源供给能力；引进海外资源，利用国内生产能力，满足国际市场的需求；利用海外资源和海外生产能力，开拓海外市场。

4. 资本国际化模式

资本资源是中国企业在高速成长过程中的必要补充。根据上市目的和企业背景不同，中国企业资本国际化采取三种主要模式：新技术公司利用海外资本发展壮大，民营企业绕道海外上市融资，大型国企海外上市融资。

（二）企业"走出去"模式选择

企业"走出去"，一般采取"逐渐升级"或"全球启动"的方式。"逐渐升级"是指企业通过出口贸易等方式起步，不断升级到设立海外销售渠道、境外设厂、设立研发机构，再到利用海外资本市场等。一般中小企业的国际化往往采取这种模式。"全球启动"是指，企业一开始就实施国际化战略，在世界各地进行直接投资，进行全球化的市场、生产、技术、资本的全方位合作，实现要素的最佳配置。一般高科技企业采取这种方式的比较多一些。

企业选择国家化经营模式时，需要综合考虑企业自身条件、所处行业的技术先进性和产业发展前景，国内外经济、政治、社会、文化环境等。企业在国际化经营的不同阶段，可以选择不同的模式，交替使用，相互补充，在不同环境下，充分发挥各模式的优势，扬长避短，以高质量地推进企业国际化进程。

二、参与21世纪海上丝绸之路的重点方向

"一带一路"倡议顺应了我国要素流动转型和国际产业转移的需要，企业走出去参与"一带一路"建设可以找到更多发展的机会，也可以提

升企业国际化的能力。

(一) 深圳企业积极参与21世纪海上丝绸之路建设

作为"海上丝绸之路"重要节点城市,深圳主动融入"一带一路"建设,加快构建具有国际竞争力的全面开放新格局。2017年,深圳对"一带一路"沿线国家协议投资额4.1亿美元,与沿线国家贸易额5756亿元人民币,增长19.3%。深圳企业借助"一带一路"倡议,成为"走出去"的领飞"头雁"。深圳企业2017年对外承包工程营业额145.4亿美元,占全省80.3%,连续7年居全国大中城市首位。

加快推进"走出去"模式,布局"一带一路"沿线国家市场。2017年,中国-越南(深圳-海防)经济贸易合作区入驻首家企业,建成中白(中国-白俄罗斯)商贸物流园一期,巴布亚新几内亚"中国广东(深圳)产品展销中心"取得营销佳绩;发起设立100亿元人民币深圳丝路发展基金,连接沿线城市的集装箱班轮航线达205条,开通至明斯克、杜伊斯堡中欧班列。同时,深圳能源集团巴布亚新几内亚拉姆Ⅱ期水电站项目正式启动,深圳市特区建设发展集团巴布亚新几内亚援建学校项目建设进展顺利,中兴收购土耳其最大系统集成商,支持企业参加境外重点展览。

对外并购。深圳企业积极采用对外并购作为拓展国际市场的重要手段,围绕关键核心技术和海外研发人才队伍进行的国际投资并购特色鲜明、成效显著,涉及安防、生物医药、电子信息等多个领域。如华大基因收购美国CG公司、英飞拓收购全球智能IP视频方案供应商March Networks及安防视频监控生产商Swann Communications、大族激光收购以色列激光检测器械公司Nextec、海普瑞收购美国肝素生产企业SPL、腾邦集团收购全球最大的水上飞机公司——马尔代夫TMA集团等。

主动参与全球价值链分工。深圳企业以国际化的视野和长远的战略思维,在信息通信、生物医药、消费电子、能源电力、海工装备等领域形成了若干分布全球、优势明显的产业链条。中兴通讯在海外160多个国家和地区开展业务，国际业务收入接近50%，欧美高端市场占比已达25%，同时加大了对国际标准制定的参与力度，以谋求更多的国际话语权。

设立在境外的研发中心。深圳企业通过设立境外研发中心，支撑创新发展。华为在俄罗斯、瑞典、芬兰、英国、美国、印度、韩国和日本等国家设立了40多个海外研发中心和联合创新中心，国际创新网络有力支撑起了华为在国际通信领域的"领头羊"地位。中兴在全球拥有18个研发中心，其中7个海外研发中心全部设在美国或欧洲。

"全球要素"加"全球市场"。深圳以"全球要素"和"全球市场"作为重要推动力，打造具有国际竞争力的产业体系。深圳企业不断拓展海外市场，逐步完善全球营销网络，并且凭借出色的产品服务质量和超高的性价比，不断提升海外市场占有率。华为、中兴、海能达、迈瑞、海普瑞、英飞拓、雄韬等企业海外市场贡献了50%以上的营收，其中华为海外收入占比60%，海普瑞、英飞拓海外收入占比超过80%。

（二）21世纪海上丝绸之路关键连接点建设的重点方向

在国家"一带一路"建设中，地处粤港澳大湾区和海上丝绸之路要冲的深圳再次主动担当、主动作为、主动选择提出大力发展湾区经济，建设21世纪海上丝绸之路关键连接点。

1. 全面增强海上丝绸之路关键连接点开放引领功能

一是加快构建海上丝绸之路经贸合作枢纽，积极参与中国-东盟自贸区升级版建设，吸引中国-东盟国际合作机构落户。二是努力建设服务国家南海开发的战略基地，在国家统一部署下，积极参与南海资源开发，支持国家南方海上油气田建设，争取了设立南海渔业、石油、天然气等资源产品交易和定价平台，完善船舶及海洋工程融资、保险、租赁、海事仲裁等专业服务体系。三是积极推动粤港澳世界一流湾区建设，参与推进粤港澳大湾区的开放与合作，促进湾区内交通全面对接和发展要素高效便捷流动，提升国际竞争整体合力，共同打造亚太地区最具活力的世界级城市群。四是着力促进前海成为海上丝绸之路重要支点，按照"依托香港、服务内地、面向世界"的要求，高质量推动前海大开发、大开放。

2. 全面增强海上丝绸之路关键连接点创新辐射功能

一是大力强化湾区自主创新基础能力，瞄准科技前沿，聚焦未来发展，吸引全球高端创新资源和要素，在基础性、前瞻性、战略性科技领域，不断增强源头创新能力。二是着力优化湾区自主创新生态体系，充分发挥国家自主创新示范区的政策效应，促进创新资源的加速流动和优化配置，推动技术、产业、金融、管理、商业模式创新、跨界融合，促进创新多主体结合、多要素联动、多领域合作，不断完善原始创新、开放式创新和协同创新协调共进的综合生态体系。三是加快建设面向全球的创新策源地，积极参与国家"科技伙伴计划"，支持领军企业到"一带一路"沿线国家设立研发中心、产品设计中心，合作建设国际技术转移中心和推广基地、科技企业创新园和孵化器等创新载体；推动企业从输出产品向输出技术、标准和品牌转变，提升对沿线国家科技创新辐射能力；提供知识产权和科技金融等支持。

3. 全面增强海上丝绸之路关键连接点要素集聚功能

一是大力发展金融贸易核心功能业态。增强湾区的金融、贸易、航运等资源配置能力，推动产业链和价值链向高端延伸，充分发挥金融贸易航运中心的辐射带动作用。二是大力发展高端技术研发业态。发挥强大的产业链协同创新优势，创新研发组织形式，大力发展以市场需求为导向的研发产业，深度挖掘互联网经济、蓝色经济和绿色经济增长潜力。三是大力发展高端价值服务业态。完善总部经济发展的相关政策和配套措施，积极引进沿线国家行业发展龙头企业；促进黄金珠宝、服装、眼镜、钟表等传统优势产业向时尚创意产业转变，努力建设时尚创意之都；培育发展高端旅游、国际会展、文化创意、信息资讯、高端赛事等新兴业态，大力发展法律、会计、检验检测、认证等专业服务，深化与沿线国家的服务外包、新兴传媒、文化旅游等领域的合作。

4. 全面增强海上丝绸之路关键连接点互联互通功能

一是大力强化世界级海港枢纽地位，强化深圳远洋集装箱枢纽港功能。二是加快建设区域性国际航空枢纽。加强与香港机场的互利合作，合力打造国际重要的航空门户，着力增强"经港飞、经深飞"影响力，开通更多的东盟、南亚航班航线，构建海上丝绸之路主要城市"4小时航空圈"。三是充分发挥多港联动效应，超前布局和建设一流信息基础设施，推进智慧城市、无线城市建设，加快建成全球信息网络的核心节点。四是全面拓展湾区发展战略纵深，参与建设粤新欧国际物流大通道，积极对接国家陆路骨干网，提升中亚、南亚等新兴市场的拓展能力。

5. 全面增强海上丝绸之路关键连接点基础支撑功能

一是打造国际一流营商环境。二是加快打造国际一流公共服务环境，全面提升医疗、教育、文化等公共服务能力，打造高品质的湾区生活环境，提升对海上丝绸之路沿线国家资本、人才、机构的吸引力。三是突出打造国际一流城市环境。统筹陆海空间，突出滨海特色，优化岸线开发强度梯次，调整岸线功能布局，科学规划、合理开发滨海区域。学习借鉴海上丝绸之路先进城市经验，以国际一流水准提升湾区重要支点和都市圈（大湾区广佛肇、深莞惠、珠中江三大都市圈）的规划设计水平，打造体现海洋风貌的湾区都市景观。四是积极营造开放多元的国际化氛围。全方位开展国际交流合作，加快国际语言环境、国际化优质商圈和生活社区建设，大力培育多元包容的开放文化。

第七章

科技创新与"深圳模式"

创新是引领发展的第一生产力，改革开放40多年来，深圳充分发挥市场机制活力，坚持创新驱动发展战略，创造出了经济发展的奇迹。深圳的科技创新走出了一条"科技+产业+金融"的发展路径，通过集聚大量的科技创新人才，以产业链带动创新链，在创投资本推动的金融体系下，创新环境不断优化，创新成果不断涌现。

深圳的发展得益于开放。在全球化发展的新形势下，深圳通过开放引领创新，面向全球配置资源。通过支持企业"走出去"、建立科技创新走廊等方式，积极参与国际分工，进一步拓宽发展空间，实现了创新能力的提升。

21世纪海上丝绸之路给深圳在新一轮对外开放中提供了新的历史机遇，深圳应发挥自身科技创新优势，加强与21世纪海上丝绸之路沿线地区的科技创新协作，提升深圳的核心竞争力与国际影响力。

第七章 科技创新与"深圳模式"

第一节 科技创新发展模式比较

历史经验表明,科技革命总是能够深刻改变世界发展格局。16、17世纪的科学革命标志着人类知识增长的重大转折。18世纪出现了蒸汽机等重大发明,成就了第一次工业革命,开启了人类社会现代化的历程。19世纪,科学技术突飞猛进,催生了由机械化转向电气化的第二次工业革命。20世纪前期,量子论、相对论的诞生形成了第二次科学革命,继而发生了信息科学、生命科学变革,基于新科学知识的重大技术突破层出不穷,引发了航空、航天、电子技术、核能、计算机、互联网等领域内里程碑式的技术革命,极大地提高了人类认识自然、利用自然的能力和社会生产力水平。科技创新能够迅速提升国家的经济实力、科技实力、国防实力,一直都是各个国家关注的焦点。

一、科技创新发展的理论探讨

1. 创新的内涵及五种创新活动

科技创新的理论是在经济学和管理学的有关理论基础上发展起来的。1912年,熊彼特(J. Schumpeter)在其著作《经济发展理论》中首次提出"创新"概念及其理论,阐述了科技进步与经济发展的内在联系。① 当时所指的"创新"仅仅是指新技术和新发明在生产中的首次应用,熊彼特特别强调组织创新、管理创新、制度创新、社会创新和技术创新之间的联系。根据熊彼特的创新理论,创新活动体现为五种情况:

---

① 参见[美]熊彼特《经济发展理论》,孔伟艳、朱攀峰、娄季芳编译,北京出版社2008年版。

（1）采用一种新的产品，也就是消费者还不熟悉的产品或某种产品的一种新的品质。

（2）采用一种新的生产方法，也就是有关的制造部门在实践中尚未知悉的生产方法，这种新的方法不仅需要建立在科学上新的发现的基础之上，并且，它也可以存在于在商业上对一种商品进行新的处理。

（3）开辟一个新的销售市场，也就是相关国家的相关制造部门以前不曾进入的市场，这个市场以前可能存在，也可能不存在。

（4）获得原材料或半制成品的一种新的供应来源，同样，不论这种供应来源是否业已存在，总之是过去没有注意到或者认为无法进入而需要创造出来的。

（5）实现一种新的组织，比如造成一种垄断地位（如"托拉斯化"），或者打破一种垄断地位。

后来，人们将他这一段话归纳为五个创新，依次对应产品创新、工艺创新、市场创新、资源配置创新、组织创新，这里的"组织创新"也可以看作狭义的制度创新。按照熊彼特的观点，所谓创新就是建立一种新的生产函数，把一种从来没有过的关于生产要素和生产条件的新组合引入生产体系，作为资本主义"灵魂"的企业家的职能就是实现创新，引进新组合，资本主义社会不断地实现新组合，就是经济的发展。

2. 国家创新体系的研究

自20世纪90年代以来，世界经济开始向知识经济转移，单纯的"技术立国"表现出明显的发展的局限性。熊彼特以及之后在其理论基础上发展起来的新熊彼特主义经济学派的理论构成了现代创新研究的基础，这些理论也是国家创新体系的研究起点。

1987年，英国学者克里斯托弗·弗里曼率先使用"国家创新系统"的概念。[①] 他指出，国家科技创新体系是由公私部门各机构组成的网络，

---

① Freeman C. Technology and Economic Performance: Lessons from Japan. Printer Publish, 1987.

在各机构的活动与相互作用下,各种新技术得以促成、引进、修改和扩散。弗里曼主张的国家科技创新系统概念,重点关注国家制度、社会文化等因素对于一个国家创新实绩的影响。他的这一研究不仅深化了对产学研合作创新的本质特征的认识,更重要的是明确了政府在产学研合作中的重要作用,为产学研合作的广泛开展奠定了坚实的理论基础。

美国学者 Nelson 在研究了 17 个国家的技术创新案例后,指出了基于"技术国家主义"的制度和政策支持的企业是提升一国技术创新和竞争力的核心要素。经济合作与发展组织(OECD)于 1997 年提出了迄今广为接受的国家创新系统的定义,也即"国家创新系统是由公共部门和私营部门的各种机构组成的网络,这些机构的活动和相互作用决定了一个国家扩散知识和技术的能力,并影响国家的创新表现"①。

国内关于国家创新体系的研究大多是从科学技术体制的变革入手来理解国家创新体系的,认为国家创新体系主体由政府、企业、科研院所(高校)与支撑服务四个要素以及四者相互之间的作用构成。《国家中长期科学和技术发展规划纲要(2006—2020 年)》中明确指出:"国家科技创新体系是以政府为主导、充分发挥市场配置资源的基础性作用、各类科技创新主体紧密联系和有效互动的社会系统。"该文件对科技创新体系的界定内在地包含了企业、大学、科研院所等创新的主体要素,技术、资金、人才等创新的资源要素和法律、政策、文化等创新的环境要素。

3. 国家创新体系下的科技创新发展模式研究

学术界在熊彼特创新理论的基础上开展了进一步的研究,使创新的经济学研究日益精致和专业化,仅仅创新模型就先后出现了许多种,其代表性的模型有:技术推动模型、需求拉动模型、相互作用模型、整合模型等,构建起技术创新、机制创新、创新双螺旋等理论体系。科技创新的发展模式是对创新发展在科技创新领域的解构,区域创新体系(regional

---

① 陈劲、尹西明:《国家创新系统演化与中国探索》,载《经济参考报》2019年4月1日,第7版。

innovation system，RIS）的理论在 1992 年被提出，是一种跨越世界经济界、管理学界和地理学界的新研究领域，区域创新体系本身通过了"后福特主义""产业集群""区域的崛起"等经济的实践和经济理论展开并得到发展，以系统的、动态演化的观点将区域中的制度、文化、组织等因素在经济学理论以及熊彼特的创新理论基础上开展分析。

1993 年 6 月，"世界科学工业园协会"第九届世界大会①提出了"三元参与理论"，首次从理论上对科技创新发展早期的重要发展模式之一的"高技术区"模式进行研究。该理论指出，在这种科技创新的发展模式中，政府是园区外部环境的创立者和园区内部组织机制的启动者，大学与科研院所是高技术与高素质人才之源，企业是科研资金提供者和新兴市场开拓者，三方通过强有力的协作，为不断提高自身的能力服务。1996 年 1 月，在阿姆斯特丹召开的由美国国家科学基金会、欧盟和荷兰教育文化与科学部等发起的专题研讨会上，与会代表提出应采用"三重螺旋转模型"来加强大学、产业、政府之间的合作，②促进国家科技创新体系的形成与发展。大学应当与产业建立良好的合作伙伴关系，而政府应当支持这种关系的形成，但大学要保持相对独立性，在与产业互动的同时，仍要保持自己的独特身份和特征。

改革开放以来，在国外相关理论研究的基础上，关于科技创新的发展模式越来越多地成为国家创新建设计划中的重要研究对向。在国家科技创新体系的基础上，我国的科技创新模式研究提出包括了以地理区域为标准并以"科技园区为核心"的发展模式、以项目管理和投入方式为标准并"以大科学计划为核心"的发展模式、以产业及部门为标准的官产学研结合模式等发展模式，③深圳的科技创新管理部门和各社会单位对于科技创

---

① 1993 年 6 月，在加拿大蒙特利尔召开的国际科学工业园协会第九届世界大会。

② 三螺旋是指公告管理部门、生产企业、教育机构这三个部门互相影响形成的螺旋结构。

③ 参见赵晓男、代茂兵、郭正权《科技创新与中国产业结构升级》，载《经济与管理研究》2019 年第 7 期，第 61～74 页。

新发展模式的提出和实践也开展了不同方式的实践。

20世纪90年代以后，随着改革开放进程的加快，深圳科技创新不断取得引领性成果。开放的市场、有效的政府治理激发了企业科技创新的活力，围绕人才这个"第一资源"，建设了创新主体相互依存、创新要素协同的开放性、多样性、强竞争的综合创新生态体系。正是由于有了这样的创新体系，深圳的科技创新才有了自己的特有基因，形成了科技创新城市的特色，并将通过创新生态体系的演化确立其在全球竞争中的优势地位。但是，关于深圳科技创新模式的研究仍相对缺乏，随着时间的演进和社会的变化，相关理论和既定的发展模式也遇到了社会格局变化的挑战，在深圳近期社会实际情况和科技创新发展水平的基础上，提出深圳科技创新发展模式的分析已迫在眉睫。

二、美国、日本、德国和中国科技创新发展的模式

1. 美国科技创新发展模式

美国的科技创新模式总体上可以归结为——以政策文化助力科技创新。美国是一个移民国家，其国民带有强烈的冒险和创新精神，重视通过自身奋斗实现人生价值，鼓励探索创新，宽松的环境激发了许多人的灵感和创造力。美国将保护知识产权写进了宪法，在其建国之初就颁布了专利法，极大地调动了人们进行发明创造的积极性。同时，美国政府建立了比较完善的科学研究、技术发明和创新政策支持体系，政府大力支持产学研合作和军民科技研究合作，通过税收优惠等措施来扶持中小企业，并促进科研成果的转化应用。[①] 以下为美国科技创新模式的嬗变过程：

（1）创新的手工方式。前现代社会由于人口规模相对较少，工匠、农民的数量、生产实践的经验也相对较少，经验型在技术创新中没有优势。

---

① 参见晁蓉《美国科技创新模式的嬗变及启示》，载《科技和产业》2018年第7期，第75～79页。

但是在15、16世纪的科学革命之后,"试错—改错—再试验"的方法被广泛运用,并且不再局限于具体的生产实践,很多方法能够在试验室里完成,因而创新的能力大大增强。在18到19世纪间,美国出现了两位以实验而著名的科学家,本杰明·富兰克林和托马斯·爱迪生,"避雷针、留声机、电灯、电报"等发明,大多源自实验室和自己的亲身体验。这种把实际事物与实践结合在一起的本事,一直影响着美国人,这种鼓励创造性动手的思想,使得美国在整个19世纪的发展过程中成为创新的温床。

(2)创新的工业模式。第一阶段:技术创新引发了工业革命,美国的科技创新在19世纪中期开始对英国、德国实施经济与技术上的赶超。基础研究依赖于欧洲进步的科学,但是技术上进行了大规模的引进和改良,实现了本土化制造业的大发展。以美国的汽车产业为代表,汽车制造商为了适应本土汽车产业的需求,采用了发动机前置、后轮驱动的模式,发明了流水线作业的方式,使得生产一辆车的时间从过去的22小时降到了90多分钟。就这样,依靠技术进步,生产要素在部门之间自由流动,生产率上升、收入提高,美国企业部分创新活动呈现出资源密集型特征,进而往资本深化方面进行发展。第二阶段:商业需求使大型研究机构发展到顶峰,成为享誉世界的重量级机构。20世纪初,美国通用公司(General Electric Company)率先建立研究实验室,应用现代科学知识进行工程技术创新,使得公司获得了很大的发展,到1945年第二次世界大战结束时,该研究所已取得多项科研成果,包括原子能的开发、航空用发动机、军用雷达等,大部分用于国防需求。同时,以贝尔实验室(Bell Labs)为代表的"民办科技"也是美国应用科技方面的重量级研发机构。贝尔实验室的研究方向主要朝基础学科领域发展,不断推出影响人类生活的创新产品,传真机、数字调制解调器、通信卫星、光纤等一系列通信技术的发明,以实用为目的,将科技转化为现实的生产力,获得了市场上的成功。第三阶段:知识和资本取代自然资源,成了经济增长的新模式。第二次世界大战(以下简称"二战")前后,美国建立了庞大的创新体系,政府投入了前所未有的投资力量和制度形式,美国的"曼哈顿工程""阿波罗登月工程"以及20世纪80年代的"人类基因组工程"是大科学工程时代科技创新的代表,属于工程上的重大创新。在国防科研方面的巨大投入,使得美国的创新能力大大增强,这些研究成果除了支撑美苏大国争霸以外,很多最终转化为民用产业技术和产品,这种科技创新展现出的知识与资本取代自然资源的优势,成了美国经济增长的新模式。

(3)非制度化创新模式。以创新企业家为特点,由风险资本投资并注入,创新模式更多来自开放和集成,创新的发展主要由企业、大学与研究机构运行,政府起着推动作用。美国成熟发达的资本市场系统和灵活的风险投资机制为创新提供了重要的融资渠道,大量资本通过纳斯达克市场,集中于创新企业的初创和成长两个融资需求最旺盛的阶段,资助有前景的科技企业上市,最成功的典范是硅谷科技中心的形成,代表性的公司有惠普、苹果、思科等。

(4)新的创新商业模式。市场需求的反向推进,产生了实验室与生产力并进的创新商业模式。2011年,美国政府推出了实验室到市场计划的新的商业模式,从市场需求反向推进,旨在加速联邦资助产生的有前景的创新技术向市场转化,创新团队直接把科研项目转化为创业机会,让创意拥有者实现商业化,把科研人员迅速变为创业者,形成"创新梦工厂""知识资本在造"等科技创新模式。

2. 日本科技创新发展模式

日本的科技创新模式总体上可以归结为——从模仿到原创发展科技。日本是后发国家赶超先进国家、实现"跨越式"发展的成功典范,它之所以能在19世纪末实现崛起,是国内国际多种因素和一定历史条件共同作用的结果,外来技术本土化和人才培养是日本崛起的关键。[①] "二战"后,在日本政府的大力支持下,日本结合本国实际,制定了严密的科技计划与发展规划,形成了"消化吸收再创新"的发展模式,一定程度上为

---

① 参见张晋《日本科技创新模式的发展及借鉴》,载《中国高校科技》2018年第7期,第38~40页。

日本经济的复苏发挥了积极作用。纵观日本科技创新发展历史,大致经历了模仿创新、引进消化吸收再创新、集成创新、原始创新四个阶段。

(1)模仿创新阶段。由于面临资源条件不足,技术基础薄弱等原因,日本在20世纪50年代,主要实施模仿科技创新模式,通过合理手段引进购买核心技术,学习并掌握科技创新者的思路和方法,并以此为基础结合本国实际进行优化和改进,开发出适合本地市场的产品。在技术创新的过程中,日本非常重视对引进的技术的审查,引进的技术要与本国经济发展战略相适应,对本国企业发展必须有利,同时也给予一些政策支持,发挥科技创新在企业发展中的主体作用。

(2)引进消化吸收再创新阶段。在经历了模仿阶段后,日本认识到了技术创新的重要性,在引进国外先进技术的基础上,通过分析创造者的核心技术和设计理念,提升自身的研发能力和创新能力,逐渐开发出具有自主知识产权的产品和技术,对本国优势科技资源做进一步的挖掘,打造本国的科技创新产品,在激烈的市场竞争环境之中,日本企业注重对科学技术的改良与创造,更好地满足了市场的需求。

(3)集成创新阶段。所谓集成创新是指将创新要素交叉融合,是对改进创新的一种更高形式的升华,在集成创新过程中,各类创新主体可以实现优势互补,形成独特的创新能力及优势。这种集成创新模式是独具日本特色的,而且日本在集成创新之中取得了明显成效。考虑到日本的科技创新研究基础较为薄弱,尤其是与欧美国家相比差距较大,日本选择了集成创新的形式,最大限度地发挥了资源要素的合力,对创新要素进行集成发展。该模式之所以能够取得成功,主要得益于企业之间的有效沟通与交流,促成了资源的有机整合。

(4)原始创新阶段。原始创新是科技创新的较高层次,是对基础研究领域中做出的全新的发明或创造,是科技创新的源泉,同时也是促进科技进步的重要力量。日本的科技原始创新对本国科技创新的推动作用是十分巨大的。总体来看,这种创新模式具有如下几个特点:一是技术突破具有内在性,二是技术的研发具有率先性,三是知识的支持具有内在性。日本的原始创新多是在借鉴和吸收人类科学技术基础上形成的，同时也进一步延伸了科技创新的价值链条。

3. 德国的科技创新发展模式

德国的科技创新模式可以归纳为——以政府与私人研发机构间合作为主导的科技发展模式。作为"二战"的发起者和战败国，德国的经济和社会发展曾遭受毁灭性的打击，同时流失了大量优秀的科技人员，科技发展整体水平一度落后。"二战"后，德国政府高度重视科技创新的复苏和发展，西德经济开始腾飞，注重工业基础与技术创新的结合。两德统一后，德国政府制定了一系列促进科技创新的战略规划并辅以政策举措的配合，不断加大科技投入，建立了完善的科技管理体系和研发体系，德国重新回到了科技大国和创新强国的行列。随着欧盟的成立，德国开始拓展科研力量，引领深化欧洲科技合作。140年来，德国的政治变化急剧、频繁，德国所经历的变化和调整可能比世界上任何国家都大。在动荡的岁月中，德国体制的整体应变能力由此展现了出来。以下是对德国科技创新发展轨迹的梳理：

（1）19世纪德国的科技发展。在19世纪早期，德国的大学允许科学独立地发展，并且在其自身发展过程中创造出了不少有效的科研组织形式和方法，诸如实验室、研究生指导制度、研究生院、高校研究所以及专业科技刊物的出版等，这些都是德国首创。① 到19世纪中期，研究定位已经在德国大学中被稳固地建立了起来，德国的大学研究提升到了很高的水平，并且在某些领域（如医学、化学和物理学）甚至攀升到了世界领先的地位。大学和技术院校之间也存在知识的流动，教育系统和产业公司同样存在着联系。随着教育水平的提升，德国现代工业逐渐兴起，西门子、通用电气这些大公司的规模性发展，使得德国国内工业后来居上，迅速赶上并超过英、法等国（德国非官方的工业与企业研发部门是世界上最早

---

① 参见丁斌《重构课程体系，培养建筑学专业应用型创新人才——德国应用科技大学模式的借鉴与启示》，载《教学研究》2017年第6期，第104～107、113页。

成型的企业研发体系)。

(2) 20世纪德国的科技发展。20世纪初,德国正处于加入富国俱乐部的进程中,也拥有着正在向世界市场快速迈进的动态产业。但是,政治的独裁阻碍了其向更加民主的系统发展的可能。德国从"二战"后到两德重新统一,大体经历了三个发展阶段:①恢复和重建阶段(1949—1955年)。"二战"后,在国家被一分为二的两个部分中完成了惊人的经济复苏。在国家的东部,苏联引入了中央计划经济。在西部,盟军则废除了国家社会主义经济的中央计划结构。他们有效地分散了一些产业,特别是化学和钢铁产业。科学研究工作逐渐恢复,从开始仅限于民间技术的研究,逐步发展到原子能、空间技术等高级科学技术领域。②调整与振兴阶段(1955—1969年)。1955年联邦德国结束被盟军占领的状态,成为一个真正的主权国家,德国的科技事业自此进入迅猛发展阶段,科技体制也完成了意义重大的转折。联邦政府在恢复了主权之后,迅速成立了原子能部(专门负责科技工作的联邦政府职能部门),全面恢复了核研究工作并开始进行一定规模的宇宙空间技术的研究。从1956年到1969年,联邦政府斥巨资相继建立了12个国家研究中心。1962年,联邦政府将原子能部改组为联邦科学研究部,并由它来负责确定科研方向及重点,制定科技政策,管理科研经费。此时,政府除了积极支持国防、原子能和空间技术发展外,也开始支持军事科学技术在民用生产领域中的推广应用。③巩固与发展阶段(1970—1989年)。从1969年起,联邦政府科技政策的总目标是提高经济效益和产品竞争能力、保护资源和自然界的生态平衡、改善劳动和生活条件。1972年,德国成立了联邦研究技术部,制定了一系列鼓励和扶持工业企业建立研发机构开发新产品和新技术的优惠政策,这使得德国工业企业研究机构在数量和质量上都发生了巨大的变化,成为应用技术研究的主力军。

(3) 20世纪末德国的科技发展。20世纪80年代以来,德国政府先后出台了一系列法规,以不断强化战略规划对科技创新的引领作用。1982年,联邦政府制定了促进创建新技术企业的计划,将建立更多高技术公司

第七章 科技创新与"深圳模式"

作为国家的一项战略措施。同时,政府加强了对研发创新的投入力度,作为一个统一的联邦制国家,德国联邦和16个州政府各自行使科技管理职能,每个州对其教育事务都具有立法权,并进行研发活动资助,每个州约有50%的公共研发支出来自州政府。2008年,德国实施科学与研究国际化战略,该战略同高科技战略、研究与创新协议(pact for research and innovation)和卓越计划(excellence initiative)共同组成德国研究与创新政策的核心。联邦政府努力将德国研究与创新纳入欧洲框架中,德国科学部门对欧洲研究能力的增强和扩展具有重要的作用。

4. 中国的科技创新发展模式

改革开放以后,中国的科技创新模式可以归结为工业化与全球化主导下的科技创新发展。近代以来,由于各种原因,中国屡次与科技革命失之交臂。中华人民共和国的成立标志着中国科技创新事业进入了一个新的历史时期,逐步构建起了现代化科学技术体系与体制。[①] 1978年,中国实行改革开放,迎来了"科学的春天",牢牢把握住了世界工业化和全球化的大势,制定了符合国情的科技创新发展方针,开始了科技创新之路。

(1)中国科技创新发展的简要历程。我国实行改革开放以后,特别是加入WTO后,中国科技创新体系在开放、模仿中逐步成长,到如今发展到自主创新的阶段,科技创新走过了"全面模仿、技术引进—合资合作自主创新—完全自主创新"的发展道路。一是全面模仿、技术引进。改革开放初期,中国的研发能力和技术资源都在政府的独立机构中,科技和自主创新还处在萌芽阶段。中国经济体系逐步由指令型计划经济向市场经济型转变,国有企业大规模引进先进技术,乡镇企业和集体所有制企业迅速崛起,民营经济从无到有逐步发展。随着经济体制改革的破冰,中国科技体制改革进行试点并逐步全面展开,国家创新体系经历了重要转型。1982年9月,党的十二大把科学技术提到国家经济发展的战略高度上来,

---

[①] 参见潘教峰《中国科技创新走过一条什么样的路?》,载《学习时报》2019年3月13日,第6版。

1984年颁布《中华人民共和国专利法》，1985年中共中央发布《关于科学技术体制改革的决定》等，一系列政策的出台旨在提高我国自主创新能力，以充分发挥技术引领未来发展的先导作用。二是合资合作自主创新。20世纪90年代，这个阶段是在1992年邓小平同志南方谈话背景下以建设中国特色社会主义道路和加大改革开放为基础的中国关键转型阶段，中国工业化的技术创新进入加速发展时期。民营企业快速发展，市场由供大于求向供不应求过度，企业间的竞争日趋激烈，"以市场换技术"受到越来越多的挑战，开始为以技术创新为核心竞争力的企业提供发展可能性，以及为科技创新从固定的引进模式开始向对外交流与合作的模式转变提供基础。企业发展从单纯的技术创新投入开始辐射到注重人才与技术的双重投入，积极发挥了市场需求和社会需求对科技进步的导向作用，有力地推动了中国工业创新加速发展。三是完全自主创新。进入21世纪，中国以技术创新为主的高端制造业开始起步，市场导向型自主创新逐步形成。自2001年中国加入世界贸易组织（WTO）以来，中国制造步入了"与狼共舞"时代，大批民族品牌在真正的市场洗礼中锻炼成长，中国制造的计算机、手机、汽车等受到国内外消费者喜爱，以外贸为导向的中国制造模式开始出现。但是，随着"海淘"的兴起以及新一轮的消费者升级，中国先前在国际上的低成本优势逐渐减弱，中国制造亟待转型。2015年，国务院正式印发《中国制造2025》，中国正式进入"创新驱动、质量为先、绿色发展、结构优化、以人为本"的制造业发展新时期，力图推动互联网、大数据、人工智能和实体经济深度融合，向"中国智造"转型。

（2）国家创新体系下的科技产业创新。党的十八大提出实施创新驱动发展战略，指出科技创新是提高社会生产力和综合国力的战略支撑；党的十九大强调创新是引领发展的第一动力，是建设现代化经济体系的战略支撑，指出要着力加快建设实体经济、科技创新、现代金融、人力资源协同发展的产业体系。当前，全球科技创新速度明显加快，并且以前所未有的广度和深度改变产业发展模式，催生新的产业形态，塑造现代产业体系,发达国家和地区普遍积极抢抓技术革命和产业变革先机,布局"新工业革命"。① 我国建设现代化经济体系,要积极顺应、牢牢把握新科技革命和全球产业变革的大趋势,进一步创新体制机制,以科技创新引领现代化产业体系建设。

一是紧贴科技前沿,抢占世界科技创新制高点。原始创新能力和关键技术供给不足是中国科技创新的一个短板。要瞄准世界科技前沿和国家战略需求,强化基础研究,实现前瞻性基础研究、引领性原创成果重大突破。二是重塑现代产业技术体系,促进科技创新和产业发展深度融合。科技创新与产业体系的有效衔接和有机融合是科技服务于经济发展的关键一环,以技术的群体性突破支撑引领新兴产业集群发展,促进产业转型升级,不断提升科技创新对传统产业转型的作用。三是继续加强创新载体建设,提升全链条创新能力。进一步深化中国区域创新分工体系,明确企业、科研院所、高校、社会组织等各类创新主体的功能定位,通过市场主导与政府引导相结合,培育更加多元的、更有活力的创新主体集群,构建开放高效的创新网络,加速弥补中国在科技创新领域的短板。四是完善创新生态系统,加速各类创新要素集聚。金融资源、科技资源和企业家资源都是构建现代化产业体系的重要因素,三者缺一不可。创新生态系统可以促进要素顺畅流动、打通要素联结、实现要素高效配置,当前,中国还需完善激励创新的政策体系和科技成果转化机制,优化金融生态和金融体系,促进研发质量与创新投资的良性循环,增强金融服务实体经济的能力。

---

① 参见刘志铭《以科技创新引领现代化产业体系建设》,见 http://theory.people.com.cn/n1/2018/0319/c40531-29876274.html。

第二节 深圳科技创新发展的路径与模式

作为中国经济改革前沿和对外开放的窗口,深圳坚定不移地实施党和国家确定的创新驱动发展战略,取得了令人瞩目的巨大成就。经过40多年的努力,深圳迅速从一个小渔村变为一座包容、自由、富有魅力的国际化大都市,吸引着全球各地的人们。改革开放40多年来,深圳的GDP以年均近40%的速度增长,是全国国内生产总值增速的3倍。2018年,深圳本市生产总值突破2.4万亿元,经济总量居亚洲城市前五;辖区公共财政收入9102.4亿元,增长5.5%;地方一般公共预算收入3538.4亿元,增长6.2%;居民人均可支配收入增长8.4%。与此同时,深圳在科技创新资源"先天不足"的情况下,创造了自主创新的奇迹。深圳平均每天诞生46件发明专利,平均每63人拥有一家高新技术企业,被誉为中国的"硅谷"。2017年,深圳全社会研发投入超过900亿元,占GDP比重达到4.10%,居全球前列;新增市级以上各类创新载体195家,累计达1688家;PCT国际专利申请达20457件,占全国申请总量的43.07%,连续14年居全国各城市首位;国家高新技术企业数量达到11230家,仅次于北京。[①]

深圳为什么在经济发展、科技创新等方面能够取得如此巨大的成就,原因是多方面的,主要在于其天时、地利、人和。深圳自改革开放以来,利用引进资源"先学习、后模仿、再创新"的方式,积累了深厚的技术基础。党和国家实施的创新驱动发展战略,使深圳如虎添翼、飞速发展。毗邻香港的地理位置对深圳创新和经济发展也起到了至关重要的作用,为其借鉴和学习成熟市场经济建设方面的经验提供了独特地缘优势。移民城

---

① 资料来源:根据深圳统计年鉴整理。

市特殊的"人和"效应,也是深圳在创新方面独占鳌头的重要原因。深圳有着其他国际城市发展无可比拟的创新优势,过去40多年,深圳的科技创新发展经历了较为独特的历程,总体可以归结为——工业化和全球化背景下的两条科技创新发展路径。

一、工业化背景下"科技+产业+金融"发展的路径

1. 科技支持创新,人才是深圳创新的关键因素

随着工业化与城市化进程的加快,在完善高效的政策体系和体制机制下,深圳探索出一条以企业为主体的科技创新发展道路。近年来,深圳相继制定出台了全国首部国家创新型城市总体规划,率先发布了促进科技创新的地方性法规,并且接连出台自主创新"33条"、创新驱动发展"1+10"文件、战略性新兴产业及未来产业发展规划等一系列政策文件,从财政金融支持、人才支撑、创新载体建设、科技服务业发展等方面,全面加大了对科技创新的支持力度,形成了覆盖自主创新体系全过程的政策链。

如今,深圳已形成梯次创新企业链,科技型企业超过3万家,国家级高新技术企业8037家,5年增加近6000家,成为中国企业参与国际竞争的先锋。一批具有国际竞争力的创新型龙头企业迅速崛起,华为、中兴分别成为全球最大和第四大通信设备制造商,腾讯成为全球最大互联网公司之一,比亚迪成为全球最大新能源汽车企业,研祥智能是全球第三大特种计算机研发制造商。① 同时,深圳企业正不断向全球创新链、价值链的上游攀升,PCT国际专利年申请量约2万件,居全国各城市首位。世界知识产权组织等机构发布的《2017年全球创新指数报告》指出,在全球热点地区创新集群中,深圳居第二名,仅次于东京,领先于硅谷。

---

① 参见杨勇、闻坤《深圳全力推进以科技创新为核心的全面创新》,见http://sz.people.com.cn/n2/2017/1107/c202846-30895352.html。

创新驱动的核心是人才。近年来,深圳接连出台高层次专业人才"1+6"政策、引进海外高层次人才"孔雀计划"等政策,创新科技人才管理模式,不拘一格引进人才,构筑平台培养人才,优化环境使用人才。在政策利好吸引下,深圳再现"孔雀东南飞"盛况。截至目前,深圳累计引进省"珠江人才计划"创新团队44个、市"孔雀计划"创新团队86个、海归人才7万多人等。全市"留"字号企业已突破3900家,超过亿元产值的数十家。同时,深圳加大了人才培养力度,面向全球引进优质教育资源,推进高等教育开放式跨越发展,一批特色学院在这里拔地而起。

2. 创新根植于市场,以产业链发展创新链

深圳创新有两个突出特点:一是注重发挥企业创新的第一功能作用,二是发挥市场在创新资源配置中的决定性作用。"四个90%"(90%以上研发人员集中在企业、90%以上研发资金来源于企业、90%以上研发机构设立在企业、90%以上职务发明专利来自企业)反映了深圳企业在自主创新中的主体地位。在深圳,即使是中小企业在创新活动中也是非常活跃的。他们能够敏感地去捕捉技术创新成果,然后迅速把技术转化为产品,形成一个企业,进而打造一个产业链条。

企业完成技术创新活动需要两个"力":一是动力,就是作为市场主体的竞争力。二是能力。往往中小企业有创新的动力,但没有创新的能力,因为没有资本和技术的积累。有些大型企业有能力,但由于处于垄断地位,又缺乏创新的动力。推进自主创新,需要一批既有动力、又有能力的企业。而在深圳,恰恰存在着这么一大批既有动力、又有能力的企业,创新已经成为它们的内生动力和自觉行动。即使是没有技术创新能力的企业,有了创新动力,也会非常敏感地去捕捉市场上的各种创新成果,在发展中逐步形成自己的创新能力。

同时,因为深圳体制机制改革走在全国前列,市场化程度高,企业成了真正的市场主体,保证了企业的发明、创新能够以最低成本、最快速度落地,最终凭投资家的眼光、创业者和企业家的试错而产业化。产业和市场又反哺创新,实现了以产业链发展创新链。

3. 创投资本推动，形成全链条科技金融体系

深圳已经形成了种子基金、天使投资、创业投资、担保资金和创投引导资金、产业基金等构成的全链条金融体系，覆盖了创新型中小企业整个生命周期的成长。

2016年，深圳的VC/PE机构4.6万家，注册资本超过2.7万亿元，机构数量和管理资本约占全国1/3。深圳境内外上市企业346家，其中中小板、创业板上市企业连续10年居全国大中城市首位。

截至2017年年末，深圳金融业总资产13.5万亿元，金融机构本外币存、贷款余额分别达到7万亿元和4.6万亿元。全市分行级以上持牌金融机构439家，其中法人机构188家，新引进央行金融科技研究院、百行征信等重大战略项目，现代金融组织体系加快健全，形成传统金融、新兴金融互补发展的良性格局。（见表7-1）

银行业存贷款规模仅次于北京、上海，居全国大中城市第三，分别占全省的35.8%和36.7%；22家证券公司总资产（1.4万亿元）、净资产（3872亿元）及营业收入、净利润等均仅次于上海，居全国第二；保险公司数量（25家）居全国第三，2017年实现保费收入1029.75亿元，成为继北上广之后第四个保费规模超过千亿元的城市。

表7-1　2017年深圳市银行业金融机构情况

机构类别	营业网点			法人机构（个）
	机构个数（个）	从业人数（人）	资产总额（亿元）	
一、大型商业银行	641	23571	31012	0
二、国家开发银行和政策性银行	3	325	5000	0
三、股份制商业银行	563	27860	28738	2
四、城市商业银行	162	6139	7131	1
五、城市信用社	0	0	0	0
六、小型农村金融机构	199	2970	2683	1
七、财务公司	10	398	1448	10

续表 7-1

机构类别	营业网点			法人机构 (个)
	机构个数 (个)	从业人数 (人)	资产总额 (亿元)	
八、信托公司	2	1103	495	2
九、邮政储蓄银行	141	1711	826	0
十、外资银行	90	5341	3772	5
十一、新型农村金融机构	47	1389	357	10
十二、其他	5	1973	2378	4
合计	1863	7280	83840	35

数据来源：深圳银监局。

注：营业网点不包括国家开发银行和政策性银行、大型商业银行、股份制银行等金融机构总部数据，大型商业银行包括中国工商银行、中国农业银行、中国银行、中国建设银行和交通银行，小型农村金融机构包括农村商业银行、农村合作银行和农村信用社，新型农村机构包括村镇银行、贷款公司、农村资金互助社，"其他"包含金融租赁公司、汽车金融公司、货币经纪公司、消费金融公司，等等。

二、全球化背景下"开放+分工+协同"发展的路径

1. 开放引领创新，面向全球引进和配置创新资源

深圳的创新，很大程度上是借助外部力量，利用自身配置全球资源。一是早期产业发展的起飞，主要得益于"三来一补"① 的加工贸易制造业，承接国外产业转移，从而实现了深圳制造业的规模化。二是在制造业

---

① 三来一补是"来料加工""来料装配""来样加工"和"补偿贸易"的简称。来料加工指外商提供原材料，委托我方工厂加工成为成品。产品归外商所有，我方按合同收取工缴费。来料装配指外商提供零部件和元器件，并提供必需的机器设备、仪器、工具和有关技术，由我方工厂组装为成品。来样加工是指由外商提供样品、图纸，或者派出技术人员，由中方工厂按照对方质量、样式、款式、花色、规格、数量等要求，用中方工厂自己的原材料生产，产品由外商销售，中方工厂按合同规定的外汇价格收取货款。补偿贸易是指买方在信贷的基础上，从国外厂商进口机器、设备、技术，以及某些原材料，约定在一定期限内，用产品或劳务等偿还的一种贸易方式。

第七章 科技创新与"深圳模式"

起飞的过程中,注意借鉴和学习香港和国外企业的制度。

深圳的留学生创业园,吸引了大量留学归国人才创新创业。深圳的发明创造和专利,有相当大的比例来自与其他城市、其他地方的科研机构、高校等的合作。为什么这些要素资源会流向深圳?关键是打通了通道、给足了政策、搞活了机制。深圳很多创新资源的引进也是花了大力气的,如引进大学、引进研发机构、引进人才。

2017年,深圳出台"加快国际科技产业创新中心建设总体方案",稳步推进创新"十大行动计划"①,全面落实省"创新八大抓手"②,创新能力进一步提升。全社会研发投入超过900亿元,占地区生产总值比重提高至4.1%。新组建3家诺贝尔奖科学家实验室、3家基础研究机构、5家制造业创新中心,新增3家国家级"双创"示范基地,新增195家各类创新载体,累计达1562家。PCT国际专利申请量2万件,占全国的43.1%。

2. 企业"走出去",积极参与国际分工,发挥科技创新优势

经济的全球化带来了资金流动,以及技术、信息网络和文化交流,世界范围的经济高度融合,使整个世界正在经历史无前例的大规模国际分工,从不同产业的全球分工,到产业内全球分工,又发展到企业内的全球分工。全球生产网络的形成与发展促进了新型国际分工模式的重大变革,由此影响到世界经济与国际经济的关系。值得注意的是,企业在新国际分工体系中对全球资源进行整合所依赖的不再是传统意义上的要素禀赋与所有权优势,而是一场基于技术创新与模式创新的全球战略,将传统的国家间分工转化为产业内或企业内分工。在新的国际分工体系中,深圳科创企

---

① 十大行动计划:十大重大科技基础设施、十大基础研究机构、十大诺贝尔奖科学家实验室、十大重大科技产业专项、十大海外创新中心、十大制造业创新中心、十大未来产业集聚区、十大生产性服务业公告服务平台、十大创新创业基地、十大人才工程。

② 创新八大抓手:新型研发机构、企业技术改造、孵化育成体建设、高新技术培育、创新人才队伍建设、金融科技产业融合、高水平大学建设、自主核心技术攻关。

业实施"走出去"战略，整合全球技术与市场资源，并进行组织的系统变革，巩固和占领在新国际分工当中的优势环节。

从20世纪80年代开始，深圳高新技术企业便开始"走出去"开展境外投资。深圳走出去的高新技术企业可分为两类：一类是民营高科技企业，如华为、比亚迪、创维等，充分发挥其体制灵活的优势，把触角伸到世界各地。另一类是国营及中外合资高科技企业，如中兴通讯、康佳等，凭借技术优势、产品优势和市场优势，一马当先，成为跨国经营的"排头兵"。

20世纪90年代初，深圳的高新技术企业就已经开始对东盟国家出口，除此之外，还在东盟国家设了各种办事处、销售处，大力开拓当地市场。华为技术有限公司是在2001年开始开拓东盟市场的，现在，东盟国家已成为华为的重点海外市场之一，出口产品几乎涵盖华为所有的产品。康佳集团在东南亚各国设立了窗口式办事处，这些办事处除了负责康佳在当地的市场调研外，还具有很强的市场开拓功能。同时，康佳集团在菲律宾、印度尼西亚设立了工厂，所有的产品都实现了当地生产、当地销售。三九药业有限公司在越南设立了办事处，经过该办事处的努力，"三九胃泰"在越南当地成功注册，如今，它成为辐射泰国、菲律宾、越南等东盟国家市场的核心。深圳科技企业的"走出去"战略，促进了企业国际科技合作，转变了外贸增长方式，减少了国际贸易摩擦，从而提高了企业核心竞争力。

3. 协同创新，大城市引领世界创新发展

为促进创新资源要素自由流动和集聚，加快形成创新合力，粤港澳大湾区打造的"广州－深圳－香港－澳门"科技创新走廊，是目前中国经济实力最强、开放程度最高和最具创新活力的区域之一。大湾区内有高等院校170多所，多所大学进入世界100强，拥有40余家国家重点实验室及其伙伴实验室，还拥有一批重大科技基础设施，如国家超算中心、中微子实验室、国家基因库等，为湾区协同创新发展提供了强大的人才和技术支撑。粤港澳大湾区产业基础雄厚，电子通信、互联网、生物医药等新兴产业发展迅猛,集聚了华为、腾讯、比亚迪等一批领先世界的创新型企业,国家级高新技术企业总数超过1.89万家,居全国第一位。

广东省委、省政府印发《广深科技创新走廊规划》,提出将广深科技创新走廊打造成中国"硅谷",形成全国创新发展的重要一极。按照该规划,广州被定位为具有国际影响力的国家创新中心城市和国际科技创新枢纽;深圳被定位为现代化国际化创新型城市和国际科技、产业创新中心;东莞被定位为具有全球影响力的先进制造基地、国家级粤港澳创新创业基地、华南科技成果转化中心。

广深科技创新走廊北起广佛交界处,经广州主城区、东莞松山湖、深圳主城区,南至深圳大鹏新区,依托约180千米的高速公路、城轨等复合型交通要道,总覆盖面积达11836平方千米。改革开放以来,珠江东岸的产业沿高速和轨道等轴向布局,在这一轴线区域上集聚了高科技企业、人才、技术、信息、资本等大量创新要素,初步形成了广深科技创新走廊的雏形。

数据显示,广州、深圳和东莞三市的创新发展基础雄厚,三市的科技进步贡献率维持在60%以上,聚集了广东六成以上的高新技术企业,华为、中兴、腾讯、华大基因、大疆创新等一批全球知名、行业领先的企业扎根于此。

在"一廊十核多节点"的空间布局中,"一廊"即广深科技创新走廊,"十核"是包括广州大学城-国际创新城、广州琶洲互联网创新集聚区、广州中新知识城、广州科学城、东莞松山湖、东莞滨海湾新区、深圳空港新城、深圳高新区、深圳坂雪岗科技城、深圳国际生物谷在内的十大核心创新平台,"多节点"为覆盖广州、深圳、东莞三地具有一定创新基础、发挥示范效应、推动区域发展的37个创新节点。

第三节　21世纪海上丝绸之路的科技协同创新机制

海上丝绸之路自秦汉时期开通以来，一直是沟通东西方经济文化的重要桥梁，而东南亚地区自古就是海上丝绸之路的重要枢纽和组成部分。建设21世纪海上丝绸之路旨在促进我国与东南亚、南亚、西亚、北非和欧洲国家的交流合作，提升我国开放发展空间，构建开放型经济体系，推进和平稳定，共创与沿线国家互惠互利的共赢局面。

一、深圳科技创新与21世纪海上丝绸之路

国家发改委、外交部、商务部联合发布的《推动共建丝绸之路经济带和21世纪海上丝绸之路的愿景与行动》提出：利用长三角、珠三角、海峡西岸、环渤海等经济区开放程度高、经济实力强、辐射带动作用大的优势，充分发挥深圳前海、广州南沙、珠海横琴、福建平潭等开放合作区作用，深化与海上丝绸之路沿线国家的合作。深圳自古以来就是中外海上贸易的枢纽，东西文明交汇的中心，中国走向世界的门户，近40年来，深圳通过主动对外开放，利用国际、国内的资源和市场，不断提升产业国际竞争力。

深圳的快速发展是对外开放的结果。20世纪80年代，深圳抓住国际产业结构调整的机遇，积极承接中国香港、中国台湾和欧美产业转移，允许外国企业以及华侨、港澳同胞投资建厂，大力发展"三来一补"的加工制造业，这为深圳经济的发展立下了"汗马功劳"，奠定了外向型国际化的工业基础。20世纪90年代，世界正进行以电子信息产业为主导的产业结构调整，深圳抢抓21世纪以高新技术产业为主导的机遇，大力发展高新技术产业，成为全国高新技术产业发展的一面旗帜。如今，世界的发

展主要由创新型国家引导,科技创新是主导国家发展的主要战略,深圳要抓住新一轮的世界科技创新机遇,从过去主要依靠劳动密集型的产业参与全球竞争,到未来更多地依靠科技和资本密集的制造业和服务业参与全球分工。

21世纪海上丝绸之路作为一个区域广阔、人口众多的沿海经济带,是世界经济增长的重要区域。① 建设21世纪海上丝绸之路,可以使沿线各国充分利用我国科技创新发展的拉动力,促进该区域科技创新的升级与发展,形成全球创新增长点。深圳作为我国对外开放的窗口,21世纪海上丝绸之路的建设给深圳提供了全新的历史机遇,深圳利用其科技创新优势,加强与沿线国家的科技创新协作,在引领沿线国家融入全球科技合作的进程中,加倍提升深圳的核心竞争力和国际影响力。同时,深圳与21世纪海上丝绸之路沿线国家的科技协作,将为沿线国家的科技创新带来新的契机,为其经济发展带来强大的驱动力,进一步加深中国与沿线国家巩固互补、共赢的合作关系。

二、21世纪海上丝绸之路科技协同创新的总体模式

"协同创新"是指创新资源和要素有效汇聚,通过突破创新主体间的壁垒,充分释放彼此间"人才、资本、信息、技术"等创新要素活力而实现深度合作。开展对外国际科技合作是利用国际创新资源、提高区域竞争力的有效途径。各国在国际科技合作交流中利用国际技术、人才、创新等资源提升科技竞争力,借助科技创新驱动经济转型,提高区域综合竞争力。② 无论是发达国家还是发展中国家都将提升自主创新能力视为重要的

---

① 参见伍凤兰、陶一桃、申勇《深圳参与共建"21世纪海上丝绸之路"的战略路径》,载《经济纵横》2015年第12期,第82~86页。

② 参见黄静茹、白福臣、张苇锟《广东—东盟科技合作模式及平台建设——基于"21世纪海上丝绸之路"的背景》,载《资源开发与市场》2017年第10期,第1242~1248页。

发展战略。这是因为：一方面，科技创新支撑的高新技术产业和高精尖产业影响着一个国家社会经济发展的状况；另一方面，科技创新具有的渗透性和联动性会影响其他产业和领域的发展，为其他产业和领域带来技术支持，并推动其他产业和领域的发展。随着创新资源在世界范围内的快速流动，对外科技交流已成为提高自身自主创新能力的重要手段。各国和地区都在积极寻求国际间的科技合作，通过获取科技创新资源来提升本国的自主创新效率。

深圳与21世纪海上丝绸之路沿线国家"协同创新"机制的建立，根本动力在于创新驱动，各国应以自身区域特征与资源禀赋为基础，提升协同创新水平，以协同创新引领协同发展。以"优势互补、互利共赢"为战略取向，将深圳的科技创新发展与海上丝绸之路沿线国家科技创新相融合，加快走出一条科学持续的协同发展道路。深圳与21世纪海上丝绸之路沿线国家科技协作的总体模式见图7-1。①深圳与21世纪海上丝绸之路沿线国家互相交换优势资源，充分发挥优势互补、各取所长的合作机制，通过消化吸收对方提供的优势资源，实现合作目标，共同从合作中获益；②深圳与21世纪海上丝绸之路沿线国家为了实现共同的科技目标或任务，共同投入技术、人才、资金或自身具备的优势资源等进行共同研发，最终成果由双方共享、平等受益。

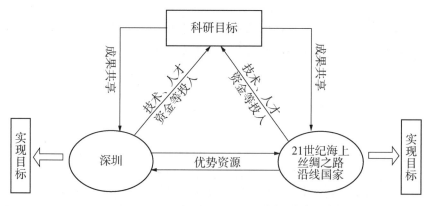

图7-1 深圳与21世纪海上丝绸之路沿线国家科技合作模式

三、21世纪海上丝绸之路科技协同创新的具体举措

1. 参与和引领建设国际科技研发中心

在过去几年,深圳制造出智能手机、可穿戴设备、高端医疗器械等众多拥有先进技术的高新技术产品,给世界各地带去质优价惠的新技术、新产品,让全人类享受到了深圳开放发展的红利。未来,深圳应不断深化与21世纪海上丝绸之路沿线国家的科技创新合作,鼓励和支持高科技企业在丝路沿线国家布局研发机构、技术转移机构和科技服务机构;与丝路沿线国家联合资助科技合作项目,建立高校产学研基地,加强创新资源共享、成果转化、人才培养等方面的合作;加大深圳高等教育的开放与发展,通过建设一批研究型大学和专业化、开放式、国际化的特色学院,培养更多的国际科技创新人才,带动丝路沿线国家融入全球创新网络,实现更高水平的创新发展。

2. 积极支持科技创新企业"走出去"

鼓励深圳的科技创新企业在21世纪海上丝绸之路沿线国家进行产业布局,开展投资和国际产能合作,以先进的科学技术和管理经验服务当地市场,造福当地人民。目前,21世纪海上丝绸之路沿线国家和地区科技化水平低于全世界平均水平,科技基础差、创新能力低,丝路沿线国家对电子信息等具有高科技含量的产业建设需求强烈,科技创新产品消费市场巨大。深圳依靠持续的自主创新,在电子信息业、制药业等高科技行业取得了较大成就,成为中国相关领域的"领头羊",这些企业通过科学技术带动与丝路沿线国家相关领域的交流合作,以深圳质量和标准服务国家战略和全球市场。一要积极推进与21世纪海上丝绸之路沿线国家和地区签署科技创新互联互通相关协议;二要在深圳电子信息行业、制药业等龙头企业的带动下,全方位支持科技企业参与创新丝绸之路建设,形成科技信息产业"走出去"的中国团队。

3. 坚持发挥双方智库的智力支撑作用，打造智库交流平台

智库交流是国际合作的重要基础，能够推动不同国家和地区间达成更多共识。深圳与 21 世纪海上丝绸之路沿线国家应不断加强国际智库间的交流合作，通过举办国际智库研讨会、人员互访、联合课题研究、举办论坛会议等多种形式，凝聚丝路沿线各国的智库力量，为国际合作发展提供智力支撑。建立与国际合作发展战略对接的智库交流合作平台，增进各方共识、传播合作理念、创新合作模式、带动人文交流。

4. 搭建深圳–21世纪海上丝绸之路沿线国家科技合作平台

搭建一个以网络为依托、服务体系为支撑的合作平台，为双方科技合作与交流提供基础性服务。该平台的主要功能是科技信息资源共享，提供中介服务、人才交流和协调沟通服务，包括信息资源共享平台、中介服务平台、人才交流平台和综合服务平台，四个子平台形成一个完整网络体系，如图 7-2 所示。平台以门户网站为载体进行运作，门户网站分设与

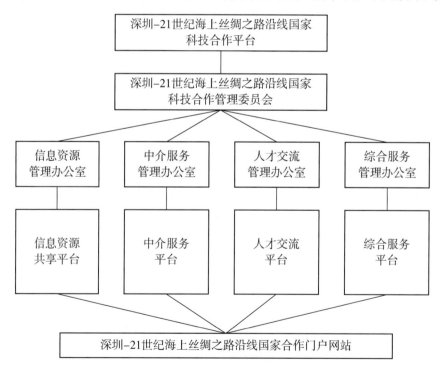

图 7-2　深圳–21 世纪海上丝绸之路沿线国家合作门户网站

子平台对应的信息资源共享、中介服务、人才交流和综合服务四个模块承担子平台运作，合作平台与互联网的结合可以便捷高效地为科技合作提供全方位服务。同时，深圳在与海上丝绸之路沿线各国开展全面科技合作的过程中，应注重各国的特色学科发展特点，采取有针对性的国别合作政策和合作模式，取长补短、优势互补，逐步深化深圳与海上丝绸之路沿线各国在特色领域的科技合作。

第八章

深圳参与21世纪海上丝绸之路建设展望

纵观国际一流湾区的发展，一流湾区的演进均经历了由要素驱动向创新驱动转换的过程，同时，这些湾区在世界经济发展中发挥了重要引擎作用。科技创新是粤港澳大湾区建设的灵魂和核心。

深圳是粤港澳大湾区中首屈一指的创新大市，是粤港澳大湾区创新发展的主引擎。提升粤港澳大湾区的整体创新水平，应该以深圳为切入点，统筹规划，综合布局，逐步提升粤港澳大湾区的创新能级。

粤港澳大湾区是深圳深入推进与21世纪海上丝绸之路沿线国家科技合作的重要战略平台。立足大湾区，深圳应重点强化与21世纪海上丝绸之路沿线国家在海洋经济、蓝碳计划等众多领域的交流与合作。

立足大湾区，把握创新要素全球流动新趋势，对接全球主要创新园区，布局海外创新网络和节点，提高创新国际支撑能力，增强在全球创新网络的话语权和影响力，深圳便可以在参与和布局全球创新圈方面有更大的作为。

第八章　深圳参与21世纪海上丝绸之路建设展望

第一节　粤港澳湾区中的科技创新之核

从世界经济版图看，世界级城市群大多在湾区，而且全球60%的经济总量集中在入海口，纽约湾、旧金山湾、东京湾已经成为全球重要的经济中心。世界范围内成功的湾区经济具有一些共同特征，如具有开放的经济结构、高效的资源配置能力、强大的集聚外溢功能、多元包容的文化氛围、发达的国际交往网络，这同时也是湾区经济与其他经济模式相比最显著的优势。纵观世界级湾区，虽发展路径各具特色，但都有一个共同点，就是都抓住了全球经济产业技术变革的重大机遇，顺利实现了由要素驱动向创新驱动的转型。

一、湾区经济的主要特征与发展演变

当前，全球产业技术进入了新的重要变革时期，世界经济重心呈现持续东移态势，亚太地区面临难得的历史性机遇。湾区经济是当今世界经济版图的突出亮点和国际滨海城市群的显著特征。面对新的发展形势，加快发展湾区经济，为推进"一带一路"建设，开创我国全方位对外开放新格局，提供了新的坐标和路径。

纵观全球经济布局，湾区经济是当今世界经济版图的突出亮点。湾区经济因港而生、依海而兴，是以湾区自然地理条件为基础，依托世界级海空港群发展形成的具有国际影响力的高级区域经济形态。20世纪末以来，随着经济全球化不断推进，经济和城市活动向湾区集聚发展成为一种客观趋势，全球60%的经济总量集中在湾区。湾区经济具有开放的经济体系、高效的资源配置能力、强大的集聚外溢功能、发达的国际交往网络，相比内陆经济和三角洲经济具有更强的开放性、创新性、高端性和国际性，在

新的区域竞争合作格局中具有独特的价值和优势。作为连接国内外市场的前沿门户，湾区往往是新技术、新产业、新商业模式的策源地，是国际经济文化交流的前沿，是全球创新发展要素集聚的核心。湾区内部产业发展深度融合，发展要素高效便捷流动，集聚辐射能力强大，引领着一国一域经济结构的调整和优化升级，成为区域发展的重要增长极。

相较其他类型的区域经济形态，湾区经济具有以下显著特征：一是高度开放。湾区经济具有天然的开放属性。湾区依托得天独厚的区位优势，率先接轨世界经济，在全球经济活动中，最先引进先进技术和生产方式，最先吸纳外商直接投资，成为国家或地区对外开放的门户。在开放发展中，湾区城市集聚了大量外来人口，世界多民族荟萃交融，形成了不同于内陆地区的开放包容的移民文化。二是创新引领。创新是湾区经济发展的原动力。湾区城市在对外开放中，不断吸收先进的文化、理念、制度，汇聚最新的信息和人才资源，形成了有利于创新的生态环境，催生出众多创新机构，涌现出大批创新成果，逐步成为具有国际影响的创新中心，在不同发展阶段始终保持领先地位，引领全球产业发展方向。三是宜居宜业。良好的生产、生态、生活环境是湾区城市发展的核心优势。湾区濒临大海，气候温和，风景秀丽，具有良好的自然资源禀赋，是最佳的宜居区域。湾区交通便捷、配套完善、贸易活跃、信息发达，是全球投资的热土和创业的天堂。四是集聚发展。湾区具备强大的集聚功能。随着港口的发展和对外交流的扩大，湾区城市率先建立了现代化的交通体系、完善的基础设施和良好的投资环境，对资本和人才等要素具有强大的吸附效应，吸引全球资源向湾区集聚，成了要素资源配置的核心节点。五是区域协同。湾区发展离不开广大腹地的强大支持，协同发展是湾区经济的客观要求。湾区城市伴随港口的功能提升而不断发展，对腹地形成强大的辐射带动力，实现功能互补、错位发展，推动产业链向高端攀升，进一步增强在区域经济中的影响力，在更大范围、更广领域带动区域协同发展。

在区域经济发展水平上，湾区经济基本代表了区域经济发展的高级阶段。从世界发达湾区经济发展历程来看，大致都经历了港口经济、工业经济、服务经济、创新经济四个发展阶段：

一是港口经济发展阶段。20世纪50年代以前，受当时经济社会和生产力发展水平限制，初期的港口经济相对单一，主要是连接各种运输方式，进行货物中转运输。经济活动仅包括直接服务于港口转运的装卸、仓储、运输以及提供设备和船舶修理等，范围也局限于码头及相关水陆域内，对城市经济发展的推动作用并不显著。建于公元1600年左右的荷兰鹿特丹港，最早只是渔业码头，后来商业逐渐发展，但也仅是进行捕鱼、货物装卸、旅客接送等简单经济活动，对城市的影响非常有限。

二是工业经济发展阶段。20世纪50年代到80年代左右，大量的人流、物流等在港口周边区域集聚，港口的经济活动范围向港区外拓展，湾区城市迅速发展成为制造中心。新加坡在海湾附近建立了以石化产业为主的临港工业带，化工业产值占新加坡制造业总产值的30%，成为全球重要石油炼制中心和乙烯生产中心。

三是服务经济发展阶段。20世纪80年代到20世纪末期，临港工业由于污染等原因，开始出现大规模产业转移，工业在湾区城市经济中的比重逐渐下降，而以金融、保险等为主要内容的服务业在城市集聚发展，推动湾区城市由制造业中心向生产性服务业中心转变，经济活动范围拓展到周边城市，核心城市对周边区域的辐射带动更加明显，成为区域或全球资源配置的重要节点。纽约湾区是全球最发达、规模最大的金融中心，拥有全球市值最大的交易所——纽约交易所，全球最大的100家银行，90%以上在纽约设有分支机构。

四是创新经济发展阶段。21世纪以来，信息产业加速发展，以互联网为代表的新经济迅速崛起，湾区城市抓住新兴产业发展的历史机遇，加快推进以网络服务、创新金融、供应链管理以及商业模式创新等为主要内容的创新经济发展。旧金山湾区新兴产业发展迅猛，电子、通信、软件、互联网和多媒体产业纷纷兴起，以苹果公司为代表的一批企业迅速崛起，逐步成为全球创新中心。

二、粤港澳大湾区与科技创新

粤港澳大湾区是指由广东的广州、深圳、珠海、佛山、惠州、东莞、中山、江门、肇庆9个城市和香港、澳门两个特别行政区形成的大湾区,面积5.6万平方千米,人口6672万,是继美国纽约湾区、美国旧金山湾区、日本东京湾区之后,世界第四大湾区,经济规模位列世界第11位。

20世纪末,时任香港科技大学校长的吴家玮教授最早提出了"香港湾区"(亦称"深港湾区")的概念,之后,我国又陆续提出了建设"港珠澳湾区""珠三角湾区"及"珠江口湾区"等。2014年年初,深圳明确提出联手周边城市共同打造粤港澳大湾区,构建区域协同发展新优势,目的就是要落实"一路一带"倡议构想,把深圳打造成21世纪海上丝绸之路的重要枢纽。同年的政府工作报告中详细阐述了发展粤港澳湾区经济的构想,随后将粤港澳大湾区构想上报国家发改委及规划司领导。2015年3月,国家发改委、外交部、商务部发布的《推动共建丝绸之路经济带和21世纪海上丝绸之路的愿景与行动》提出要"深化与港澳台合作,打造粤港澳大湾区";2016年3月,国家发改委将"推动粤港澳大湾区和跨省区重大合作平台建设"列入国家"十三五"规划,强调要"携手港澳共同打造粤港澳大湾区,建设世界级城市群"。

2017年3月,国务院总理李克强在政府工作报告中提出,要推动内地与港澳深化合作,研究制定粤港澳大湾区城市群发展规划,发挥港澳独特优势,提升在国家经济发展和对外开放中的地位与功能。从此,"粤港澳大湾区"上升为国家战略,受到各方瞩目。

2017年7月1日,在习近平主席见证下,国家发改委、广东、香港、澳门四方签署了《深化粤港澳合作推进大湾区建设框架协议》,明确了七大合作重点领域,其中任务之一就是要支持港深创新及科技园等合作平台建设,完善创新合作体制机制,优化跨区域合作创新发展模式,构建国际化、开放型区域创新体系,加快形成以创新为主要引领和支撑的经济体系

第八章 深圳参与 21 世纪海上丝绸之路建设展望

和发展模式，打造粤港澳大湾区国际科技创新中心。

纵观国际一流湾区的发展，其演进均经历了由要素驱动向创新驱动转换的过程，同时，这些湾区在世界经济发展中发挥了重要引擎作用。这种引擎作用主要体现为：

一是引领全球产业调整升级。纽约等世界一流湾区，均抓住全球技术变革的重大机遇，实现了转型发展。其中，纽约湾区率先抓住全球贸易大发展的机遇，成为世界级金融和贸易中心；东京湾区率先抓住全球制造业升级变革的机遇，成为世界制造中心，继而成为金融和贸易中心；旧金山湾区率先抓住全球高科技迅猛发展的机遇，成为全球创新中心。湾区内部产业深度融合，金融、物流、仓储、会展、商业等服务功能高度发达，拥有极具活力的产业集群，引领全球经济结构优化升级。

二是主导全球要素配置。纽约等一流湾区拥有完善的市场体系和灵活的市场机制，交易市场品种齐全，交易机制高度市场化。纽约是全球最重要的金融信息枢纽之一，通过纽约交易所等生产要素市场、商品期货市场，产生和消费着数量庞大的数据、信息，成为市场要素交易的风向标，引导和影响着全球范围内的生产要素配置。湾区跨国公司总部密集，拥有一批世界 500 强全球总部，其中东京湾区 58 家、纽约湾区 21 家、旧金山湾区 8 家，这些跨国公司庞大的全球生产和营销网络对全球资源的配置产生了重大影响。

三是带动全球创新发展。世界一流湾区的创新动能持久不衰，创新成果层出不穷。纽约湾区拥有哥伦比亚大学、纽约大学等若干世界一流的大学，集聚了众多的世界级科研机构和跨国公司研发中心。旧金山湾区是世界级科技创新中心，拥有英特尔、雅虎、谷歌等一大批引领全球产业技术创新的高科技公司；同时，旧金山湾区也是高等教育中心、文化创意中心。东京湾区是世界上重要的创新发源地之一，在机械、汽车、电子产品等领域科技创新水平全球领先，涌现出三菱重工、丰田汽车和索尼公司等一批知名企业。

粤港澳大湾区地处西太平洋－印度洋航线要冲，是我国综合实力最

231

强、开放程度最高、经济最具活力的区域之一,具备成为世界一流湾区的条件,而且在科技创新方面可以形成强有力的引擎带动作用。

第一,拥有支撑高水平创新的经济基础。湾区的11城GDP之和从2014年的81720.8亿元增长到2016年的93526.1亿元(约合1.4万亿美元),占全国12%,经济规模超过世界第12大经济体俄罗斯(1.28万亿美元),与全球第11大经济体韩国(1.41万亿美元)相当。2017年,粤港澳大湾区实现GDP 101843亿元(约合1.6万亿美元),进一步实现了"四连增"[①],在世界主要湾区中的地位不断提升。

第二,从产业体系上看,粤港澳大湾区产业体系完备,是全球重要的制造业基地,号称"世界工厂",是海上丝绸之路沿线国家工业制成品的重要供应地,已经形成较强的分工协作网络。湾区第三产业比重逐步上升,占比超过60%,香港第三产业占比超过90%。金融业发达,拥有香港、深圳等金融中心城市,吸引了70家世界排名前100位的银行,港交所和深交所IPO(首次公开募股)总额突破1754亿港元,仅次于纽交所的1788亿港元,位居全球第二。2014年全球金融中心指数显示,粤港澳大湾区内香港以761分排名第三。

第三,粤港澳大湾区创新驱动能力突出。粤港澳大湾区以良好的自然、生态、社会、文化环境,形成了鼓励创新的浓厚氛围,拥有两所世界百强大学和众多研发机构,涌现出华为、比亚迪、腾讯等一批知名企业。2016年,深圳PCT国际专利申请量占全国的56%,接近韩国专利申请总量,在国家(含中国)排名中位居全球第六位。

近年来,我国经济发展形成了以京津冀、长三角、粤港澳为增长极的态势。2013年,三大经济区以不到6%的国土面积集聚了30%的人口,创造了42%的国内生产总值;地方财政一般预算收入占全国地方财政总收入的50%。粤港澳大湾区作为我国发展基础最好、体制环境最优、整

---

① 《厉害!粤港澳大湾区经济总量超10万亿 增速最高》,见http://bendi.news.163.com/guangdong/18/0513/07/DHM0FTAG04178D6J.html。

体竞争力最强的区域,已成为中国构建对内对外开放战略格局的重要支撑,能够在促进21世纪海上丝绸之路科技合作中发挥重要作用。

三、建设粤港澳大湾区国际科技创新中心

习近平总书记在党的十九大报告中明确提出,创新是引领发展的第一动力,是建设现代化经济体系的战略支撑。在2017年4月对广东工作的重要批示中,习近平总书记对广东提出殷切希望,要为全国实施创新驱动发展战略提供支撑。粤港澳大湾区作为国家全方位对外开放战略的重要示范区,在其中扮演着重要角色。加快建设粤港澳大湾区国际创新中心,核心是强化科技创新在粤港澳大湾区建设中的关键地位。应携手打造粤港澳协同创新共同体。发挥深圳在粤港澳湾区科技创新中的引领作用,以便更好地服务和支撑粤港澳大湾区建设,促进产业分工梯度布局,提升粤港澳大湾区的创新能级,共同打造国家创新驱动发展的战略支点。

1. 打造广深港科技创新走廊

支持广州发挥高等学校、科研院所集聚优势,加快建设具有国际影响力的国家创新中心城市和国际科技创新枢纽。支持深圳发挥高新技术企业集聚、市场化程度高、创新创业活跃优势,率先建成国家创新型城市和具有世界影响力的国际科技产业创新中心。支持香港发挥高水平大学和企业总部集聚、国际化程度高和法律环境完善等的优势,建设国际一流的科技创新和文化创意产业中心。支持东莞发挥制造业和工业园区集聚优势,建设有全球影响力的先进制造基地和华南科技成果转化中心。支持惠州充分发挥电子信息和石油化工两大支柱产业优势,建设电子信息产业和世界级石化产业基地,加快建成世界级云计算智能终端产业集聚区、国家智慧城市。支持广州高新区、东莞松山湖高新区、深圳高新区、惠州仲恺高新区、香港科技园等核心区域打造定位明确、各具特色、国际一流的创新平台。

2. 建设珠江西岸产业创新集聚带

支持珠海发挥特区优势和生态优势,打造以智能制造为龙头的"三高一特"现代产业体系,建设珠江西岸区域创新中心、粤港澳创新合作重要先行地、国际高端人才集聚区。支持澳门建设世界旅游休闲中心、中国与葡语国家商贸合作服务平台,打造以中华文化为主流、多元文化并存的交流合作基地,促进经济适度多元发展。支持佛山发挥广佛同城优势,建设珠江西岸先进装备制造产业带的创新引擎和华南科技金融产业融合创新中心。支持中山打造智能装备制造产业带新引擎,建设特色产业集群转型升级引领区、新能源和健康科技产业集聚创新区、世界级现代装备制造业基地。支持江门着力打造世界级轨道交通产业基地、珠江西岸先进装备制造产业基地。支持肇庆充分利用珠三角连接大西南枢纽的优势,努力打造珠三角科技成果产业化拓展基地、珠三角与大西南科技产业链接中心。支持珠海高新区、佛山高端装备制造产业集聚区、中山高新区、江门高新区、肇庆高新区等重点区域创新驱动转型升级,打造国际一流产业集聚区。

3. 重点建设落马洲河套等粤港澳合作创新特区

充分利用地域狭小、结果可控优势,支持在落马洲河套地区和毗邻的深圳福田保税区、皇岗口岸货车停车场等地区建设深港科技创新合作区,打造要素流动畅通、科技设施联通、创新链条融通、人员交流顺通的跨境合作通道,建设成为国家科技领域政策创新试点和引进国际通行规则制度的试验田。支持在珠海横琴中医药产业区等特殊区域,以合作开发模式建设国际化高端研发平台,深度开展粤港澳科技合作,先行先试探索突破体制机制障碍,打造粤港澳深度融合样板。

4. 发挥粤港澳科技创新中心的辐射引领作用

加强大湾区与全国其他地区的科技创新合作,发挥对泛珠三角区域乃至全国的辐射带动作用。与福建、江西、湖南等泛珠三角省份重点推进产业发展、开放创新、绿色发展等方面的合作,与北京、天津等京津冀地区重点推进基础研究、成果转移转化等方面的合作,与上海、江苏、浙江等长三角省市重点推进战略高技术、创新创业等方面的合作,与东北、西部等地区重点推进产业转型升级等方面的合作。

第二节 以深圳为主引擎,提升大湾区整体创新水平

尽管粤港澳大湾区的经济发展已经站在一个较高的平台上,但创新资源的集聚、创新资源的布局等分布并不均衡。数据显示,2016年,深圳单个地市的研发人员总量就占珠三角的37.37%,有效发明专利占珠三角总量的58.54%,国际PCT专利占珠三角总量的83.85%。由此可见,深圳作为粤港澳大湾区的一个重要城市,不仅是粤港澳大湾区中的一个重要经济大市,而且是首屈一指的创新大市。未来要全面建设粤港澳大湾区,就必须发挥好深圳的创新主引擎作用,深圳也必须走在最前沿,将湾区建设作为改革开放的二次创业,携手周边城市共建粤港澳大湾区核心引擎,发挥好示范带动作用。

一、充分发挥深圳的主引擎作用

2019年2月,中共中央、国务院印发了《粤港澳大湾区发展规划纲要》。该规划纲要明确了香港、澳门、广州、深圳四大中心城市作为区域发展的核心引擎,继续发挥比较优势做优做强,增强对周边区域发展的辐射带动作用。其中,该规划纲要对深圳的定位是:发挥作为经济特区、全国性经济中心城市和国家创新型城市的引领作用,加快建成现代化国际化城市,努力成为具有世界影响力的创新创意之都。《粤港澳大湾区发展规划纲要》发布后,大湾区建设从开局起步转向全面铺开、纵深推进的阶段。2019年7月,《广东省推进粤港澳大湾区建设三年行动计划(2018—2020年)》发布,推出了100条重点举措以落实《粤港澳大湾区发展规划

纲要》。

深圳在这两份重要文件中出现多次，其重要地位不言而喻。该三年行动计划中有关建设国际科技创新中心的内容有14条，其中提到推进广深港澳科技创新走廊建设，向港澳有序开放科研设施和仪器的相关措施等内容。而《中共广东省委　广东省人民政府关于贯彻落实〈粤港澳大湾区发展规划纲要〉的实施意见》中也提出将携手港澳加强创新基础能力建设，强化关键核心技术攻关，打造高水平科技创新载体和平台。未来，深圳也将全面实施国际科技创新中心共建行动，并在2020年初步形成协同合作、资源共享的开放型区域协同创新共同体。①

深圳在创新深港澳科技合作和优化大湾区科技资源配置机制方面将不断有新举措、新模式，其中包括探索推行"事后奖励""科技悬赏""市区联动切块支持"等创新投入方式，通过设立联合基金、公益捐赠等方式多方筹集基础研究经费；探索鼓励香港、澳门机构和个人在深圳享受科技成果转化优惠财税政策。此外，深圳将建立更加灵活高效的科研项目管理机制，允许香港、澳门在深圳设立的研发机构享有与内地研发机构同等的待遇。推动科研资金跨境使用便利化，试点设立科技创业投资资金出境绿色通道。

通过打造湾区创新高地，深圳将力争实现四个突破：②

第一，可以提升深圳全球竞争优势。以"三湾一口"为基石的深圳，是典型的湾区城市。同时，深圳又处于由整个珠江口东西两岸构成的大湾区之中，并与香港形成了西太平洋沿岸最引人瞩目的双子城市——深港湾区组合城市。在这一双子组合的城市构造中，香港由于其在全球金融、航运、商业、商务和信息中的优势，已达到了与纽约、伦敦比肩的国际地位，成为全球最重要的三大城市和经济中心之一，并连续20年蝉联全球最自由经济体。随着中国综合国力的快速提升，美国加紧布局重返亚太战

---

① 参见《深圳全力推进粤港澳大湾区建设》，载《深圳特区报》2019年7月9日。
② 参见综合开发研究院（中国·深圳）《湾区经济国际比较研究》，2014年6月。

略,试图联合亚太周边国家对中国进行新一轮的围堵。因此,从这个意义上讲,深港湾区负有在21世纪前30年的经济发展重要战略期中,继续抢滩登陆,共同构建更加坚实的全球都市中心,巩固在亚太地区的经济核心和领导地位的重大历史责任。这也是深港经济走向合作与发展的必然存在的最高理由。

第二,有利于落实国家"一带一路"倡议。经过40多年的发展,中国参与国际分工的要素、禀赋条件发生了巨大变化,资源紧缺、环境存在压力、劳动力优势递减,对外依存度过高、两极分化等经济社会问题日益突出,这些都迫切要求我们在理论和实践上探索出新路子,进一步加强改革开放、熟悉和遵循国际规则、增强国家软实力。建设"丝绸之路经济带"和"21世纪海上丝绸之路",是国家实施新一轮改革开放的重要部署,是赋予"一带一路"沿线城市参与全球经济竞争合作的重大历史机遇和使命。对于深圳而言,以"三个定位、两个率先"为总要求,紧紧抓住国家建设21世纪海上丝绸之路的重大机遇,使湾区经济成为深圳践行国家战略的强大载体,打造世界经济版图的新亮点,是深圳理应承担的历史使命。

第三,有利于引领珠三角转型升级。目前,整个珠三角正在经历以产业升级驱动经济发展方式转变的新一轮变革。深圳作为珠三角的重要引擎,肩负着引导香港现代服务业北上,全面引领珠三角产业转型升级,建设继纽约、东京和伦敦之后的全球第四大顶级湾区经济的重大历史使命。依托自身良好的基础设施和经济基础条件,努力发挥毗邻香港的独特区位优势,以湾区经济发展为引领,构建以现代服务业、高新技术产业、战略性新兴产业和未来产业为主导的新型产业体系,从而更好地发挥示范引领作用,促进和服务珠三角地区的产业转型升级,也是深圳发展湾区经济价值的重要彰显。

第四,有利于突破深圳自我发展瓶颈。经过改革开放40多年的快速工业化和城市化发展,深圳已发展成为建成区面积近900平方千米、实际管理人口近2000万、位列全球城市前30强的国际化大都市。但与此同时，长期积累的土地、资源、环境等问题也日益成为深圳进一步发展的瓶颈。因此，努力发挥深港湾区的组合优势，通过打造湾区经济驱动新引擎、产业新形态、开放新空间、城市新形象、联动新格局、体制新优势，从而从根本上巩固和提升深圳城市经济的发展质量和效益，突破自身发展瓶颈，已成为深圳最佳的战略路径。

二、构建科技创新协同发展机制

深圳与粤港澳大湾区其他地市合作，可以在以下诸多方面做出更多的探索和尝试：

第一，推动湾区一体化，探索形成沟通良好、运作有效的多元复合型治理机制。一方面，规划公共服务共享项目，构建市场性质的区域性协调机构。借鉴纽约湾区发展过程中的市场化机制，允许市场化的区域性公共服务协调机构运作，如区域联合交通运输公司、湾区能源集团等，加强粤港澳湾区市场化运作与一体化治理的能力。另一方面，建立以企业、非营利组织以及居民个体之间相互合作为基础，以企业为主导，多元利益主体共同参与，由多种治理模式共同实现的多元复合型治理机制，以实现湾区一体化。湾区协调委员会中引入企业联合部，即引入多元利益主体参与湾区决策。而尝试构建的多元复合型治理机制就是在经济全球化的背景下，为了促进区域经济一体化，吸纳非营利组织参与，经交叠、嵌套而形成多主体、多模式的自主治理机制。同时，积极争取国家层面支持，筹划设立粤港澳湾区发展协调委员会。构建一个基于湾区实际情况、推进协同发展的非官方机构，形成多元复合治理的架构。

第二，携手共建国家南方综合性科学中心。综合性国家科学中心是国家科技领域竞争的重要平台，是国家创新体系建设的基础平台。建设综合性国家科学中心，有助于汇聚世界一流科学家，突破一批重大科学难题和前沿科技瓶颈，显著提升中国基础研究水平，强化原始创新能力。截至2017年6月，上海张江综合性国家科学中心、合肥综合性国家科学中心、北京怀柔综合性国家科学中心已获批。从国家创新战略力量的区域布局、国家南方经济社会转型升级等方面考虑，建议国家支持依托粤港澳大湾区，尤其是依托香港、深圳、广州等城市所形成的科技创新协同优势，建设国家南方综合性科学中心。围绕国家重大战略需求、科技发展前沿和区域发展需求，加大重大科技基础设施布局的建设力度，加快建设世界一流重大科技基础设施集群。围绕区域经济社会发展需求和世界科学技术前沿，有效整合粤港澳三地高端创新资源，结合本地区的学科基础布局一批前沿和交叉学科平台建设，推动在信息通信、生命科学、物质科学、深海探测等领域形成若干世界一流学科集群。围绕相关设施集群和重点学科领域整合优势力量培育国家实验室。同时，建议深圳要在国家南方综合性科学中心内发挥自身特色优势，发挥科技成果转化的优势，以产业创新牵引技术创新、带动科学研究，以科学研究孵化技术创新、催生新兴产业，将深圳建设成为国家南方综合性科学中心的核心组成部分。

第三，携手打造辐射东南亚的创新中心。支持粤港澳以深圳国家自主创新示范区为基础，加强科技、教育和人才资源的合作，共同构建一体化的湾区创新体制机制，推动技术、产业、金融和商业模式创新跨境跨界融合，把粤港澳大湾区打造为辐射东南亚的创新中心，推动区域创新经济发展。支持粤港澳大湾区与沿线国家合作建设一批国际技术转移中心、联合研发中心、国际创新园、国际企业孵化器和国际人才培养基地等创新载体，鼓励企业在沿线国家建设产业创新基地和技术推广基地。

三、提升粤港澳大湾区创新能级

针对粤港澳大湾区其他世界级湾区创新能级相对较低的问题，可以以深圳为主引擎，从以下几个方面提升大湾区整体创新能级：

第一，提升湾区核心技术创新能力。建成一批面向全球服务全国的重大科技基础设施，掌握一批具有国际竞争力的核心技术，培育一批全球顶尖科研机构和创新领军企业。一是超常规建设一批重大科技基础设施和创新载体。在基础性、前瞻性、战略性科技领域，新建若干国家级、省级、市级工程实验室、工程中心和企业技术中心，实现产业核心技术和关键技术的重点突破，开展关键领域联合科技攻关。积极推进国家基因库、太空科技南方中心、未来网络实验室、超材料工业技术、下一代高速大容量光传输技术、高通量基因测序及组学技术等国家级创新载体建设。二是形成一批高质量的自主知识产权和国际技术标准。加强与国际一流大学和顶尖科研机构合作，在具有优势的4G（第四代移动通信技术）通信、移动互联网、云计算、大数据、生命信息、超材料、新能源等高科技前沿领域取得一批核心技术产权和形成一批国际技术标准。支持一批创新能力突出的领军企业进军世界科技前沿，实现产业共性技术、关键技术研发与应用突破。支持中国科学院深圳先进技术研究院、华大基因研究院、光启高等理工研究院、中国农业科学院深圳生物育种创新研究院等一批创新能力突出的科研机构快速发展。支持华为、中兴、腾讯、比亚迪等一批企业成为全球重要高科技企业。三是加快培育自主创新型中小企业群。组织实施高技术产业化重大专项，引导中小企业以产业链专业分工方式进行模块化创新。

第二，提升湾区创新突破整体效能。发挥龙头带动作用，整合湾区创新资源，建成全国重要的创新型湾区，亚太地区乃至全球重要的创新中心。一是整合湾区创新资源。发挥龙头带动作用，提升原始创新、集成创新、引进消化吸收再创新能力。参与国家重大科技专项，牵头组织实施国家、省、市重大科技产业化项目，支持企业与高等院校、科研机构、上下游企业、行业协会等共建研发平台和科技创新战略联盟，建设产业关键共性技术创新平台，合作开展核心技术、共性技术、关键技术研发攻关。二是充分发挥香港发达的科研和教育优势，深入推进"深港创新圈"建设。依托珠三角重点院校和科研机构，强化科研产业化合作，共同构建动态、开放、一体化的湾区创新机制，推动深港湾区、粤港澳湾区创新水平共同提升。

第三，提升湾区创新突破支撑水平。完善自主创新政策体系和服务保障机制,创新人才集聚效应更加凸显,创新文化氛围更加浓郁,创新环境指数达到发达创新型国家和地区水平。一是力争建成亚洲最大的创投中心。积极落实加快国家创新型城市建设的若干意见,继续实施加强自主创新促进高新技术产业发展的33条政策。加强政策创新和集成使用,促进科技与金融紧密合作,推动技术、产业、金融和商业模式创新跨界融合,全面完善科技金融服务体系。探索组建服务自主创新的新型金融组织,探索设立专门服务创业投资机构的融资体系,探索搭建专门服务于中小企业、高新技术企业的融资平台,加快创新成果产业化、资本化。二是打造全球创新创业人才高地。进一步创造人尽其才的政策环境,加快未来人才引进培养,引入国内外著名高校和全球领先学科,建设世界一流的研究型大学和科研机构,促进特色学院小而精、开放式、国际化发展,建设粤港澳人才合作示范区、全国人才管理改革试验区。继续实施"孔雀计划"等,加大对海内外创新团队和创新创业领军人才的引进力度,重点引进与培养一批世界一流科学家、科技领军人才和高层次创新团队。健全人才服务体系,落实人才优惠政策,推行高层次人才"一站式"服务。三是健全综合创新服务体系。强化与国际创新网络和研究平台的合作,共建湾区共享开放式公共技术平台,鼓励分布式、网络化创新和全社会微创新。深化跨部门、跨行业开放合作,促进公共科技资源共建共享。建立健全无形资产评估、技术入股、技术分红、技术秘密保护、重大发明专利奖励等配套制度,加强知识产权运用和保护。加强知识产权转化与运营,完善知识产权质押融资机制,开展专利保险试点。开展企业知识产权试点示范工作,培育一批国家级和省级知识产权骨干企业。完善知识产权服务体系,加快知识产权服务业发展,培育一批具有国际竞争力的知识产权中介服务机构。

第三节 立足大湾区，推进海上丝绸之路科技合作

粤港澳大湾区是深圳深入推进与21世纪海上丝绸之路沿线国家科技合作的重要战略平台。到2020年，粤港澳大湾区经济总量预计超过2.2万亿美元，达到纽约湾区水平，对"一带一路"建设的支撑作用显著，对沿线国家全方位开放的新格局基本确立。到2030年，粤港澳大湾区经济总量预计超过3.5万亿美元，成为创新能力卓越、产业层级高端、交通网络发达、基础设施完善、生态环境优美、辐射功能强大的现代化国际化一流湾区，成为世界经济版图新亮点。立足大湾区，深圳可以在以下三个方面强化与海上丝绸之路沿线国家的科技合作。

一、共建科技合作基础平台

蓝色经济是未来经济发展的重要增长点，同时也是深圳与蓝色经济通道沿线国家合作的中心主题。2017年，国家海洋局联合中国人民银行、发改委、财政部等7个部门出台《关于改进和加强海洋经济发展金融服务的指导意见》，引导开发性、政策性金融向海洋领域累计投放贷款近1700亿元。与此同时，2017年，国家海洋局发布《全国海洋经济发展"十三五"规划》，该规划提出，到2020年，我国海洋经济发展空间不断拓展，综合实力和质量效益进一步提高，海洋产业结构和布局更趋合理，海洋科技支撑和保障能力进一步增强，海洋生态文明建设取得显著成效，海洋经济国际合作取得重大成果，海洋经济调控与公共服务能力进一步提升，形成陆海统筹、人海和谐的海洋发展新格局。

深圳最具有打造"蓝色经济通道的重要枢纽"的独特优势。一是深圳位于南海的要冲，具有走向深海的先天条件；二是深圳毗邻香港，自身

的金融产业发达,发展海洋产业将进一步激活金融产业的生命力;三是深圳拥有高新技术密集的产业集群,特别是拥有一批具有国际水准的中小精密制造企业;四是深圳以改革和创新为生命力,更易形成体制和机制上的突破;五是深圳具有国际化的基因,在海洋科技对外的交流与合作中具有明显的优势。立足大湾区,依托强大的科技、港口、海洋、金融等优势,深圳在参与共建蓝色经济科技合作基础平台中至少可以在以下几个方面有所作为:

第一,加快构建港口合作网络。加大港口集疏运体系建设,打造国际航运中心。扩大港口开放合作,加快推进港口公共信息共享平台建设,形成便捷高效的港口、航运信息交换系统。加强口岸基础设施建设,打造便捷通关体系。构建"海上丝绸之路"客货运"穿梭巴士",加密货运航线,加强与海上丝绸之路沿线各国港口城市之间的互联互通,开通海上邮轮,形成"海上丝绸之路"旅游圈。

第二,加快构建临港产业带。以重大产业项目建设为支撑,建设一批双边、多边合作的产业园区,促进产业集聚发展。加强新能源与可再生能源合作,加强石化及海上油气勘探开采合作,建设低敏感海域产业合作交流示范基地等。开展海产品养殖加工合作,建设海上渔业走廊,建立热带农业合作基地。生态方面,加强海洋环保与科研合作,建设环保技术和环保产业示范基地等。

第三,加快构建海洋经济合作试验区。充分利用地缘优势、港口优势、海洋资源优势以及人文优势,探索建设海洋经济合作试验区。推动与东盟国家在海洋环保、海上搜救、海洋资源勘查、海洋产业、滨海旅游等领域开展广泛合作。

第四,加快构建海陆互动格局。推进通往周边省份以及东盟国家的快速铁路和高速公路建设,搭建通往东盟国家的陆上主通道,形成海上合作的陆地支撑,实现海陆统筹。开通更多面向东盟国家的国际直航线路。在周边省份规划建设"无水港"及相关物流网络,打造高效物流网络体系,形成海陆空立体互联互通的大格局。

第五,加快金融领域的深度合作。特别要利用前海的机遇,推动跨境人民币业务创新,加快完善金融组织体系,培育发展多层次资本市场,推进保险市场发展,加强金融基础设施建设的跨境合作,促进跨境贸易投资便利化。推动跨境电子商务平台建设,建立大宗商品现货和期货交易中心。防范金融风险,保障金融市场安全高效和整体稳定,增强海上丝绸之路金融服务和保障能力。

二、拓展科技创新合作领域

以粤港澳大湾区为平台,深圳下一步应全面加强与新加坡等国家在电子信息、生命科学、环境保护等方面的科技合作,推进与泰国、马来西亚、印度尼西亚等国家在新型农业、石油化工、有色金属等领域的技术开发合作,加强与柬埔寨、巴基斯坦等国在能源、矿产资源开发技术等方面的合作开发与应用。积极参与中国东盟气候变化、重大疾病、公共安全等全球性重大科技问题的联合研究。建立健全与沿线国家科技合作项目储备库及人才资源库,促进与沿线国家在知识产权管理、风险投资、企业研发补贴等领域的政策交流与合作。

围绕践行国家《推动共建丝绸之路经济带和21世纪海上丝绸之路的愿景与行动》和《"一带一路"建设海上合作设想》的基本部署,在海洋经济领域,深圳应着力拓展与21世纪海上丝绸之路沿线国家如下几方面的合作领域:

第一,加强蓝碳国际合作。中国政府倡议发起21世纪海上丝绸之路蓝碳计划,与沿线国共同开展海洋和海岸带蓝碳生态系统监测、标准规范与碳汇研究,联合发布21世纪海上丝绸之路蓝碳报告,推动建立国际蓝碳论坛与合作机制。依托深圳在低碳经济方面的领先经验,可以将碳交易、低碳产业发展的相关标准、经验优先推向蓝色通道沿线国家。

第二,深化海洋科学研究与技术合作。立足粤港澳大湾区,依托深圳在海洋生物制药、海洋装备制造等领域的优势,与沿线各国共同发起海洋科技合作伙伴计划，联合开展 21 世纪海上丝绸之路重点海域和通道科学调查与研究。深化在海洋调查、观测装备、可再生能源、海水淡化、海洋生物制药、海洋食品技术、海上无人机、无人船等领域合作，加强海洋技术标准体系对接与技术转让合作，支持科研机构和企业共建海外技术示范和推广基地。

第三，共建海洋科技合作平台。与沿线国共建海洋研究基础设施和科技资源互联共享平台，合作建设海洋科技合作园。推进亚太经合组织海洋可持续发展中心、东亚海洋合作平台、中国－东盟海洋合作中心、中国－东盟海洋学院、中国－东亚海环境管理伙伴关系计划海岸带可持续管理合作中心、中马海洋联合研究中心、中印尼海洋与气候中心、中泰气候与海洋生态系统联合实验室、中巴联合海洋研究中心、中以海水淡化联合研究中心等的建设，共同提高海洋科技创新能力。

第四，加快构建友好城市和人文交流圈。充分发挥人文合作优势，承建一批教育培训中心和留学生基地，不断增进民心相通、民间相亲的良好国际关系。开展与东盟各国友城间的高层互访、经贸往来、民间交流等活动，厚植与东盟合作的社会基础。推动建设一批经济效益高、社会影响大的人文合作项目，不断扩大与东盟国家在教育卫生、文化体育等领域的全方位交流合作。以跨境旅游业为突破口，扩大沿线各国游客往来。

三、深化人才科技交流合作

围绕深圳建设国际产业创新中心的目标，积极推进科技创新的国际合作和交流，形成分享世界最新研究成果、联合提升自主创新能力的国际科技合作交流机制与平台。

第一，支持深圳企业、科研机构和科技人才参与国际科学计划和科学工程，承担和组织国际重大科技合作项目。为国际科研机构、跨国公司和科技人才等来深从事建设研发机构、开展科研活动提供充分的政策支持。努力搭建科技前沿领域联合研究平台，吸引全球科技人才来深参与科技创新活动。深入推进"深港创新圈"建设，不断拓展合作新领域、新方式、新内容。发挥前海深港现代服务业合作区的政策优势，探索深港技术和创新成果跨境转移转化的新机制，加快发展深港科技服务业和信息服务业，扩展深港科技合作领域，提高深港科技创新合作成效。

第二，加强人才联合培养，打造成为沿线国家留学生重要培养基地，设立专门针对东南亚留学生的引进计划。支持在深圳、广州设立海上丝绸之路研究机构，在有条件的大学、科研院所设立东南亚研究所。拓展医疗科研合作，针对沿线国家加强中医药产品研发。鼓励研究机构与沿线国家合作设立研究组织和合作课题，开展跨学科的综合研究和专题研究，共同提升基础科研水平。

第三，努力营造富有国际氛围的人才服务环境。首先，学习借鉴国内外先进城市国际人才引进的经验，针对国际人才柔性流动的特点，研究建立一套不改变国际、不入户口的动态柔性居住证制度，将在深圳生活、工作半年以上的外籍人员纳入常住居民统计范围，实行"市民待遇"制度。经认定的外籍高层次人才可享受出入境、停居留及聘雇外籍家政人员等便利措施。其次，建立海外高层次人才联谊活动、组建人才沙龙、丰富人才文体生活，为深圳人才提供高品质的精神文化服务。最后，以蛇口、华侨城等片区为标杆，打造一批外籍人才聚集社区，以国际化标准建设教育、医疗、文化娱乐等服务设施，培育国际化的人文环境。

第四节　立足大湾区，参与和布局全球创新圈

2017年，深圳市政府工作报告提出，深圳将实施新一轮创新发展战略布局，加快建设国际科技、产业创新中心。从2017年起，深圳将实施"十大行动计划"，包括布局十大重大科技基础设施、设立十大基础研究机构、组建十大诺贝尔奖科学家实验室、打造十大海外创新中心、实施十

大重大科技产业专项等,这意味着深圳将全面提升创新软硬环境,开启了打造全球创新生态圈的步伐。

一、建设全球创新网络枢纽城市

把握创新要素全球流动新趋势,坚持双向开放、内外联动,以更具前瞻性的战略、更加有力的举措,集聚全球创新资源,构建海外支撑体系,提升深圳在全球创新体系中的地位。加速创新资源的集聚、交流、融合,成为富集全球高端创新资源的关键节点。

第一,加速国际高端创新资源的引进。建立链接利用全球创新资源的新机制。吸引国际科技组织、标准化组织、检验检测机构、科技咨询机构来深圳设立总部或分支机构。允许国外机构或个人在自贸试验区内设立提供科技成果转化、交易等科技服务的非企业机构。推动深圳高校、科研院所、企业与境外企业、科研机构合作,共建实验室、工程技术中心。

第二,建设国际化高端创新交流平台。吸引国际学术组织、创新机构和跨国公司在深圳举办高水平学术会议等科技交流活动,推动高端专业论坛落户深圳。提升高交会、IT 峰会、BT 峰会、中国(深圳)国际文化产业博览交易会(以下简称"文博会")、中国国际人才交流大会、电子信息博览会等展会的国际影响力,提高科技产业国际交流水平。

第三,构建便捷高效的创新要素出入境通道。提升与全球创新网络节点的交流可达性。加快深圳机场建设国际航空枢纽的速度,增加洲际直达航线,开通更多连接硅谷、以色列等创新活跃地区的国际航线。简化研发用途设备和样本样品进出口手续,优化科技创新企业非贸付汇办理流程;下放技术进出口合同登记业务权限,推动科技研发耗材零件进出口、技术展示设备实施保税政策等贸易便利化措施落实。开展口岸查验机制创新试点和口岸综合执法试点,推广"一体化通关"改革经验。支持在海关特殊监管区域建设保税创新园区。

二、主动融入全球创新网络

对接全球主要创新源区,布局海外创新网络和节点,提高创新国际支撑能力,增强在全球创新网络的话语权和影响力。

第一,建设国际创新合作网络。积极落实国家"一带一路"倡议,推动与沿线国家和地区科技产业创新合作,建设科技合作与转化中心等科技信息共享、科技产业对接平台和"一带一路"数据中心。加强国际科技合作基地建设,打造连接国内外创新资源的技术转移网络。在美国波士顿、旧金山湾区、法国巴黎大区以及以色列、英国等创新资源集聚区域建设十大海外创新中心,加强利用全球主要创新集聚地的创新资源,开展科技成果转化、海外科技项目落地、高端人才引进等创新创业活动。

第二,提升国际创新合作水平。利用国家对外资源,建立境外科技合作信息共享机制。积极参与国家对外科技合作伙伴计划。加强与"一带一路"沿线国家和地区共建科技合作园区、联合实验室、技术转移中心、技术示范推广基地,推动科技资源共享和成果产业化。推动优势企业从输出产品向输出技术、标准转变。支持企业开展商标国际注册。建设境外投资信息平台。

第三,健全创新"走出去"保障机制。完善国际科技交流管理体制,实施科技人员出国(境)分类管理,适当放宽国有企事业单位科研人员和专业技术人员因公出国(境)审批限制。国际研发合作项目所需付汇,实行研发单位事先承诺,相关部门事后并联监管。健全和完善企业"走出去"风险预警和应急机制。定期发布相关国家和地区法律制度、维权措施和争端解决机制等信息。

参 考 文 献

[1] FREEMAN C. Technology, policy, and economic performance: lessons from Japan [M]. London: Printer Publishers, 1987.

[2] Cornell University, INSEAD, WIPO. Global innovation index 2018 energizing the world with innovation [R]. 2018.

[3] ERNST D. A new geography of knowledge in the ectronics industry? Asia's role in global innovation networks [J]. Policy studies, 2009: 54.

[4] FAN P. Innovation, globalization, and catch-up of latecomers: cases of Chinese telecom firms [J]. Environment and planning A, 2011, 43 (4): 830 – 837.

[5] GIBLIN M. Managing the global-local dimensions of clusters and the role of "lead" organizations: the contrasting cases of the software and medical technology clusters in the west of Ireland [J]. European planning studies, 2011, 19 (1): 23 – 42.

[6] CHESBROUGH H, VANHAVERBEKE W, WEST J. Open innovation: researching a new paradigm [M]. Oxford: Oxford University Press, 2008.

[7] HAKEN H, Graham R. Synergetik—die Lehre vom zusammenwirken [J]. Umschau, 1971, 6 (191): 178.

[8] HUMPHREY J, SCHMITZ H. Developing country firms in the world economy: governance and upgrading in global value ghains [R]. INEF Report, University of Duisbrg, 2002: 25 – 27.

[9] LIU J, CHAMINADE C, ASHEIM B. The geography and structure of global innovation networks: a knowledge base perspective [J]. European planning studies, 2013, 21 (9): 1456-1473.

[10] ROTHWELL R. Successful industrial innovation: critical factors for the 1990s [J]. R&D management, 1992, 22 (3): 221-240.

[11] STEINMUELLER W E. Understanding technical change as an evolutionary process [J]. Journal of economic behavior & organization, 1989, 11 (3).

[12] 晁蓉. 美国科技创新模式的嬗变及启示 [J]. 科技和产业, 2018, 18 (7): 75-79.

[13] 陈健雄, 徐翔. 国际技术合作的动因及其理论解释 [J]. 国际经济合作, 2009 (12): 19-23.

[14] 陈劲, 阳银娟. 协同创新的理论基础与内涵 [J]. 科学学研究, 2012 (2).

[15] 陈劲, 朱朝晖. 我国企业技术创新国际化的资源配置模式研究 [J]. 科研管理, 2003, 24 (5): 76-83.

[16] 陈万灵, 何传添. 海上丝绸之路的各方博弈及其经贸定位 [J]. 改革, 2014 (3): 74-83.

[17] 陈炎. 略论海上"丝绸之路" [J]. 历史研究, 1982 (3): 161-177.

[18] 丁斌. 重构课程体系, 培养建筑学专业应用型创新人才——德国应用科技大学模式的借鉴与启示 [J]. 教学研究, 2017, 40 (6): 104-107, 113.

[19] 杜晓军. 中国统筹陆海铺开周边外交新棋局 [N]. 东方早报, 2014-05-06 (7).

[20] 冯定雄. 新世纪以来我国海上丝绸之路研究的热点问题述略 [J]. 中国史研究动态, 2012 (4): 61-67.

[21] 高虎城. 积极促进一带一路国际合作 [N]. 人民日报, 2018-01-19 (7).

［22］郭爱君，毛锦凰. 丝绸之路经济带：优势产业空间差异与产业空间布局战略研究［J］. 兰州大学学报（社会科学版），2014（1）：40-49.

［23］韩江波，蔡兵. 技术创新与产业发展的互促机理［J］. 产业与科技论坛，2009，8（9）：41-44.

［24］韩永辉. 全球价值链衍化与价值链导向的政策选择——兼论两岸产业的应对策略［J］. 台湾研究，2017（3）：61-67.

［25］黄静茹，白福臣，张苇锟. 广东—东盟科技合作模式及平台建设——基于"21世纪海上丝绸之路"的背景［J］. 资源开发与市场，2017，33（10）：1242-1248.

［26］黄烨菁，等. 科技创新中心的支撑力、驱动力与竞争力：上海探索与实践［M］. 上海：上海人民出版社，2019.

［27］黄颖. 海上丝绸之路形成的历史考察［J］. 炎黄纵横，2014（2）：23-25.

［28］纪云涛. 基于"三链一力"的产业选择和升级研究［D］. 上海：复旦大学，2006.

［29］季成，徐福缘. 服务外包产业链［M］. 上海：上海交通大学出版社，2011.

［30］李健，屠启宇. 全球创新网络视角下的国际城市创新竞争力地理格局［J］. 社会科学，2016（9）：25-38.

［31］李伦. 专家学者解读21世纪海上丝绸之路建设［N］. 宁波日报，2014-04-15（A10）.

［32］李长久. 迎接太平洋世纪的到来［N］. 经济参考报，2014-05-08（5）.

［33］李正豪. 陆海丝绸之路是未来30年大棋局［N］. 中国经营报，2014-01-06（C06）.

［34］林浩. 关于宁波"海上丝绸之路"各个时期特点的探讨［J］. 东方博物，2005（2）：60-65.

［35］林云. 内生性技术创新动力与效率研究［M］. 北京：中国社会科学

出版社,2010.

[36] 刘婧玥,殷存毅. 三大城市跨域合作创新形成机制差异分析 [J]. 科技进步与对策,2018 (23): 34 – 42.

[37] 刘明广. 区域创新系统的效率评价与演化研究 [M]. 广州: 中山大学出版社,2014.

[38] 刘明金. 中国陆海两条丝绸之路比较 [J]. 湛江海洋大学学报,2003 (2): 6 – 11.

[39] 刘薇. "新丝绸之路"战略下的中亚地缘政治 [J]. 中共伊犁州委党校学报,2014 (1): 84 – 86.

[40] 陆芸. 海上丝绸之路与伊斯兰文化 [J]. 暨南史学,2012 (00): 76 – 83.

[41] 陆芸. 近30年来中国海上丝绸之路研究述评 [J]. 丝绸之路,2013 (2): 13 – 16.

[42] 吕余生. 深化中国—东盟合作　合力建设21世纪"海上丝绸之路" [N]. 中国社会科学报,2014 – 01 – 15 (A08).

[43] 毛汉英. 中国周边地缘政治与地缘经济格局和对策 [J]. 地理科学进展,2014 (3): 289 – 302.

[44] 南长森. 丝绸之路经济带与区域传播研究 [J]. 西部学刊,2014 (1): 46 – 49.

[45] 潘教峰. 中国科技创新走过一条什么样的路? [N]. 学习时报,2019 – 03 – 13 (6).

[46] 皮坚. 丝绸之路对外贸易走向衰落研究 [D]. 长沙: 湖南大学,2011.

[47] 司徒尚纪. 海上丝绸之路与我国在南海传统疆域的形成 [J]. 云南社会科学,2001 (6): 72 – 76.

[48] 苏东斌,钟若愚. 中国经济特区的时代使命 [J]. 深圳大学学报 (人文社会科学版),2010 (5): 9 – 21.

[49] 苏东斌,钟若愚. 中国经济特区导论 [M]. 北京: 商务印书

馆,2010.

[50] 谭敏. 海上丝路城市间的竞争与合作 [N]. 广州日报, 2014-05-14 (F02).

[51] 王军, 李锋. 通过六大战略支点打造21世纪"海上丝绸之路" [N]. 证券日报, 2014-02-25 (A03).

[52] 王兰军. 经济金融战略新思想——习近平关于经济金融工作的新思想新观点新举措 [J]. 中国金融, 2014 (2): 50-52.

[53] 王力, 刘春生, 黄育华. 中国服务外包发展报告 (2010—2011) ——中国服务外包竞争力评价 [M]. 北京: 社会科学文献出版社, 2011.

[54] 王洛林. 全球化: 服务外包与中国的政策选择 [M]. 北京: 经济管理出版社, 2010.

[55] 王艺蓉. 湖南动漫产业创意价值链组织模式研究 [D]. 湘潭: 湖南科技大学, 2017.

[56] 王寅娜. "海上丝绸之路"的广东思考 [J]. 中国水运, 2014 (2): 22.

[57] 王子先, 郑艳玲, 闫振坤. 2012年深圳供应链管理行业发展报告 [M]. 北京: 经济管理出版社, 2012.

[58] 伍凤兰, 陶一桃, 申勇. 深圳参与共建"21世纪海上丝绸之路"的战略路径 [J]. 经济纵横, 2015 (12): 82-86.

[59] 肖琳. 海陆统筹共进, 构建"一带一路" [J]. 太平洋学报, 2014 (2): 2.

[60] 邢广程. "丝绸之路经济带"与欧亚地缘格局 [N]. 光明日报, 2014-01-12 (8).

[61] 徐素琴. 广东与海上丝绸之路经贸交往 [N]. 南方日报, 2014-01-22 (A04).

[62] 杨保筠. "21世纪海上丝绸之路"并非要恢复"华夷秩序" [N]. 东方早报, 2014-05-06 (6).

[63] 杨恕, 王术森. 丝绸之路经济带: 战略构想及其挑战 [J]. 兰州大

学学报（社会科学版），2014（1）：23-30.

[64] 杨耀武，张仁开. 长三角产业集群协同创新战略研究 [J]. 中国软科学，2009（S2）：136-139，144.

[65] 尹艳林. 经济全球化新趋势与中国新对策 [J]. 国际贸易，2014（1）：4-10.

[66] 俞正樑. 双轮驱动全球拓展——2013年中国新外交 [J]. 国际观察，2014（2）：1-15.

[67] 约瑟夫·熊彼特. 经济发展理论：对于利润、资本、信贷、利息和经济周期的考察 [M]. 何畏，易家详，等译. 北京：商务印书馆，1997.

[68] 熊彼特. 经济发展理论 [M]. 孔伟艳，朱攀峰，娄季芳，编译. 北京：北京出版社，2008.

[69] 占豪. 两条丝绸之路的战略考量 [J]. 社会观察，2014（1）：39-41.

[70] 张辉. 全球价值链理论与我国产业发展研究 [J]. 中国工业经济，2004（5）：32-38.

[71] 张晋. 日本科技创新模式的发展及借鉴 [J]. 中国高校科技，2018（7）：38-40.

[72] 张抗. 新丝绸之路中的地缘经济新思维 [N]. 中国能源报，2014-05-05（5）.

[73] 张一平，严春宝. 南海海上丝绸之路学术研讨会综述 [J]. 史学月刊，2011（12）：117-122.

[74] 赵干城. 亚太地区"再平衡"新格局与发展前景 [J]. 亚非纵横，2014（1）：1-11，121，124.

[75] 赵华胜. 浅评中俄美三大战略在中亚的共处 [J]. 国际观察，2014（1）：96-109.

[76] 赵晓男，代茂兵，郭正权. 科技创新与中国产业结构升级 [J]. 经济与管理研究，2019，40（7）：61-74.

［77］浙江师范大学、中国武警学院、浙江学刊杂志社联合举办"海上丝绸之路"与中国海洋战略学术座谈会［J］.浙江学刊,2014（2）：2.

［78］郑海麟.建构"海上丝绸之路"的历史经验与战略思考［J］.太平洋学报,2014（1）：1-6.

［79］周长山.日本学界的南方海上丝绸之路研究［J］.海交史研究,2012（2）：92-99.

［80］朱翠萍."21世纪海上丝绸之路"的内涵与风险［J］.印度洋经济体研究,2015（4）：4-10.

后　　记

"一带一路"是我国政府根据时代特征和全球形势提出的重大倡议。共建"21世纪海上丝绸之路",是在全球政治、经济、贸易形势不断变化的背景下,中国连接世界的新型商贸之路、科技之路、民心相通之路和区域繁荣之路。新一轮科技革命和产业变革正在重塑世界经济结构和竞争格局,需要我国在"21世纪海上丝绸之路"建设中大力推进科技创新合作。

深圳从边陲小镇发展成为超过2000万人口的国际化现代化都市,经历了独特的产业发展和高科技成长路径。成为创新型城市不是一开始被设计出来的,深圳的成长是当年"杀出一条血路"的探索试错、开拓创新的结果,更是中国伟大转型的历史见证。

深圳大学苏东斌先生在总结以深圳为典型的中国经济特区对中国社会发展的四大历史性贡献时,强调特区贡献了一种"新精神"[①]:邓小平多次总结"深圳的重要经验就是敢闯",他号召,"第一要大胆去干,第二发现干得不对的地方要及时纠正,总结经验,不是首先考虑犯不犯错误"。当年袁庚在蛇口那句响彻全国的口号"时间就是金钱,效率就是生命"就是这种精神的集中体现。特区对"中国精神"的贡献就是使人形成一种勇于创新、善于创新的品格。这种品格突出反映在思想上的解放和科技上的创新。

---

① 苏东斌、钟若愚:《中国经济特区的时代使命》,载《深圳大学学报(人文社会科学版)》2010年第3期,第9~21页。

后记

深圳的科技产业创新已形成独特的模式，这同样得益于深圳鲜明的"敢闯""敢冒"的特区精神。同时，开放、包容让深圳在下一个发展阶段，也能持续实现制度借鉴、模仿学习乃至自主创新。包容开放是深圳精神的另一个方面，其必将更好地诠释中国特色社会主义伟大实践中的深圳价值和中国经济特区的国际价值。

需要说明，本书是集体创作的结晶，同时也是广东省软科学课题"促进粤港澳科技服务协同创新的机制和对策研究"（2019A101002092）的成果。本书研究、写作分工情况如下：钟若愚、阮萌负责全书整体构思、组织开展研究和写作，闫振坤博士参与组织写作、全书统稿和修改，汪云兴参与本书研究和书稿校对工作。各章撰写修改的具体分工依次为：第一章（钟若愚、闫振坤），第二章（闫振坤、钟若愚），第三章（阮萌、汪云兴），第四章（闫振坤），第五章（尹曼琳），第六章（阮萌），第七章（任雪荻、钟若愚），第八章（闫振坤）。

本书的交稿时间一再延迟，这期间有多种因素的影响，包括书稿本身还有诸多不足之处。感谢中山大学出版社金继伟先生的理解和大力支持。

钟若愚　阮萌
2019 年 8 月